臺灣研究叢刊

殖民想像與地方流變
荷蘭東印度公司與臺灣原住民

Colonial Imagination and Local Variations:
The Dutch East India Company and the Formosan Austronesians

康培德　著

序

包樂史（J. Leonard Blussé van Oud-Alblas）
萊登大學榮譽退休教授（Emeritus Hoogleraar, Universiteit Leiden）

　　使用華文及西文文獻從事研究的新一代華人學者中，康培德有屬於其一席之地。藉由比對歷史素材與臺灣原住民的口傳資料，他不只重建島嶼的歷史地理，還讓今日已遺忘的歷史人物發聲。

　　1970、80年代以來，立基於多學科領域的新臺灣史學派逐漸成形。攸關臺灣的歷史書寫，強調過去四百多年來自中國大陸的移民先驅，係如何拓開島嶼的精采故事。這樣的敘述並沒什麼不對：開拓中國「東方荒野」（假設我們接受此一詞彙）的歷史本來就值得關注，且此敘述為島上兩千多萬住民相當獨特的歷史認同，提供了不可闕如的證據。1949年，共產黨接手中國大陸，經歷1960年代後期的文化大革命後，許多屬於宗教信仰領域的文化特徵看似已在那裡消失殆盡，但在臺灣仍存活下來。近年來，福建省許多遭忽視或半毀的宗教場所與寺廟能再修復，主要得感謝臺灣人投入的大筆金錢與奉獻，以及個人的努力；島民與中國大陸遠祖故鄉間的宗教連結因而得以保存下來，並能持續維持著。

　　過去數十年來，學者逐漸注意到平埔族群在臺灣西部平原農

業開發過程中的重要角色。雖然過去數百年來，這些部落已遭人數優勢的漢人移民所吞噬，不過今日仍能在零星四散之處找到其文化遺緒。

　　藉由細心篩選舊有與新發現的材料，康培德屬於擴大並深化我們理解臺灣社會各類混合文化現象的歷史學者之一。不過，康培德帶給我們的更多：作為一位在花蓮的國立大學任教、學術背景為歷史地理學的學者，其研究拓展至東臺灣；十九世紀時當地大多仍在華人的勢力範圍外。透過嫻熟運用荷蘭時期的書面資料，康培德不只重建當時「後山」的地景，還指出卑南覓（今日的卑南族）的君主係如何運用與荷蘭人間原有的結盟關係，在荷蘭東印度公司遭國姓爺鄭成功此一傳奇人物於1662年逐出臺灣後，繼續拓展成對周遭部落的支配。

　　多虧康培德的細心爬梳，如今早已消失殆盡並遭眾人近乎遺忘的馬賽人部落，當時係如何在臺灣北部與東北部的交易網絡中扮演關鍵要角，才得以重見天日。本書針對該部落以及頭人的詳盡個案研究，將族人描繪成社會、政治變局下的能手，為臺灣史較少觸及的領域注入新氣象；此方面康培德本人可算是先驅研究者。

序

歐陽泰（Tonio Andrade）
艾文理大學歷史學教授暨東亞研究中心主任（Professor of History and Director of East Asian Studies, Emory University）

過去20年來，學術界對臺灣南島語族早期歷史的研究有了重要進展，當中康培德為少數重要的學者之一。從1996年針對南部平原西拉雅人研究的博士論文，到今日這本著作，其著作大量增加了我們對早期臺灣史的理解，特別是有關荷屬時期此階段。

我首次遇見康培德是在1994年夏季，在我選修的一堂明尼蘇達大學荷蘭語課程上；那是當時我在美國所能找到的唯一一堂荷蘭語課程。當修課者彼此自我介紹時，我很驚訝竟然有名來自臺灣的學生。他說修讀荷蘭語是為了研究早期臺灣史時，能閱讀荷蘭東印度公司的史料。因為我本人也是為了能閱讀荷屬東印度史料而來修讀荷蘭語，基於共通的興趣，我們很快即成為朋友。

康培德雖然專攻地理學博士學位，但他明白為了掌握福爾摩沙南島語族的過去，得像歷史學者般去使用史料文獻，奠基其學術的其中一塊基石則為荷蘭語，特別是十七世紀的古荷蘭語。除了如歷史學者般對史料文獻的重視外，康培德另有其他兩個特點；一是敏銳細緻的理論概念：從一開始設其治學特色即善於利

用來自眾多領域的理論見解。另一個特點是涵括殖民偶遇下不同主體立場的人文意識，像是荷蘭人、隸屬不同社群的南島語族，以及其他將十七世紀福爾摩沙視同新家園的移民者，特別是來自東亞大陸福建南部的人群。

　　這三點特色：荷蘭文獻史料、理論概念的實踐、溫厚的人本主義關懷，都充分顯示在這本集七篇論文編織而成一整體的新書中；當中，一項重要的主題是殖民統治與在地營力之間緊張而微妙的張力。

　　近數十年來，研究殖民主義與新殖民主義的歷史學者多聚焦於土著營力，此一趨勢應係由人類學者James C. Scott的所首創。康培德此書部分內容與此趨勢類似；不過，書中亦獨樹一幟地專注於各方力量在殖民均勢下的局限性。

　　荷蘭東印度公司將其控制擴展至臺灣西南部時，即察覺其軍事武力的能耐僅止於此，公司實際上需要與不同的南島語族人群合作；因此，單純的「管控」對應「反抗」此二分法，過於簡單而不足以理解複雜的殖民動態性係如何運作。

　　本書一開始檢驗荷蘭東印度公司官員如何尋求理解、分類其屬民（見第一章），接著處理公司官員統治其屬民的各類企圖，相關政策有嚴峻者；如第二章所涉及的強制遷徙，第三章討論的南島語族村社整併嘗試，也有誘騙者；如第四章討論公司試著以何種權力象徵賦予方式來統治其屬民；不過，特別在本書後半部，我們將清楚看見南島語族並非是此殖民偶遇中被動的屬民。作者在第四章出色地描繪出南島語族如何以其方式進一步挪用殖民者賦予的權力象徵物。後續章節相當清晰地顯示：雖然當時荷蘭東印度公司可能是臺灣最強大的角色，不過其能力有限。在地

人群展示其營力的方式，係藉由殖民架構來謀取其自身利益；特別是如第六章提及的Kimaurij社頭人Theodore，即為極佳的例證。

　　比起從前，今日我們對早期臺灣史的理解已更為豐富；不過，仍有許多我們未知之處，本書即是帶領我們進入南島語族豐富歷史的一本傑出著作。

目次

表目次

圖表目次

地圖目次

緒論

我們對臺灣歷史的論述，涉及荷蘭、西班牙、日本時代時，一般多從外來政權的施政作為描述當時的政治、經濟與社會概況與變遷。此一敘述方式，係因留下的文獻材料大多為外來者所記錄，也因而偏向政權施政的角度；不過，政權施政的影響不盡然能直接含括社會或人群的每一日常生活面向，特別是十七世紀的近世初期社會，政權的政治影響力不全然如同工業革命後的時代，後者可藉由技術、組織的創新深化對社會日常面的宰制。因此，如何從社會或人群的角度書寫近世初期歷史，特別對屬無文字社會的臺灣南島語族而言，將是重要議題。

以十七世紀中葉的臺灣南島語族為例，我們大多透過荷蘭東印度公司的文獻材料來了解其歷史，因此我們所認識的當時歷史，多多少少會著重於諸如征戰與歸順、宣教改宗、地方會議、村社首長制、村社戶口調查、年貢制度、贌社制度等公司加諸於南島語族的施政作為，去理解當時的歷史與變遷；透過統治者與書寫者的立場或角度，來形塑了我們對所謂「殖民史」的想像。

荷蘭東印度公司於1624年在臺灣本島沿岸沙洲建立商館後，島上的南島語族治理並非其首當其衝的要務。一開始，除了眾所周知的改革宗宣教師干治士（George Candidius）積極地與新港

社住民接觸，並嘗試影響其社會文化外，東印度公司歷任在臺最高行政首長，重心多以如何完成建立公司與中國沿海的貿易為主；一直到1629年就任臺灣長官的普特曼（Hans Putmnas），透過與鄭芝龍為主的海商勢力妥協，換取對方貿易船隻前來大員交易後，公司的「中國貿易」自1634年起才逐漸穩定。[1]此時，東印度公司開始藉由與結盟的南島語族，一同透過武力征戰島上其他村社以擴張其影響力，並重新審視臺灣本土鹿產交易的可能利潤後[2]，東印度公司與臺灣南島語族的互動，才開始進入較密集的階段。

1636年，東印度公司透過武力征戰與南島語族間的口耳相傳，成功地把今日嘉南平原與高屏地區的村社要人、長老招來大員商館會見臺灣長官，並在新港社舉行歸順村社和約確認儀式。會議中，臺灣長官除了對與會村社代表訓誡和平條約內容，授予每位代表布袍、親王旗與代表公司權威的藤杖外，並舉行目加溜灣、阿猴、放索等社土地主權移轉給公司的儀式，奠定日後學者所說的荷蘭和平（*Pax Hollandica*）。[3]對比於十七世紀荷蘭東印

1　Cheng Wei-chung, *War, Trade and Piracy in the China Sea*（*1622-1683*）.（Leiden: Brill, 2013）.

2　Leonard Blussé and Jaap de Moor, *Nederlanders Overzee: De eerste vijftig jaar 1600-1650*（Franeker: Uitgeverij T. Wever, B.V., 1983）, pp. 211-215.

3　Tonio Andrade, *How Taiwan Became Chinese: Dutch Spanish, and Han colonization in the seventeenth century*（New York: Columbia University Press, 2008）；鄭維中，《荷蘭時代的臺灣社會：自然法的難題與文明化的歷程》（臺北：前衛，2004），頁121-122。Pax hollandia 的概念，來自羅馬帝國的 Pax Romana，指 Augustus 皇帝在位期間，為羅馬帝國往後二百餘年歷史時期（27 B.C.-180 A.D.）奠基。Pax Romana 在羅馬帝國歷史中以相對和平、

度公司在亞洲地區的其他商館——如麻六甲、巴達維亞、錫蘭等地，臺灣因而成為荷蘭人在亞洲第一個涉及領地控制的殖民地。[4] 此一轉變，使東印度公司不可避免地涉入對轄境內南島語族人口的實質統治。我們所熟悉的熱蘭遮城，才從商館的性質逐漸轉型為兼具殖民地領土與屬民的行政中心。

如同北美殖民地時期的原住民，曾在歐洲人資本投資、信貸、利潤競逐等商業利益的論述背景下，建構、想像成歐洲貨物的消費者，以及原住民的「首次消費者革命（the first consumers revolution）」圖像[5]：甫具殖民地領土與屬民管理的東印度公司，面對擴張中的領地與各地形形色色的南島語族，也發展出對臺灣南島語族的特定認知。所謂的「文明人」與「野蠻人」論述所指的對象為何？構成「文明」與「野蠻」的實質內涵是什麼？在公司官員、宣教人員等不同背景的人員心中，有著不同的圖像。至於東印度公司對臺灣南島語族的「文明化」作為，隨著殖民統治亦發展出動態的地理印象，逐漸形成數個文明性程度有別、但呈現出進階秩序的地理空間。

1644年接掌東印度公司臺灣長官職的卡隆（François Caron），

穩定著稱，除了在政治上確立羅馬皇帝為帝國權力核心，法典、羅馬字、拉丁語、基督教文明等影響歐洲後世甚鉅的成就，係奠基於此。有關東印度公司對原住民村社武力使用的規範，也請參考從自然法、文明化歷程的角度，以「公戰」、「私鬥」二不同概念的討論。見鄭維中，《荷蘭時代的臺灣社會》，頁91-98。

4　Kees Groeneboer, *Weg tot het Westen, het Nederlands voor Indië 1600-1950, een taalpolitiek geschiedenis*（Leiden: KITLV, 1993）, pp. 67-73.

5　George Colpitts, *North America's Indian Trade in European Commerce and Imagination, 1580-1850*（Leiden: Brill, 2014）.

將公司與南島語族推向更具制度性的臣屬關係。此時，原為歸順
村社和約的確認儀式，已成為一年一度的地方會議，並朝向分
區舉辦。臺灣長官在歷年地方會議中循循告誡與會村社代表的內
容，大略為與地方行政、經濟活動、學校教育等有關的公司施
政，並將公司屬意的處理方式分項為10餘條的訓示，於村社首
長推派後當眾宣告；如針對戰爭與私鬥、社眾間糾紛、社眾與唐
人間的糾紛、未獲公司授權而在村社交易的唐人、學校教育的參
與、在地學校教師的生活費，甚至瑣碎到對圈養的狗等。其中，
人口遷徙與移住的規範，最晚自1650年起，也成為臺灣長官的
重要訓令之一。[6]

6　1650年，見*DZIII*, 106, 115；江樹生（譯註），《熱蘭遮城日誌（三）》（臺南：臺南市政府，2003），頁110-111, 119；1651年，見*DZIII*, 186；江樹生（譯註），《熱蘭遮城日誌（三）》，頁190；1654年，見*DZIII*, 313；江樹生（譯註），《熱蘭遮城日誌（三）》，頁303；1655年，見*DZIII*, 476；江樹生（譯註），《熱蘭遮城日誌（三）》，頁454；1656年，見*DZIV*, 15-16；江樹生（譯註），《熱蘭遮城日誌（四）》（臺南：臺南市政府，2011），頁16。《熱蘭遮城日誌》（*De Dagregisters van het Kasteel Zeelandia, Taiwan*）荷文版全套四冊，已先後於1986、1995、1996、2000年出版，分別簡稱*DZI*、*DZII*、*DZIII*及*DZIV*。見Leonard Blussé, W.E. van Opstall and Ts'ao Yung-ho, eds., *De Dagregisters van het Kasteel Zeelandia, Taiwan, deel I, 1629-1641* (Gravenhage: M. Nijhoff, 1986); Leonard Blussé, W.E. Milde and Ts'ao Yung-ho, eds., *De Dagregisters van het Kasteel Zeelandia, Taiwan, deel II, 1641-1648* (Gravenhage: M. Nijhoff, 1995); Leonard Blussé, W.E. Milde and Ts'ao Yung-ho, eds., *De Dagregisters van het Kasteel Zeelandia, Taiwan, deel III, 1648-1655* (Gravenhage: M. Nijhoff, 1996); Leonard Blussé, N.C. Everts, W.E. Milde and Ts'ao Yung-ho, eds., *De Dagregisters van het Kasteel Zeelandia, Taiwan, deel IV, 1655-1662* (Gravenhage: M. Nijhoff, 2000).

　　臺灣長官的訓令中，規定南島語族人口的遷徙與移住，是需要向東印度公司駐地人員申請；不過，若從山區遷居平地，則無須申請，可自由遷居。這背後，代表公司在治理臺灣殖民地時，對不同性質領地與屬民的假想。早年站在爪哇總督的立場，東印度公司其實有其領地擴張的邏輯，即仿效葡萄牙人，採取所謂的據點策略（entrepôt strategy）——藉由控制主要貿易航道上的據點，掌握交易帶來的利潤。如1640年，總督范迪門（Anthonio van Diemen）先透過征服錫蘭，孤立麻六甲後，再於翌年取得麻六甲，完成對主要貿易航道的控制。[7]但1630年代以來東印度公司在臺灣殖民地的順勢發展，成為名義上轄有大片土地與屬民的組織後，則逐漸對臺灣區分出平原、山地與島嶼的不同想像與施政作為；具體而言，就是離島淨空與山地住民移住平地。此即為何臺灣長官會在1650年起的歷年地方會議中，類似諄諄教誨般地告誡各社與會代表，公司對人口的遷徙與移住的立場為何。

　　東印度公司同意下的住民人口移住，事後大多牽涉了村社整併。作為殖民地的底層單位，南島語族的村社規模以及村社首長的派任，即成為荷蘭人整併前後的考量。東印度公司在部落整併的做法上，雖然大多會循原有的部落社會網絡與族人的意願，但各地的整併結果，如同前述的移住政策成效，成效不一。到了東印度公司統治末期，移住與整併成為荷蘭人對殖民地空間治理的想像，與地方住民之間的角力。

　　另一方面，東印度公司的南島語族統治，雖然說依循著異文

7　John Sydenham Furnivall, *Netherlands India: a study of plural economy* （Cambridge: Cambridge University Press, 2010）, p. 31.

化接觸、武力征伐與權力鞏固等不同階段；荷蘭人一如其他具備相對優勢的歐洲人，能憑藉其優勢技術、相對穩定的社會組織運作，及對文化符號的優勢操控等因素，擊敗殖民地人民的初期反抗，達成殖民地統治的目的。[8]之後，殖民者即透過統治制度的設立，鞏固殖民地政權。因此，統治制度係如何運作，即為討論、研究殖民統治的一核心議題。[9]

不過，任何制度的運作，需上位統治者與被統治者間的互動、搭配，方能落實殖民統治；其中，具體現象如來自殖民或被殖民人群的中介者角色，抽象者如文化符號係如何解讀、操控，則為進一步了解、分析殖民統治時需討論的議題。[10]文化符號方面，當時東印度公司的南島語族統治，透過相關研究，我們已能理解荷蘭人如何透過地方會議中進行的儀式、排場等文化象徵的展演，塑造臺灣長官及所屬人員的權威，並強調其高於一般南島語族與唐人的位階關係。[11]也掌握了荷蘭人如何以貨品實物，透過供應、交換與贈予的互動過程，對政治結盟立場不同的南島語

8　Jürgen Osterhammel, *Colonialism: a theoretical overview*（Princeton: Markus Wiener Publishers, 1997），pp. 42, 45.

9　Partha Chatterjee, *The Nation and Its Fragments: colonial and postcolonial histories*（Princeton: Princeton University Press, 1993），pp. 14-16.

10　Jean Comaroff and John Comaroff, *Of Revelation and Revolution: Christianity, colonialism and consciousness in South Africa*. Vol. I.（Chicago: University of Chicago Press, 1991），pp. 19-32; Jürgen Osterhammel, *Colonialism*, pp. 64-65, 95-104.

11　Tonio Andrade, "A Political Spectacle and Colonial Rule: the Landdag on Dutch Taiwan, 1629-1648," *Itinerario* 21.3（1997），pp. 57-93.

族村社展現彼此在權力位階及親疏關係上的差異。[12]

　　然而，面對外來統治的被殖民人群並非被動的受體，南島語族如何看待、使用東印度公司針對彼此相互關係所設計的文化符號，顯然不盡然符合荷蘭人原本的初衷。以前文提及的村社歸順儀式、村社首長派任，乃至於日後逐漸發展成形的地方會議為例，此一荷蘭人統治南島語族的制度，其運作需依賴甚為重要的文化符號，即東印度公司頒授予歸順南島語族村社要人的親王旗（prins vlag）與藤杖（rotting）；站在荷蘭人的立場，前者代表歸順東印度公司的圖騰，後者象徵東印度公司在村社層級的行政代表。不過，在此一異文化互動過程中，接受親王旗與藤杖的南島語族，亦有其自身主體的立場，來看待、使用，甚至於挪用荷蘭統治者象徵物的原意。

　　除了隸屬行政治理的領域外，荷蘭東印度公司對屬民的規範與控制，亦發生在屬於社會生活領域的婚姻關係。公司的殖民地婚姻政策一開始即有其特殊的考量，即如何建立以荷蘭式家庭為骨幹的殖民地作為貿易活動的後盾。面對渡洋來到亞洲的歐洲人社群男女比重極度失衡此現實，東印度公司的做法經過一段時間調整後，改成以受過基督教教化的在地女性，來擔任荷蘭殖民地計畫中的妻子、母親等重責大任。透過把將成為荷蘭人妻子的土著女性，包含公司買來預備作為雇員妻子的土著女孩，施予基督教教育以「導正」其思想與行為，待合格後方具備婚嫁資格；此

12　康培德，《殖民接觸與帝國邊陲──花蓮地區原住民十七至十九世紀的歷史變遷》（臺北：稻鄉，1999），頁116-127。

一做法在巴達維亞已有成功的經驗。[13]

　　不過，荷蘭人在臺灣相爭與南島語族女性牽手之際，尚得面臨渡海而來的唐人相互競逐。此時，所謂公司眼中的「合法」婚姻，已非單純的兩情相悅而已。針對唐人，基督徒身分的有無，是公司承認其跨族婚姻合法性與否的重點。當論及基督徒身分時，荷蘭改革宗教會對臺灣殖民地婚姻的干涉也不落人後。如果說東印度公司官員的想法不脫殖民地商業利益，牧師的想法則是擴大基督子民的版圖，而跨族婚姻的規範與管控則成了其意識形態的戰場。

　　跨族婚姻終究得涉及男女雙方當事人，共結連理歐洲男性與南島語族女性是否如東印度公司與改革宗教會所規範，則又另當別論。特別是考量到跨族婚姻中的階層性因素時，底層社會的婚姻男女當事人顯然會有不同的想法與作為。母親為新港社人所收留的 Tagutel 與以士兵身分抵臺的但澤（Danzig）人范勃亨（Joost van Bergen）的分合過程，中間即有著公司官員、教會牧師、殖民地友人等不同人物與力量的糾葛。

　　提及人物，歷史舞臺的真正靈魂仍非活生生的人物莫屬。透過人物，我們也可掌握當時殖民地不同社會階層的實際生活與所遭遇的狀況，更難得的是了解這些歷史主角係如何因應此情境。如荷蘭改革宗宣教師在東印度公司殖民統治中扮演的角色，面對南島語族時在動機、享有資源、影響力等有即其異於公司雇員之

13　Leonard Blussé, *Strange Company: Chinese settlers, Mestizo women and the Dutch in VOC Batavia*（Dordrecht: Foris, 1986), pp. 170-171.

處。[14]再如曾任東印度公司的臺灣長官納茨（Pieter Nuyts），這位眾所周知的濱田彌兵衛事件主角之一，在歷任公司職員中屬罕見的「高學歷」背景，但也留下了60餘名部屬慘遭南島語族屠殺的空前絕後紀錄；其本人與新港社姑娘阿蝦（Poeloehee）兩人間的韻事，讓我們可略窺當時殖民地高官與在地人間的兩性關係。[15]至於南島語族人物方面，曾隨日本生意人遠赴扶桑、並成為濱田彌兵衛事件導火線之一的新港社要人理加（Dicka）──其本人也因而被荷蘭人稱為臺灣王（*Coninck van Formosa*），最後又成為其族人與東印度公司推派的新港社頭人──對比1630年代上半與東印度公司對抗到底的麻豆社要人大加弄（Takaran）等，可看出當時的南島語族部落青壯領袖如何因應此一外來危機的不同策略與可能的想法。[16]類似的例子可在北臺灣人物中覓得，除了噶瑪蘭人武歹（Boutay Sataur）與Boele Somapar對東印度公司的雞籠駐地人員自有不同的對應方式外，同樣來自雞籠Kimaurij社的Range Hermana與Lamma，對東印度公司的雞籠駐

14　Leonard Blussé, "Retribution and Remorse: the interaction between the administration and the Protestant mission in early colonial Formosa," in Gyan Prakash, ed., *After Colonialism: imperial histories and postcolonial displacements* (Princeton: Princeton University Press, 1995), pp. 153-182.

15　Leonard Blussé, "Pieter Nuyts（1598-1655）: een Husterse burgermeester uit het Verre Oosten," *Zeeuws Tijdschrift* 43.6（1993）, pp. 234-241；翁佳音，〈臺灣姑娘娶荷蘭臺灣長官〉，《歷史月刊》245（2008），頁55-59。

16　翁佳音，〈新港有個臺灣王──十七世紀東亞國家主權紛爭小插曲〉，《臺灣史研究》15.2（2008），頁1-36；康培德，〈理加與大加弄：十七世紀初西拉雅社會的危機〉，葉春榮（主編），《建構西拉雅研討會論文集》（新營：臺南縣政府，2006），頁81-96。

地人員態度即南轅北轍。[17]

　　至於與前述Tagutel、范勃亨的婚姻一樣充滿戲劇性張力的
人物，就非屬雞籠Kimaurij社的Theodore了。這位原本只在東
印度公司攻打雞籠西班牙人據點時，擔任公司通譯的24、5歲青
年，在兵荒馬亂的戰後公司整肅村社頭人期間，獲得拔擢成為新
任頭人，從此開始了他傳奇且戲劇性的一生。Theodore一生寫照
其實也是十六、十七世紀北臺灣雞籠、淡水等沿海地區人群，在
這航商往來貿易下的縮影。如同我們亦可藉由國姓爺大軍侵臺背
景下的唐人農夫、非洲男孩與荷蘭生意人的故事，從所謂微觀的
小地區與事件中的人物，一窺當時的全球局勢變化。[18]

　　荷蘭東印度公司的撤離，代表荷蘭人在臺灣的現地殖民想像
已畫下休止符；不過，這並不表示南島語族對荷蘭人的想像，已
隨著東印度公司的離去而落幕。不同地區的人群基於其不同的過
往經驗，對荷蘭人的記憶、詮釋與挪用即有不同之處。像是屏東
縣來義鄉的古樓社排灣族，曾在二十世紀末的歷史記憶中，將百
餘年前大清國官員馴化番人用的「勸番歌」，視為三百多年前的
「荷蘭歌」。[19]類似的例子在墾丁社頂部落，當地住民與文史工作
者對八寶公主的傳說，即為將十九世紀的事件與十七世紀的荷蘭

17　Yedda Palemeq, "After All Ambivalence: The Situation of North Formosa and Its Inhabitants in the Seventeenth Century," unpublished M.A. Thesis（Universiteit Leiden, 2012）, pp. 62-89.

18　Tonio Andrade, "A Chinese Farmer, Two African Boys, and a Warlord: Toward a Global Microhistory," *Journal of World History* 21.4（2010）: 573-591.

19　翁佳音，〈歷史記憶與歷史經驗：原住民史研究的一個嘗試〉，《臺灣史研究》3.1（1996）：5-30。

記憶連結。[20]對應的例子則是小琉球的烏鬼洞傳說，十七世紀的荷蘭經驗反而消失並轉成事後不同時間層的傳說。不同版本的敘述，反映記錄者認知的「歷史」，係依據當時的認知與價值觀，將歷史事實的元素重新拼貼成一幅可被當代接受的歷史圖像。[21]

至於與荷蘭人互動關係最為緊密的新港社人，則又有不同的表現。十九世紀新港社後裔的「紅毛先祖」說，有人認為是無稽之談，有人解釋為是時代產物下對唐人所指涉的「番」，即荷蘭紅毛番與南島語族的連結。不過，當時族人的自我認同與詮釋，卻有著其異於臺灣其他南島語族部落的基礎。這可在新港社人與荷蘭人間微妙的結盟征戰、改宗，甚至通婚等各類互動經驗中一窺端倪。

整體而言，從荷蘭東印度公司如何統治臺灣南島語族，一方面可看見荷蘭人對領地、屬民、統治工具、跨族婚姻等議題的殖民想像，另一方面則可從這些外來者的計畫作為，看到是如何為了適應不同地方而產生變化。不過，這些變化，不單只是由上而下為了適應地方，當地人群的詮釋、挪用往往是讓東印度公司的殖民想像產生流變的主因。往往也是在地人，在穿越數百年的時空後，仍繼續其對此過往經驗的詮釋與挪用，重新賦予不同的意

---

20 石文誠，〈荷蘭公主上了岸？一段傳說、歷史與記憶的交錯歷程〉，《臺灣文獻》60.2（2009）：181-201。

21 Leonard Blussé, "De Grot van de zwarte geesten: op zoek naar een verdwenen volk," *Tijdschrift voor Geschiedenis* 111（1998）: 617-628; "The Cave of the Black Spirits: searching for a vanished people," in David Blundell（ed.）, *Austronesian Taiwan: linguistics, history, ethnology, and prehistory*（Taipei: SMC Publishing, 2001）, pp. 131-150.

義。

　　本書即針對前述荷蘭東印度公司與臺灣原住民間的歷史糾結，挑選對原住民的認知與地理印象、聚落遷移、部落整併、統治信物、跨族群婚姻、部落人物史、歷史記憶等議題，分章節陳述。書中章節係改寫自曾發表於相關學術期刊、專書或研討會的論文。「緒論」部分，改寫自發表於國立臺灣歷史博物館 2013 年 3 月 21-22 日主辦的「族群歷史、文化與認同：臺灣平埔原住民國際學術研討會」中〈荷蘭東印度公司對臺灣南島語族的殖民想像與地方流變〉一文。第一章「『文明』與『野蠻』——荷蘭東印度公司對臺灣原住民的認知與地理印象」，改寫自發表於《新史學》25 卷 1 期的論文：〈「文明」與「野蠻」：荷蘭東印度公司對臺灣原住民的認知與地理意象〉。第二章「離島淨空與平原移住——荷蘭東印度公司的臺灣原住民聚落遷移政策」，改寫自發表於《新史學》20 卷 3 期的論文：〈離島淨空與平原移住：荷蘭東印度公司的臺灣原住民聚落遷移政策〉。第三章「部落整併——荷蘭東印度公司治下的聚落人口政策」，改寫自發表於《臺灣史研究》17 卷 1 期的論文：〈荷蘭東印度公司治下的臺灣原住民部落整併〉。第四章「親王旗與藤杖——殖民統治與土著挪用」，改寫自發表於《臺灣史研究》13 卷 2 期的論文：〈親王旗與藤杖——殖民統治與土著挪用〉。第五章「殖民與牽手——荷蘭東印度公司治下的歐亞跨族群婚姻」部分，改寫自發表於《南瀛歷史、社會與文化 II》的論文：〈荷蘭東印度公司治下的歐亞跨族群婚姻：臺南一帶的南島語族案例〉一文。第六章「歪哥兼帶衰——北臺灣雞籠 Kimaurij 社頭人 Theodore」，改寫自發表於《臺灣文獻》62 卷 3 期的論文：〈荷蘭東印度公司筆下——歪哥

兼帶衰的雞籠Kimaurij人Theodore〉。第七章「紅毛先祖？──
新港社、荷蘭人的互動歷史與記憶」，改寫自發表於《臺灣史研
究》15卷3期的論文：〈紅毛先祖？新港社、荷蘭人的互動歷史
與記憶〉。後記「林仔社人與西班牙人」，改寫自發表於《帝國
相接之界──西班牙時期臺灣相關文獻及圖像論文集》的論文：
〈林仔人與西班牙人〉。期刊、專書等匿名審稿人與研討會評論
人、與會者的寶貴意見，筆者在此一併銘謝。書中地圖的繪製，
則感謝洪偉豪、白偉權（Pek Wee Chuen）的寶貴意見與技術援
助。

　　最後，謹以本書紀念曹永和院士。曹院士為早期臺灣史研究
奠定的基礎，開啟了許許多多後續研究者的視野。

第一章

「文明」與「野蠻」
——荷蘭東印度公司對臺灣原住民的認知與地理印象

一、前言

　　自哥倫布開啟歐美新航路以來，歐洲世界對異族的想像逐漸納入領土占領、宗教改宗、經濟利益等思維。其中，對土著民族的「去人化」（dehumanization）描述，一般多為實施領土占領、建立殖民社會的前奏。[1]此係藉由自許為導入文明至「蠻荒（wilderness）」領地，並將土著視為非「蠻」（barbarians）即「番」（savages）來合理化其作為。[2]雖然日後孟德斯鳩（Montesquieu）透過階序化的差別分類與社會演化意涵角度，發展出分辨「蠻」與「番」的概念；前者為略具政治組織的草原游牧民族，後者為

1　Henry Reynolds, *Fate of a Free People* (Melbourne: Penguin, 1995), pp. 83-85.

2　David Day, *Conquest: how societies overwhelm others* (Oxford: Oxford University Press, 2008), p. 71.

生活於林野中的採集或狩獵群居團體，以此來分辨文明化程度的差異；並以財產的私有化做為判定兩者差別的準則之一。不過，一般來說，十六、十七世紀的歐洲人，縱使在理性層次上傾向於以其對羅馬法的詮釋──即以私有財產概念的有無來判定對方是否為「文明人」，基本上仍存在著藉由諸如食人（cannibalism）、人祭（human sacrifice）、裸身等社會文化行為來辨別他者的「文明」與否。[3]

　　十七世紀東渡來亞洲的荷蘭東印度公司，即處於此異族印象論述形成的過程，作為其日後治理當地屬民的律法基石。[4]當時，東印度公司面對臺灣島上的南島語族，係透過地方會議、村社首長、村社戶口調查、年貢及贌社等制度，達成所謂「荷蘭和平」（Pax Hollandica），逐步將南島語族置於其轄下[5]，將臺灣拓展成其轄下第一個領地型殖民地，企圖在島上建立起如後世史家所說的地域型國家（territorial republic）。[6]東印度公司在臺的政令依

3　Anthony Pagden, *Spanish Imperialism and the Political Imagination: studies in European and Spanish-American social and political theory 1513-1830*（New Haven: Yale University Press, 1990）, p. 15.

4　荷蘭人係以羅馬法為基礎，融入本國人民的慣習，在國內先成了所謂的羅馬荷蘭法（*Roomsch-Hollandsch Recht*）後，再將其帶來亞洲殖民地進一步與當地風俗民情結合，形成所謂雙混雜的殖民地律法（twice-hybridized colonial law）。Eric Jones, *Wives, Slaves and Concubines: A History of the Female Underclass in Dutch Asia*（Dekalb: North Illinois University Press, 2010）, pp. 70-71. 有關臺灣殖民地社會的自然法實踐問題，請參考鄭維中，《荷蘭時代的臺灣社會》。

5　Tonio Andrade, *How Taiwan Became Chinese*；歐陽泰（著）、鄭維中（譯），《福爾摩沙如何變成臺灣府？》（臺北：遠流，2007）。

6　Ernst van Veen, "How the Dutch Ran a Seventeenth-Century Colony: the

據,即涵括荷蘭人對當地風俗的掌握與理解。作為行政中心熱蘭遮城腹地的大員灣一帶,為臺灣長官與議會接觸較密集之處,針對當地新港、蕭壠、麻豆、目加溜灣等社的討論,自公司領臺起即成為荷蘭人筆下的福爾摩沙人（Formosans）代表[7],其風俗習慣,也成為東印度公司的首要參照[8];不過,荷蘭人在臺灣不同地區的「南島語族經驗」,不盡然與行政中心大員灣一帶的經驗一樣。東印度公司在臺30餘年期間,隨著領地範圍的擴大,接觸的島上人群也愈來愈多,其官員對不同人群的「文明化」程度也有著不同的評價。

　　本章即討論東印度公司官員對臺灣不同地區住民的「文明性」論述,以及其形成背景。並討論公司30餘年的統治與住民教化工作,如何與時俱進形成其整體的臺灣住民「文明性」論述。文章先描述甫抵臺灣的東印度公司官員如何看待大員灣一帶的住民,並由公司在領地擴張過程中,官員筆下三群「文明人」

---

occupation and loss of Formosa 1624-1662," *Itinerario* 20:1（1996）, pp. 70-71, 77n57.

7　如新港社要人理加（Dicka）,即因曾在日商安排下遠赴日本「獻地」未果,死後為荷蘭文獻稱作福爾摩沙王（*Coninck van Formosa*）。翁佳音,〈新港有個臺灣王——十七世紀東亞國家主權紛爭小插曲〉,《臺灣史研究》15.2（2008）,頁1-36。

8　除了眾所周知的干治士牧師於1628年所留下的新港社人民族誌外（*Discours ende cort verhael van't eylant Formosa*）,1644年南北兩路地方會議開辦以來,臺灣長官針對北至今日臺中、南投,南抵屏東縣的與會代表會後訓令,時常以臺南一帶的原住民村社所遭遇的案例,作為規範南島語族的法則;如上教堂做禮拜、上學,或是狗的管理（避免傷及唐人墾戶的小牛）與焚燒獵場（避免傷及唐人墾戶的農作物）等。

的特質，探討形成其個別「文明性」論述的原因；並以蘭陽平原的噶瑪蘭人為例，討論公司官員在中介影響下的負面認知，以及對臺灣原住民施政的影響。接著討論東印度公司在臺初期的「文明化」作為，並舉一較極端的小琉球人案例，討論荷蘭人如何實踐其殖民地的文明化理念。最後析論隨著統治與住民教化工作的進行，公司官員如何將全島住民區劃成不同的「文明化」評價，以及其內容為何。[9]

二、驚鴻一瞥

初抵臺灣的荷蘭人，對原住民的認知與理解，往往來自道聽塗說、短暫接觸所留下的表面印象。早在 1622 年，爪哇總督昆恩（Jan Pietersz. Coen）派雷爾生（Cornelis Reijersen）[10]率艦隊前

9　學術界有關荷蘭東印度公司在臺灣的「文明化」作為討論，可參考鄭維中、邱馨慧的著作；前者關切的重點為人類社會於文明化歷程中，在封建與資本主義等兩個複合社會體系並存的近世初期殖民地，地方會議作為一個制度，如何透過實際運作來確立邁向法治所需的契約化、等級化過程。參考鄭維中《荷蘭時代的臺灣社會》。後者借用德國社會學者 Norbert Elias 於 1939 年提出的 *Über den Prozess der Zivilisation* 概念（直譯為 *On the Process of Civilization*，英譯書名為 *The civilizing process*），並循人類學者黃應貴將當代臺灣原住民社會文化變遷劃分為資本主義化、國家化、基督教化等三個面向，討論荷蘭人對臺灣原住民的施政作為。參考 Chiu Hsin-hui, *The colonial 'civilizing process' in the Dutch Formosa, 1624-1662* (Leiden: Brill, 2008).

10　學術界對 Cornelis Reijersen 的譯名相當多，史料翻譯部分，1970 年臺灣省文獻委員會出版的《巴達維亞城日記》譯為「古尼李士‧雷也山」。參考郭輝（譯），《巴達維亞城日記》（臺中：臺灣省文獻委員會，1970），頁 8。2000 年臺南市政府出版的《熱蘭遮城日誌（一）》譯為「哥內利斯‧雷亞松」。

往澳門、澎湖一帶,替東印度公司尋求適合的貿易據點時,提及依據所探得的唐人說法,與澎湖一水之隔的臺灣為富饒之地,但當地住民為群「易怒且全然不可靠的人民(*een boos ende gans trouweloos volck*)」。[11]

1623年,雷爾生為了決定在北臺灣的淡水、雞籠,還是南臺灣的大員設立商館,派員前往調查;訪查重點含港灣、土地,

參考江樹生(譯註),《熱蘭遮城日誌(一)》(臺南:臺南市政府,2000),頁7。2010年國史館臺灣文獻館出版的《荷蘭臺灣長官致巴達維亞總督書信集(1)》譯為「雷爾松」。參考江樹生、翁佳音(譯註),《荷蘭聯合東印度公司臺灣長官致巴達維亞總督書信集(I)1622-1626》(南投:國史館臺灣文獻館,2010),頁290;研究著作部分,有譯為「雷爾松」。參考翁佳音,《荷蘭時代臺灣史的連續性問題》(臺北:稻鄉,2008),頁242。而同為聯經出版社出版的著作,有「雷爾生」(參考曹永和,1979,《臺灣早期歷史研究》(臺北:聯經,1979),頁29)、「萊爾森」(參考程紹剛,《荷蘭人在福爾摩莎》(臺北:聯經,2000),頁xxi)、「雷約茲」(參考楊彥杰,《荷據時代臺灣史》(臺北:聯經,2000),頁322)等3種不同譯法。本文採用曹永和的譯法「雷爾生」,係除了譯音近、使用較久外,尚考慮其普遍性;如中村孝志於1997年的譯著《荷蘭時代臺灣史研究上卷──概說・產業》,亦譯為「雷爾生」。參考中村孝志,《荷蘭時代臺灣史研究上卷》(臺北:稻鄉,1997),頁33。

另,本書有關人名、地名的中譯,除非另有注腳解釋,一般原則請參考康培德,《臺灣原住民史:政策篇(荷西明鄭時期)》(南投:國史館臺灣文獻館,2005),頁4-7(第二節名詞中譯原則)。

11 總督昆恩給司令雷爾生的書信,巴達維亞,1622年6月19日。Willem Pieter Groeneveldt, *De Nederlanders in China, Eerste Deel: de eerste bemoeingen om den handel in China en de vestiging in de Pescadores 1602-1624* (The Hague: Martinus Nijhoff, 1898), p. 505. 另,本文所附的原文,因當時拼字尚未標準化,故以引文出處的拼字為主。

以及四周的住民。4月，從別稱唐山甲必丹（Capitain China）的李旦與負責探查的上席商務員Adam Verhult那所獲得的消息是：淡水、雞籠住民是「非常凶殘的人民（*seer moordadig volck*）」，無法與他們溝通。[12]之後，加上別稱漳州長鬚（Langenbaert wt Chincheo）的Houtamsong提供的資訊，雷爾生所留下的紀錄則將雞籠灣說成是無法避東北季風之處，因此不適合船隻停泊；附近海灣高處的住民是「野人（*wilt volck*）」。[13]至於雀屏中選的大員灣，訪查的對象是蕭壠社人，負責造訪的是商務員Jacob Constant與Barend Pessaert，留下了較豐富的民族誌描述與評論。

Constant與Pessaert筆下的蕭壠社人，是群高大、魁梧、奔跑神速、體型優美、身軀結實，深得自然宏恩的民族；成人膚色如摩鹿加群島的Ternate[14]土著。蕭壠社人雖裸體走動，但相對無愧，因而成為Constant與Pessaert看過的所有民族當中，「較貞潔或不具淫蕩想法的（*in luxurie ofte oncuysche begeerte minder*

---

12 W.P. Groeneveldt, *De Nederlanders in China*, pp. 171-172; Leonard Blussé, Natalie Everts and Evelien Frech, eds., *Formosan Encounter — Notes on Formosa's Aboriginal Society: a selection of documents from Dutch archival sources, volume I: 1623-1635*（Taipei: Sung Ye Museum of Formosan Aborigines, 1999）, p. 2.

13 W.P. Groeneveldt, *De Nederlanders in China*, pp. 176, 395-396; Leonard Blussé et al., eds., *Formosan Encounter*, Vol. I, p. 3. Houtamsong於文獻中又寫為Hongsieuson等。W.P. Groeneveldt, *De Nederlanders in China*, p. 449；江樹生（主譯）、翁佳音（協譯），《荷蘭聯合東印度公司臺灣長官致巴達維亞總督書信集（I）1622-1626》（南投：國史館臺灣文獻館，2010），頁40註4、41註7、63註20。

14 Ternate，荷屬巴達維亞唐人記載為「澗仔低」，亦有將「澗」的部首改為「虫」偏旁。

sijn brande[*nde*]）」。不過，當地人因不對夫婦、父子、長幼、官民之別表現謙卑、尊敬或敬畏，來去自如，為所欲為，也不受 Constant 與 Pessaert 所認知的法律所束縛，或表現出驚懼或尊重，因而養成其「野性、番性（*als die wilt ende woest opgevoet sijn*）」[15]的一面；不過，其人民因「談吐幽雅，謙遜緩慢，讓人感到悅耳。若從其談吐來認定，則絕非野人（*geen wilde*），而是秉性善良，一身謙遜，具智慧的人。」[16]

雖然 Constant 與 Pessaert 對蕭壠社人的言談舉止方式有正面的評價；不過，公眾裸露與缺乏社會階序，依然成了斷定文明與否的標準。此一標準，亦反映在當時東印度公司其他官員認知上，爪哇總督與議會紀錄的《巴達維亞城日誌》，強調蕭壠社人「裸體走動而不覺羞恥」，屬於相當「狂野、野蠻的人群（*wilde ende barbarische menschen*）」。出巡馬尼拉的艦隊司令 Pieter Jansz. Muyser 給總督 Pieter de Carpentier，以及給阿姆斯特丹十七董事（Heren XVII）的信件，提及大員灣一帶的目加溜灣、蕭壠和新港社人，是群外出完全赤裸、不斷從事殺戮、沒有臣服於任何法律或社會秩序的「粗俗野蠻人（*rouwe barbarse*

---

15 *Woest* 一字帶有無限延伸的空無（leeg, uitgestrekt; onmetelijk groot enorm）、荒廢（verlaten; verwoest）等概念，與 *wild*(*e*) 所指的（狂）野、未開化概念，都可用於指涉人群與自然環境。相較之下，*barbarische* 則用於指涉人群的文化、行為等面向。此處 *woest* 暫時譯為「蠻荒」、「番性」。P.G.J. van Sterkenburg, *Een Glossarium van Zeventiende-eeuws Nederlands*（Groningen: Wolters-Noordhoff, 1981）, pp. 310, 311.

16 Leonard Blussé et al., eds., *Formosan Encounter*, Vol. I, pp. 8-9, 17-18; Leonard Blussé and Marius P.H. Roessingh, "A Visit to the Past: Soulang, a Formosan Village Anno 1623," *Archipel* 27（1984）, pp. 63-80.

地圖一　荷蘭東印度公司紀錄下的南島語族特色分布圖

menschen）」[17]。

如果公眾裸露與缺乏社會階序是當時荷蘭人斷定文明與否的標準；那麼，臺灣島上的確有住民可博得東印度公司官員的「文明人」封號。1636年，東印度公司藉由與「野人」盟社的聯合武力征伐，讓臺灣南部平原大部分的原住民村社，以與荷蘭人結盟為名歸順於公司的名義統治。之後，順勢南下企圖繞往東部的荷蘭人，探得了一群「文明人」──屬排灣族的瑯嶠（Lonckjauw）人。

三、領地擴張下的福爾摩沙「文明人」

（一）衣著與社會階序：瑯嶠人

1636年4月，東印度公司派唐人通譯Lampsack前往瑯嶠人住處，回來後至新港社見尤紐斯牧師。根據Lampsack的說法，對方是全島「最文明（*het civilste*）」的人：瑯嶠人雖然住在又小又醜的房子裡，不過走動時衣著得體。女人穿的裙子長及腳踝，

---

17 Leonard Blussé et al., eds., *Formosan Encounter*, Vol. I, pp. 25-28, 31-33. 制止住民在公開場所赤身裸露的最直接方式，應是直接贈送衣物給對方。1636年2月，東印度公司針對甫歸順的住民召開首屆村社會議。臺灣長官普特曼在會中規定，每社需依人口多寡推選1至3名頭人。獲選的人，每位可以得到一襲遮身用的黑絨布袍（*swarten fluwelen rock*）及一根藤杖。對荷蘭人來說，布袍的發放，代表希望握有村社行政權的住民在身體衣著外觀上，能夠朝向或仿效歐洲文明樣式的味道。參考本書第四章：親王旗與藤杖──殖民統治與土著挪用。

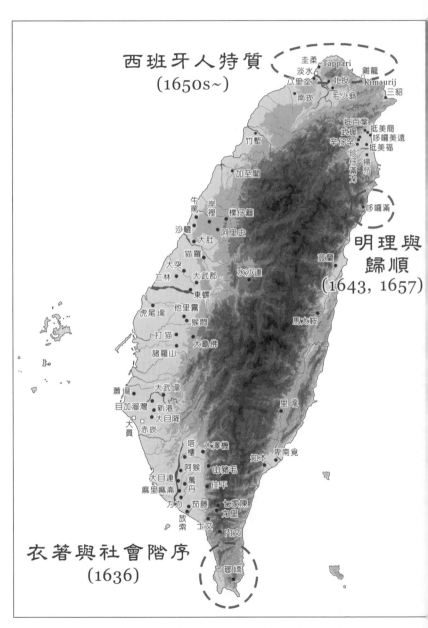

地圖二　荷蘭東印度公司紀錄下的「文明人」特色分布圖

胸部有衣物遮掩，膚色似乎比新港社人更淡。Lampsack還講了很多關於瑯嶠頭人的事蹟；像是每天獲得他提供食物、或與他分享食物的人超過百人等等。[18]

　　1636年底，在Lampsack的穿針引線下，傳說中的瑯嶠君主（vorst）Tartar率領30名隨員前來大員與新任的臺灣長官范德勃格（Johannes van der Burch）會面，表示願意配合東印度公司，透過荷蘭人與敵對的卑南社媾和；若對方不從，則計畫與公司合作攻打卑南社。卸任的臺灣長官普特曼，提到瑯嶠人時，贊許對方為比之前提及的其他任何土著，都「還要文明（veel beter geciviliseert）」：瑯嶠女性如同男人一般，出外都穿衣物。且瑯嶠人由一位首領──即瑯嶠君主──統治；首領擁有高度的尊嚴，統治如同國君；首領本人不論在屬民播種、收割或狩獵所得都有其份，有如稅收一般。[19]

　　公司官員筆下「文明」的瑯嶠人，與大員灣附近住民最大的差別，是攸關身體的公眾展示方式與社會階序差異；前者呈現的是衣物裹身，不公眾裸體。後者是對比大員灣附近住民群龍無首（acephalous）的社會狀態時，瑯嶠人首領的權威性與資源分配能力。不過，「文明」的瑯嶠人並無法倖免於東印度公司的統治。1642年初，臺灣長官陶德（Paulus Traudenis）親率的後山探金、征伐隊行經瑯嶠領地時，與瑯嶠人起了衝突。同年年底，瑯嶠人即遭由Johannes Lamotius領軍，以放索、下淡水等二社為盟軍的

18　尤紐斯牧師給長官普特曼的書信，新港社，1636年4月22日。Leonard Blussé et al., eds., *Formosan Encounter*, Vol. II, pp. 61, 63.

19　前長官普特曼給阿姆斯特丹十七董事的書信，Banda號船上，1637年8月2日。Leonard Blussé et al., eds., *Formosan Encounter*, Vol. II, pp. 36-38.

東印度公司武力所擊潰；瑯嶠君主轄下有5社被焚，君主一子陣亡。君主本人與兄弟、隨從逃亡。[20] 1644年5月，瑯嶠君主Tartar派其子Pare前來大員求和；本人則在東印度公司要求下，於翌年1月與公司締結和約，並親自出席4月舉行的南路地方會議，以示歸順。[21]

　　在島上頓失可以匹配的「文明」對手的荷蘭人，於首遇南臺灣的瑯嶠人7年後，1643年，在東臺灣又遭遇另一群「文明人」──立霧溪口的哆囉滿人。

（二）明理與歸順：哆囉滿人

　　1643年4月，隊長彭恩（Pieter Boon）率領的東臺灣探金征伐隊抵達今日花蓮立霧溪口的哆囉滿社，找尋傳說中的黃金產地。彭恩一行人在進入立霧溪峽谷探查後仍無功而返[22]，一度讓臺灣議會議長麥爾（Maximiliaen Lemaire）認為可能遭當地住民所欺騙[23]；不過，2年後的東印度公司官員對哆囉滿人卻有不同的評價。

　　1645年11月，東印度公司發動了第三次東臺灣探金征伐戰

20　*DZII*, pp. 78, 82-85；Leonard Blussé et al., eds., *Formosan Encounter*, Vol. II, pp. 332-333, 335-337, 340, 342, 345-346, 357-358, 360-362；江樹生（譯註），《熱蘭遮城日誌（二）》（臺南：臺南市政府，2002），頁74-75、78-81。

21　*DZII*, pp. 200, 249, 266, 369, 372；江樹生（譯註），《熱蘭遮城日誌（二）》，頁201、260、280、390、393。

22　*DZII*, pp. 137-142；江樹生（譯註），《熱蘭遮城日誌（二）》，頁136-140。

23　議長麥爾（Maximiliaen Lemaire）給總督范迪門的原始書信。1643年10月12日，大員。Leonard Blussé et al., eds., *Formosan Encounter*, Vol. II, pp. 412-417.

役，一行人於12月23日抵達當地人稱為德其黎（Tabrilis）的哆囉滿社。初見哆囉滿人的征伐隊官員上席商務員凱薩（Cornelis Cæsar）與德侯（Nicasius de Hooge）認為：相較於所有在路上遇到的其他住民，對方「非常明理且有規矩（*in reeden ende manieren uytmuntende bevonden*）」。[24]凱薩等人的評價，讓翌年年初長官卡隆向爪哇議會議長范德萊恩（Cornelis van der Lijn）報告時，雖然寫下哆囉滿人非常窮困且生活悲慘，很少有足夠的食物，只以番薯與一些小米為食，但卻留下了對方似乎相當「文明（*redelijck civijl*）」的評語。[25]

　　凱薩等人是將哆囉滿人與一個多月來沿途所遭遇的各社住民相比較。當時探金征伐隊行經之處，有屬於排灣族的內獅（Barbaros）、內文（Tackebul）、坤林樓、大鳥（Patseral）、Toevanack、鴿子籠（Coetseringh）等社的領地，也有當時已是公司在東臺灣的盟友卑南社，屬於阿美族的掃叭、馬太鞍、荳蘭等社，以及沙奇拉雅社等。當時，公司官員判定人群文明與否的「明理」與「有規矩」這兩個標準，其實多多少少與公司雇員的商業文化有關；當中，牽涉了雙方的互動模式，是否合乎當時荷蘭人偏好的交易行為，以及對公司所要求的事務履約與否。凱薩等一行人在行進途中，所接洽的原住民有時會隨意處置雙方原定

---

24 上席商務員凱薩與德侯前往哆囉滿附近的產金地，對叛亂村社的懲罰性征伐，舉行地方會議與給繼任官員簡短建議的簡述抄本，1646年1月18日，大員（由長官凱薩置入，1656年11月29日，大員）。Leonard Blussé et al., eds., *Formosan Encounter*, Vol. III, pp. 42, 45.

25 長官卡隆給議長范德萊恩與巴達維亞議會的書信。1646年1月31日，大員。Leonard Blussé et al., eds., *Formosan Encounter*, Vol. II, pp. 573, 577.

的約束；像內獅與內文社的住民違背之前許下的承諾，棄凱薩等一行人而去。或是對東印度公司統治的質疑與抗貢等；如凱薩等一行人要求糧食支援時，馬太鞍、荳蘭、沙奇拉雅等社的觀望、輕浮，甚至置之不理。[26] 相較之下，哆囉滿人的行為較能合乎荷蘭人的偏好與預期，雙方在交涉時互為理解的溝通性較高。這也可從12年後派駐雞籠的商務員彭實（Pieter Boons）的書信報告中略窺一二。

1657年夏，公司派助理Jacob Balbiaen前往噶瑪蘭與哆囉滿探訪，以接手原負責該地聯繫工作的雞籠Kimaurij社頭人Theodore去世後的職務。Balbiaen的探訪，除了揭開Kimaurij社人10餘年來以公司代理人名義一手遮天、壟斷當地利益此事[27]，也讓公司對當地人群重新評價，特別是對噶瑪蘭人的看法。至於哆囉滿人方面，事後，派駐雞籠的商務員彭實認為：「我們並未發現哆囉滿人不老實，這與其他北部的異教徒不同。他們對待陌生人的行為……真誠，且立即為所購買的貨物付款。淫蕩的傢伙和固執的人在那沒有搞頭（*lucxurieuse quanten en koppige hoofden dienen bij haar niet om te gaan*），因為對方也不喜歡他們。」[28] 換言

---

26 上席商務員凱撒前往懲罰荳蘭與馬太鞍叛亂，以及探察黃金河流的日誌抄本，1645年11月19日至1646年1月15日。Leonard Blussé et al., eds., *Formosan Encounter*, Vol. III, pp. 1-41.

27 參考本書第六章：歪哥兼帶衰──北臺灣雞籠Kimaurij社頭人Theodore；Leonard Blussé and Natalie Everts, "The Kavalan people of the Lan Yang plain four hundred years ago," in *Ki Wu Lan International Symposium*（Yilan: The Institute of Yilan County History, 2012），pp. 269-270, 273-274.

28 商務員彭實給議長揆一的書信，雞籠，1657年10月28日。Leonard Blussé and Natalie Everts, eds., *Formosan Encounter — Notes on Formosa's Aboriginal*

之，對比1640年代中葉以來公司長期依賴的北臺灣雞籠Kimaurij社人，哆囉滿人處理買賣行為的方式，顯然深得荷蘭人的偏好，因而一度冠得「明理」與「有規矩」的「文明」頭銜；只不過，相較於其他原住民，部分原因係「文明」的哆囉滿人較順從於東印度公司所設下的規範，而未加以劇烈挑戰、對抗，或如Kimaurij社人般地上下其手圖謀己利。

至於位北臺灣雞籠的Kimaurij社人，以及北海岸至淡水一帶的Tapparij社人，係與東北角貢寮一帶的三貂（St. Jago）社人通稱為馬賽語人（Bassayo）。Kimaurij與Tapparij社人多多少少與1623年Adam Verhult所描述的無法溝通、非常凶殘的淡水、雞籠住民有關；不過，北臺灣淡水、雞籠一帶的住民在荷蘭人筆下，也一度成為東印度公司官員眼中的「文明人」。

（三）西班牙人特質：淡水、雞籠人

北臺灣淡水、雞籠一帶的住民博得公司官員的「文明」封號，也多出自於1650年代中葉升任臺灣長官職的凱薩。當地人的「文明」背景，係在1653年時，東印度公司駐淡水、雞籠的首長商務員Simon Keerdekoe因瀆職遭長官凱薩逮捕收押，其罪狀包括因酒醉違抗議員的勸阻，未經適當的審問或聽取對方答辯，就把1名唐人斬首；無端濫用淡水駐地的火藥來鳴砲娛樂；恐嚇與暴力對待淡水地區的住民，並派兵勒索、搶奪對方財產等。其中，後者還造成淡水河沿岸的武勝灣社殺害2名通譯並對

Society: a selection of documents from Dutch archival sources, volume IV: 1655-1668（Taipei: Sung Ye Museum of Formosan Aborigines, 2010）, pp. 352, 362.

公司發動戰爭。為此，凱薩派商務員Thomas van Iperen前往淡水、雞籠善後並調查，以彌補公司與北臺灣住民間的關係，並希望Van Iperen能把這些脫序的事情處理好，和平地與當地人恢復聯繫；因為凱薩認為對方「相當文明且可藉由好言相勸來平息（*alsoo dito luyden vrij wat geciviliseert zijn, die met goede woorden ende bejegeningen haer wel laeten opseggen*）」[29]。

3年後，也就是1656年，原為公司盟友的北臺灣南崁、坑仔和八里坌等起兵對抗公司，之後又有Pillien、北投、林仔等社加入敵方陣營，一度讓公司駐地人員自嘆：「在淡水有如受困在陷阱中的老鼠般（*sitten wij op Tamsuy als een muys in de val*）」，不敢外出。[30]長官凱薩因而提醒前往淡水與雞籠接任首長職的上席商務員Joannes van den Eijnden，得善待當地住民，不可如前任首長Pieter Elsevier般地過度斥責、鄙視當地人，或縱容手下通譯向對方強取財物、糧食，造成前述的對抗公司事件。凱薩認為得善待當地住民的原因，是住在淡水和雞籠附近的住民，其生活方式和行為都比大員灣這邊的住民「文明多了（*veel civielder*）」；所以得「待之以文明（*met alle civiliteyt moeten bejegent*）」，不可辱罵。因為對方已吸收一定程度的「西班牙人特質（*den Spaanschen aerd*）」，每當遭責難後，一有機會即會毫不猶豫地報復，甚至賠上其性命也在所不惜。[31]

---

29 長官凱薩給總督馬索科（Joan Maetsuijcker）的書信，大員，1653年10月24日。Leonard Blussé et al., eds., *Formosan Encounter*, Vol. III, pp. 468, 470.

30 下席商務員Pieter van Mildert給長官凱薩的書信，雞籠，1655年10月17日。Leonard Blussé et al., eds., *Formosan Encounter*, Vol. IV, pp. 121-122, 130-131.

31 長官凱薩給上席商務員Joannes van den Eijnden前往淡水與雞籠擔任首長的

　　凱薩所謂具西班牙人特質的淡水與雞籠「文明人」，指淡水、雞籠住民先前曾與占據當地的西班牙人互動達10餘年，部分住民因而通曉西班牙語，與外人來往時會採用西班牙式的教名，甚至曾受洗為教徒。不過，凱薩眼中的北臺灣「文明人」特質，在其他東印度公司官員筆下不盡然是「文明」的展示。

　　1657年，前述奉派至雞籠的商務員彭實，實地訪視淡水與雞籠住民的馬賽人村社後，認為西班牙人並沒有灌輸足夠的「文明（civilisatie）」，讓對方改正其醉倒睡臥在其門前或道路中央這種可恥的生活方式。不過，彭實認為：馬賽人卻已染上西班牙人的氣息和許多其他「惡習」，像是榨錢等，「與猶太人沒兩樣」。馬賽人之所以較早接納基督教，除了是因西班牙人已大量教導他們外，還為了在法庭上讓人有個好印象，以及和荷蘭人相處；如果公司人員問馬賽人是不是基督徒，對方會馬上回答：「是的，先生！我是西班牙人的好基督子民（Si Signor igo sta buno Christan del Casteliano）」，其中一些人甚至能像喜鵲喋喋不休地背誦主禱文，猶如他們比起其他北部的鄰邦是「更文明且溫和的人民（voor vrij geciviliseerdens en modester volck）」。[32]

　　其實，所謂北臺灣淡水、雞籠一帶住民的西班牙人特質，或是文明與否，係隨當事人的詮釋而定。淡水、雞籠一帶的住民，因位處東亞大陸與日本之間的貿易航道旁，自十六世紀以來即與外界生意人產生互動，近期再加上西班牙人上岸後更積極的影

　　指示，大員，1656年4月5日。Leonard Blussé et al., eds., *Formosan Encounter*, Vol. IV, pp. 165-166, 170.

32　商務員彭實給長官揆一的公文，雞籠，1657年11月10日。Leonard Blussé et al., eds., *Formosan Encounter*, Vol. IV, pp. 366-369.

響，其社會文化發展已與內陸平原的住民有所差異。[33]我們可從1660年代中葉，荷蘭人遭鄭成功勢力逐出臺灣後又再度蒞臨北臺灣時，公司官員對當地住民的評價略窺一二。

　　當時，奉命率東印度公司艦隊前來中國沿岸與雞籠的司令Balthasar Bort，認為Kimaurij社和三貂社的住民在西班牙人時期即受基督教教導，算是「已開化（redelijck geciviliseert）」；上岸的荷蘭人得立即與他們做朋友，並將對方置於公司的保護之下。奉派待在雞籠的牧師Cornelis Keijserskint，則肩負讓北臺灣住民改信荷蘭改革宗基督教的任務：因為除了有些Kimaurij和三貂社人「已開化」外，一些曾上過東印度公司學校的孩子也會說荷蘭語，正如許多先前接受西班牙人基督教教育的男女會說西班牙或葡萄牙語一樣。[34]

　　對部分公司官員而言，北臺灣住民縱使在生活方式仍有格格

33　翁佳音，〈近代初期北部臺灣的商業與原住民〉，黃富三、翁佳音（主編），《臺灣商業傳統論文集》（臺北：中央研究院臺灣史研究所籌備處，1999），頁45-80；《荷蘭時代臺灣史的連續性問題》（臺北：稻鄉，2008），頁43-75；康培德，〈十七世紀上半的馬賽人〉，《臺灣史研究》10.1（2003），頁1-32；陳宗仁，《雞籠山與淡水洋：東亞海域與臺灣早期史研究（1400-1700）》（臺北：聯經，2005），頁33-45；鮑曉鷗（著）、Nakao Eki（譯），《西班牙人的臺灣體驗（1626-1644）：一項文藝復興時代的志業及其巴洛克的結局》（臺北：南天，2008），頁93-169；José Eugenio Borao, *The Spanish Experience in Taiwan, 1626-1642: The Baroque Ending of a Renaissance Endeavour*（Hong Kong: Hong Kong University Press, 2009）, pp. 53-101; Yedda Palemeq, "After All Ambivalence."

34　艦隊司令Balthasar Bort第三次率艦隊至中國海岸與雞籠的紀錄，金門，1664年7月7日至1665年3月2日。Leonard Blussé et al., eds., *Formosan Encounter*, Vol. IV, pp. 487, 491-492, 496.

不入之處，但接納基督教、諳歐洲語言，甚至是熟悉貨幣背後的
商業經濟操作概念，已為其眼中的文明人尺規；不過，不論衣物
是否遮身不裸露、社會是否階序化、住民是否「明理與歸順」，
或是淡水與雞籠一帶的北臺灣住民，臺灣島上的住民仍是群「粗
俗的野蠻人」，特別是遠離荷蘭人勢力影響範圍的噶瑪蘭人，則
曾一度在公司代理人Kimaurij社人的操控下，成了東印度公司
眼中的狂野、背信、無賴、惡棍、野獸、人渣等一切負面的代
表。[35]

四、遭妖魔化的噶瑪蘭人

　　1644年，東印度公司派隊長彭恩率軍前往噶瑪蘭征討當地
不願歸順的住民後，正式將噶瑪蘭人置於其治下，由北臺灣淡
水、雞籠駐地官員管轄。不過，噶瑪蘭因地處偏遠，其聯絡工

---

35 位處殖民地邊陲的蘭陽平原噶瑪蘭人（Cavalan），與臺灣西南部平原的經驗
則略有不同。蘭陽平原是東印度公司將西班牙人逐出北臺灣後，以雞籠、淡
水為據點所轄管的地區，為北臺灣駐地首長的責任區。公司在蘭陽平原對噶
瑪蘭人的施政，即不見臺灣西南部平原常見的贌社制度（verpachting），或
派有政務官員（politiek）、地方官（landdrost），甚至是輔助公司政務的神
職人員。參考康培德，〈荷蘭東印度公司治下的噶瑪蘭地區特質〉，李素
月、許美智（編輯），《探索淇武蘭：「宜蘭研究」第九屆學術研討會論文
集》，宜蘭文獻叢刊35（宜蘭：宜蘭縣史館，2012），頁298-300。不過，對
荷蘭人而言，蘭陽平原的重要性，在於它是雞籠駐地至立霧溪口產金地哆囉
滿的中途必經之處，同時也是北臺灣駐地人員的重要糧倉。東印度公司上自
爪哇巴達維亞的駐地總督、臺灣長官，下至雞籠駐地首長、征伐隊隊長等，
對噶瑪蘭人都有其評價。

作，公司駐地人員多委由其扶植的雞籠Kimaurij社頭人負責。

　　歸順公司的噶瑪蘭人，據報並未依約繳納貢稅。1646年，臺灣長官卡隆提到噶瑪蘭人不願意繳納公司徵收的貢稅時，認為係因為噶瑪蘭地處偏僻，公司幾乎無法將其納入控制，復加上噶瑪蘭人率直地拒絕向任何壓力屈服，因而是群寧可繼續以其「野性（*wilden aerd*）」過活的人；為此，卡隆還認為為了避免傷及公司威信，應考量暫緩向噶瑪蘭人徵收貢稅。[36]之後，卡隆進一步以噶瑪蘭人為例，說明貢稅的負擔不利於安撫近期歸順的村社住民，並以對方不像公司長期盟友般那麼熟識荷蘭人為由，訴求停徵貢稅。[37]

　　隔年代理長官職的歐沃瓦特（Pieter Anthonisz Overtwater）亦表達一樣的看法。當時，歐沃瓦特係以「野人（*wilde gasten*）」稱噶瑪蘭人。他認為噶瑪蘭人不明理，引領他們邁向繁榮與荷蘭人所謂的救贖，會相當麻煩且得大費周章；因此，公司改採贈送禮物的方式，給每位前來城堡的噶瑪蘭人一套衣物，而主要頭人則得到一件紅錦緞衣物（*een root damaste pack*），改為用禮物來強化公司對噶瑪蘭人的影響力。[38]1648年，荷蘭母國的十七董事接受卡隆等人的解釋，認為除了藉由嚴厲的處罰外，

36　長官卡隆給議長歐沃瓦特（Pieter Anthonisz Overtwater）與福爾摩沙議會，如何處理公司事務的指示，大員，1646年11月5日。Leonard Blussé et al., eds., *Formosan Encounter*, Vol. III, pp. 127, 130.

37　長官卡隆於1646年寫下有關福爾摩沙島情況的報告。Leonard Blussé et al., eds., *Formosan Encounter*, Vol. III, pp. 135, 139-140.

38　議長歐沃瓦特給下席商務員 Jacob Nolpé 的書信，大員，1647年8月25日。Leonard Blussé et al., eds., *Formosan Encounter*, Vol. III, pp. 202, 203-204.

無法讓噶瑪蘭人前來繳納貢稅，而這麼做會傷及無辜的人。新殖民地的基礎應奠基於仁慈的政府，不應向住民索求太多的生活必需品；因而做出不對所有歸順的臺灣住民徵收貢稅的決定。[39]

　　噶瑪蘭人的抗貢，終成為公司高層官員廢除全島住民貢稅的原因之一。至於派駐在北臺灣、直接管轄屬噶瑪蘭地區的公司官員，對噶瑪蘭人亦有其評價。

　　1650年，派駐在淡水的下席商務員 Anthonij Plockhoy，對噶瑪蘭人幾近沒好話。Plockhoy任上面臨得逮捕去年殺害數名頭人的噶瑪蘭人，但他認為這會引起大問題。因為 Plockhoy認為抓人差事，最好能由擔任公司中介的 Kimaurij 社人，或三貂社人執行，但縱使如此，也可能造成噶瑪蘭人不會放過對方，且絕不會再相信他們或與其交易，讓這些以貿易為生的馬賽人斷了一條生路。

　　Plockhoy本人評價噶瑪蘭人：是群來到淡水要塞時言行宛如公司的盟友，但是一回到其領地即與公司為敵；因此，Plockhoy用了「人渣（*uytschot*）」一詞形容噶瑪蘭人。Plockhoy進一步談到噶瑪蘭人的特點：其他地區土著一般都相互依賴共同生活，但是在噶瑪蘭，父子或母女可以彼此為敵，互相攻擊。至於說到與荷蘭人互動頻繁的長老，Plockhoy則稱對方清一色都是「野獸（*beestiale*）」，因為 Plockhoy認為：每當公司的通譯拜訪他們時，對方即暫時停止其惡行，而這用於形容那些歸順公司、擁有公司藤杖的人特別貼切，因為這些長老知道如何利用藤杖來掩護

39　十七董事給在巴達維亞政府高層的書信，Middleburg，1648年3月28日。
　　Leonard Blussé et al., eds., *Formosan Encounter*, Vol. III, pp. 217-218.

自己在荷蘭人眼中的惡行。[40]

值得注意的是，1650年是東印度公司戶口調查資料中首度將馬賽人與噶瑪蘭人分欄合計人口數與戶數，即荷蘭人此時已清楚區分出兩者在其眼下的差異[41]；另一方面，該年與公司敵對的噶瑪蘭村社數也較先前大增，代表公司與噶瑪蘭地區關係的疏離。針對戶口調查的文字摘要部分，Plockhoy則用「惡意且頑劣（wrevelmoedich）」一詞形容噶瑪蘭村社。[42]

1651年初，接任北臺灣駐地首長職的下席商務員Simon Keerdekoe，面對噶瑪蘭地區未派員出席前一年11月的淡水地方會議時，表示對方現在似乎只想擁有手持公司藤杖的光榮，而不願對公司表示敬意。且從歷年來的案例充分了解，噶瑪蘭人是完全不值得信任的「背信之徒（parfidieus gebroetsel）」。[43] Keerdekoe認為噶瑪蘭人是群只會嘲弄公司的「惡棍（schelmen）」，總是撥弄那些心向公司的人對荷蘭人的信賴，嘲笑對方：「荷蘭人現

---

40 荷蘭人頒給村社頭人的藤杖，原本只是用於代表東印度公司的村社行政權，但在取得藤杖的村社長老眼中，藤杖的持有與否又有另外一層的含義；除了將其視為社際權力角逐的工具外，此一外來的權力象徵，也會影響村社內部的人際、權力互動。但村社長老如何看待、使用藤杖，又因地區、村社規模的不同而有所別。參考本書第四章：親王旗與藤杖，第五節。

41 參考本書第六章，表6-1：馬賽人的戶口調查資料分類與人口、戶數表。

42 下席商務員Anthonij Plockhoy給長官Nicolaes Verburch的書信，淡水，1650年3月20日。Leonard Blussé et al., eds., *Formosan Encounter*, Vol. III, pp. 275, 278-279.

43 下席商務員Simon Keerdekoe給長官Nicolaes Verburch的書信，淡水，1651年2月5日。Leonard Blussé et al., eds., *Formosan Encounter*, Vol. III, pp. 350-351, 353.

在在哪裡啊？」乃下令公司駐地人員一向依賴的Kimaurij社頭人Theodore，出航到噶瑪蘭時一道記錄擁有公司藤杖的所有歸順村社，並委派通譯Jan Pleumen與1名士兵記錄，找出誰是主要的惡棍。[44] Keerdekoe在之後的報告提及，其北臺灣轄境一切太平，淡水河流域的住民相處融洽且服從公司統治，篤信基督的Kimaurij社人與三貂社人也如此。至於噶瑪蘭人，除了善良的人以外，只能說他們是「惡棍」。[45]

　　奉命前往噶瑪蘭的通譯Jan Pleumen等人於當地遇害後，讓熱蘭遮城方面口徑一致地撻伐對方。臺灣議會認為犯下罪行的辛仔罕社人，對公司的盟友如此惡毒且懷恨的作為，若沒有盡快以200名訓練有素士兵的武力予以處罰，對方將更加頑劣。[46]長官Verburch認為此事是一新的創傷，也是將這些「反亂與惡意頑劣（*dissidente ende wrevelmoedige*）」的噶瑪蘭人視為正式敵人的理由，基於目前無法調兵征討，乃下令將當時對付南路山區敵對住民的措施，即鼓勵附近盟社每獵得對方首級一顆賞以5疋棉布，用於與公司對抗的噶瑪蘭人身上。[47]對Verburch而言，噶瑪蘭

44 下席商務員Simon Keerdekoe給長官Nicolaes Verburch的書信，淡水，1651年5月13日。Leonard Blussé et al., eds., *Formosan Encounter*, Vol. III, pp. 373, 377.

45 下席商務員Simon Keerdekoe給長官Nicolaes Verburch的書信，淡水，1651年7月19日。Leonard Blussé et al., eds., *Formosan Encounter*, Vol. III, pp. 383-384, 389.

46 決議，1651年9月7日，大員。Leonard Blussé et al., eds., *Formosan Encounter*, Vol. III, pp. 405, 407.

47 長官Nicolaes Verburch給下席商務員Simon Keerdekoe的書信，大員，1651年9月9日。Leonard Blussé et al., eds., *Formosan Encounter*, Vol. III, pp. 407-409.

人是「無法讓人信任的善變暴民（*die ongestadigen hoop weynich te vertrouwen*）」。[48]

　　這些派駐在北臺灣的公司雇員，並未實際前往蘭陽平原訪視過噶瑪蘭村社，僅在雞籠接見過由Kimaurij社人陪同前來的噶瑪蘭人代表，且大多依賴Theodore為首的Kimaurij社人擔任中介，前往蘭陽平原從事交易等公司事務。直到1656年Theodore遇害身亡，公司直接涉入蘭陽平原的事務後，公司官員才逐漸了解這10餘年來係Theodore為首的Kimaurij社人，操控了公司與噶瑪蘭人間的關係，因而一轉先前一面倒的評價。[49]不過，此時已近東印度公司治臺的尾聲了。

　　既然對大多數公司官員而言，臺灣島上的住民是群「粗俗的野蠻人」，進駐臺灣的東印度公司官員，與大員灣一帶的原住民接觸、互動一段時間後，旋即興起了馴服（*temmen*）當地住民的想法。

五、馴服之道

　　1625年10月，首任臺灣長官宋克（Martinus Sonck）給總督

48　長官 Nicolaes Verburch 給總督 Carel Reniersz 的公牘，大員，1652 年 10 月 30
　　日。Leonard Blussé et al., eds., *Formosan Encounter*, Vol. III, pp. 441, 450。
　　Chen Shaogang, *De VOC en Formosa 1624-1662: een vergeten geschiedenis*（Ph.
　　D. Dissertation, Universiteit Leiden, 1995), p. 356；程紹剛（譯註），《荷蘭人
　　在福爾摩莎》，頁 307。

49　商務員彭實給議長揆一的書信，淡水，1657 年 10 月 28 日。Leonard Blussé et
　　al., eds., *Formosan Encounter*, Vol. IV, pp. 349-354, 359-364.

Carpentier的信中，提及若能派2、3位有能力的牧師，上帝之名將會在此擴張，島上的「野蠻住民（*de barbare inwoonders*）」也會變成基督徒。[50]繼任宋克臺灣長官職的司令 Gerrit Fredericksz. de Witt，則鑑於住民毫無理由地騷擾唐人，是群「不講理，只循其習俗與腦袋所想的傢伙（*het luyden sijn die geen reden gebruijcken, maer eijgen gewoonte ende hooft volgen*）」，認為帶著人數讓人敬畏的士兵去拜訪對方，才是馴服其「任意暴行和番性（*moetwil ende woestheijt*）」的好方法。[51] 1626年2月，總督 Carpentier給荷蘭十七董事的一般書信報告（*Generale Missiven*）中，則認定當地原住民是「無秩序、番、有惡意、懶惰、貪婪的人民（*een ongereglt, woust, quaetaerdich, luy ende begerich volck*）」；不期望能從他們那裡得到什麼利益，與對方保持和善友好的關係，只是為了避免將對方逼成敵人。期望在經過很長的時間，解除其「迷途的天性（*bedurven aerdt*）」[52]後，才可能得到好處。[53]之後繼任臺灣長官職的納茨，認為在每一個部落駐紮10

---

50 Leonard Blussé et al., eds., *Formosan Encounter*, Vol. I, p. 40.

51 司令偉特 Gerrit Fredericksz. de Witt 給總督 Pieter de Carpentier 的書信，大員，1625年10月29日。Leonard Blussé et al., eds., *Formosan Encounter*, Vol. I, pp. 43-45.

52 *Bedurven* 為 *bedorven* 的古字，有墮落（*gestorven*）、迷失（*verloren*）、悲慘（*diep ongelukkig*）、翻轉（*ten val gebracht*）、毀壞（*te gronde gericht*）等概念。P.G.J. van Sterkenburg, *Een Glossarium van Zeventiende-eeuws Nederlands*, pp. 18, 19. 此處爪哇總督 Carpentier 即用此一帶有基督宗教意味的用詞來形容大員灣一帶的住民。

53 Leonard Blussé et al., eds., *Formosan Encounter*, Vol. I, p. 47. W. Ph. Coolhaas, *Generale Missiven van Gouverneur-Generaal en Raden aan Heren XVII der*

或12名士兵，除了可以保護荷蘭人防止任何危險，還可讓住民「較具人性（*menschelycker*）」並親近荷蘭人，並讓公司在最後因此而得到統治權。[54]

牧師佈道、武力展示、駐軍，還是消極以對？最後是派駐牧師率先贏得上風，成為東印度公司在島上普遍實施的作為。1628年，干治士牧師經過數個月來與對方實地相處後，在其著名的新港社人民族誌中，描述新港社住民看起來是「狂野、粗俗、野蠻的人群（*wilde, rouwe ende barbarische menschen*）」：男人赤裸但不覺得羞愧，也不會在私處覆蓋任何東西；不過，女人除了洗澡之外會穿點衣服，也稍為知道羞愧。[55]干治士進一步向臺灣長官普特曼建議將對方置於法治之下（*onder politicque wetten te brengen*），但未獲贊同。普特曼認為目前最好先由原住民原有的部落議會（Tackasach）與干治士商討後，由部落議會管理。在對方「更文明化（*meerder geciviliseert*）」、更習慣荷蘭人的方式後，才予以考慮。[56]

面對臺灣原住民，東印度公司官員心目中的「文明化」是什

Verenigde Oostindische Compagnie deel I: 1610-1638 ('s-Gravenhage: Martinus Nijhoff, 1960), p. 189; Chen Shaogang, *De VOC en Formosa 1624-1662*, p. 49；程紹剛（譯註），《荷蘭人在福爾摩莎》，頁55。

54　長官納茨給總督昆恩的書信，大員，1628年2月28日。Leonard Blussé et al., eds., *Formosan Encounter*, Vol. I, pp. 73-74.

55　Leonard Blussé et al., eds., *Formosan Encounter*, Vol. I, pp. 92 , 113; William M. Campbell, *Formosa under the Dutch: descriptions from contemporary records* (London: Kegan Paul, Trench, Trübner & Co., 1903), p. 9.

56　長官普特曼給總督Specx的書信，寄於漳州河，1631年2月22日。Leonard Blussé et al., eds., *Formosan Encounter*, Vol. I, pp. 188, 190.

麼？這可由慘遭滅族的小琉球（Lamey）人的後裔案例中略窺一二。

六、野蠻人的「文明化」：小琉球人後裔

荷蘭人與小琉球人間的恩怨，肇因於1622年東印度公司海船「金獅」（Gouden Leeuw）號船員在小琉球上岸後為島上住民殺害。1633年，東印度公司首次對小琉球出兵，帶隊司令Cleas Bruijn事後對小琉球人的描述是：當地人「非常野蠻（heel barbaris）」，殺死每一名到他們島上的人，因而無法依靠福爾摩沙土著的友誼，只能指望其島上的族人。此外，小琉球人係藉由炫耀其視為最珍貴的人頭和頭骨，展示出其勇氣和男子氣概。[57]

1636年4月，東印度公司征服臺灣西南部敵對的原住民村社後，派范林哈（Johan Jurriaensz. van Linga）率軍再度登陸小琉球。找到小琉球人躲藏的洞穴後，部隊塞住所有洞口，燻煙迫使對方就範；逃出洞穴者，則逮捕送到大員，計有成人、小孩合計323人，洞裡另有200餘具屍體。之後，又陸續從島上其他地方逮獲小琉球人送至大員。此時，大員的《熱蘭遮城日誌》將小琉球人記載為「野人（de wilden）」。[58]長官普特曼致爪哇總

57　司令Claes Bruyn對金獅島地點與情況的簡短描述，1633年11月。Leonard Blussé and Natalie Everts, eds., *Formosan Encounter — Notes on Formosa's Aboriginal Society: a selection of documents from Dutch archival sources, volume II: 1636-1645*（Taipei: Sung Ye Museum of Formosan Aborigines, 2000）, pp. 2-3, 5-6.

58　*DZI*, pp. 246-247；江樹生（譯註），《熱蘭遮城日誌（一）》，頁234。

督的書信，提及公司計畫將這些「魯莽的野蠻人（*dese brutale barbaren*）」從島上清除，並將該島直接納入東印度公司的統治與司法之下；此舉不僅能使公司人員放心，也有利於在中國附近海域航行的唐人和所有民族。假如這些「野人（*dese wilde menschen*）」如同先前一樣躲在洞穴之中，公司人員將藉由餓死對方、放火、騷擾他們，或丟爆裂物到洞穴裡，把這必要的工作完成。[59]

之後，則不時於公司官員的紀錄中出現殘留在島上的「野人」議題，特別是戰後留守在小琉球，但遭對方那些「野蠻人（*dese barbaren*）」殺害與斬首的公司士兵。[60] 4年後，總督范迪門於1640年下令清除殘留在小琉球的島民時，認為公司不可能從40名殘留在小琉球的「魯莽人群（*brutale menschen*）」那得到任何利益。相反地，一旦對方再次繁殖，新的麻煩可預期而知。[61]

殘存且遭遷移後的小琉球人遭遇，已是眾所周知的故事了。[62] 遭東印度公司逮獲的小琉球男人，大多送到爪哇的巴達維

59　長官普特曼給總督范迪門（Anthonio van Diemen）的原始書信，大員，1636年10月7日。Leonard Blussé et al., eds., *Formosan Encounter*, Vol. II, pp. 113, 119.

60　Leonard Blussé et al., eds., *Formosan Encounter*, Vol. II, pp. 114, 120.

61　總督范迪門給長官陶德（Paulus Traudenius）的書信，巴達維亞，1640年6月13日。Leonard Blussé et al., eds., *Formosan Encounter*, Vol. II, pp. 254-255.

62　有關東印度公司征討小琉球與戰後小琉球後裔的歷史，請參考曹永和、包樂史（Leonard Blussé），〈小琉球原住民的消失〉，潘英海、詹素娟（主編），《平埔研究論文集》（臺北：中央研究院臺灣史研究所籌備處，1995），頁413-444；Leonard Blussé, "Retribution and Remors," pp. 153-182; "De Grot van de zwarte geesten: op zoek naar een verdwenen volk," *Tijdschrift voor*

亞從事築城等苦役，當中多數人隔年即死亡[63]；女人、小孩分散至新港社人家中，除了考量增加新港社的人口，同時計畫將小琉球人引入基督教信仰[64]；部分小孩則分配給荷蘭人寄養家庭。徙民墟地後的小琉球，1639 年開始由公司出贌給唐人謀利。

　　併入新港社家戶的小琉球人，成為新港社人的一部分，但社會地位較低。[65]到了 1643 年，公司基於送往爪哇的臺灣原住民罪犯與俘虜，在從事勞務與學習貿易的表現大多不錯，乃決議將住在新港社或其他地方的年輕小琉球男女，帶到熱蘭遮城學習貿易，並分配於公司雇員和自由市民之中。接納小琉球人的男女主人，則規定一開始得以基督教來教育對方。[66]6 年後，即 1649年，爪哇總督范德萊恩進一步指示小琉球後裔的薪資與福利。為了確認該指示依照計畫實行，爪哇方面還委派該任務給 2 名牧師，以及 2 名娶小琉球女性的主管。要求他們 4 人得負責讓小琉

　　Geschiedenis 111 (1998): 617-628; "The Cave of the Black Spirits," pp. 131-150; Natalie Everts, "Jacob Lamey van Taywan: an indigenous Formosan who became an Amsterdam citizen," in David Blundell, ed., *Austronesian Taiwan*, pp. 151-156.

63 總督范迪門和議會給長官范德勃格的書信，巴達維亞，1637 年 5 月 23 日。 Leonard Blussé et al., eds., *Formosan Encounter*, Vol. II, pp. 150.

64 長官普特曼給總督范迪門的原始書信，大員，1636 年 10 月 7 日。Leonard Blussé et al., eds., *Formosan Encounter*, Vol. II, pp. 116, 122.

65 尤紐斯牧師在處理新港社人的婚外情案例時，曾提及併入新港社的 5 戶 Tapatoroan 社人，在新港社人當中的地位並不高，並用分配到新港社人當中的小琉球人地位為比喻。Leonard Blussé et al., eds., *Formosan Encounter*, Vol. II, pp. 92, 94-95. 另參考 1637 年 7 月 13 日臺灣長官與議會對新港社婦女 Tagutel 溺斃一名分配至其家戶的 Lamey 小孩的決議。Leonard Blussé et al., eds., *Formosan Encounter*, Vol. II, pp. 153-154.

66 Leonard Blussé et al., eds., *Formosan Encounter*, Vol. II, p. 410.

球後裔生活在規規矩矩的荷蘭人家中，以開明的方式養育他們，接受「文明與教育（*geciviliseert ende onderwesen sijnde*）」，且規定從現在開始，這些小琉球女兒將與荷蘭國民通婚。[67]在東印度公司的政策以及殖民地缺乏基督徒女性的影響下，受荷蘭家庭教育與教會洗禮成長的小琉球女性，數年後即成為公司中下階雇員的最佳通婚對象。[68]

七、平原與教化

除了慘遭滅社的小琉球人後裔，遭東印度公司安插至新港社或荷蘭人家庭接受基督教教養，進一步改造出荷蘭人心目中的「文明」樣式外，歸順公司的南、北路平地住民，則多在其家園接受荷蘭人的「文明化」洗禮。

早在1634年底，總督Hendrick Brouwer即轉述宣教師的想法，認為公司在臺灣最早、也算是最忠實的盟友新港社人，其年輕人生活向來「放蕩不羈（*veel liberteijten*）」，教育成效恐怕有限，得考慮是否送一些年輕人至荷蘭，隔離原有環境後再施教。[69]

---

67 總督范德萊恩給議長歐沃瓦特與福爾摩沙議會的書信，巴達維亞，1649年8月5日。Leonard Blussé and Natalie Everts, eds., *Formosan Encounter — Notes on Formosa's Aboriginal Society: a selection of documents from Dutch archival sources, volume III: 1646-1654*（Taipei: Sung Ye Museum of Formosan Aborigines, 2006）, pp. 262-263, 265-266.

68 參考本書第五章：殖民與牽手──東印度公司治下的歐亞跨族群婚姻，第四節。

69 Chen Shaogang, *De VOC en Formosa*, p. 141；程紹剛（譯註），《荷蘭人在福爾摩莎》，頁160。

Brouwer這位於1617年讓東印度公司放棄依循葡萄牙人從南非經非洲東岸、模里西斯、錫蘭至東印度群島的航道，改行南半球西風帶航線，成功地縮短一半航行時間的第8任總督，在1636年初將葡萄牙人控制下的錫蘭與荷蘭人治下的大員灣一帶相比較，認為錫蘭其實比不上臺灣[70]，後者氣候佳、空氣潔淨、土地肥沃，處於強大政權管轄外，住著愚昧、無知的異教徒人民（*plomp ende dom heydens volck*），住民貧困、懶惰、無所奢求（*Immers soo arm, luy ende onbegerigh naer middelen als de inwoonderen van Pakan blijcken te wesen*），公司若能降伏島上反抗的住民，將大有可為。[71]

　　1636年也是東印度公司在臺灣西南平原大肆擴張影響力之時；至於之後公司如何透過教會人員與學校教育，從事住民的基

70　當時東印度公司的政策是儘量不擴大轄下的陸域領地，以免步上如葡萄牙殖民帝國衰敗的後塵，避免「像一隻母雞無法照料太多小雞，三不五時遭獵鷹抓去一隻小雞時，也就不足為奇了（*gelijk een henne, die al te veel kuikens hebbende dezelve met haar vlerken niet kan bedekken, zoodat het niet vremd is, dat zoo nu en dan de kiekendief met een van de jongen doorgaat*）」；但錫蘭與臺灣此兩塊陸域領地為例外，故公司上層官員偶爾會將兩者相提並論。Bernard H.M. Vlekke, *Geschiedenis van den Indischen Archipel: van het begin der beschaving tot het doorbreken der nationale revolutie*（Roermond-Maaseik: J.J. Romen En Zonen Uitgevers, 1947）, pp. 180-181; *Nusantara: A History of the East Indian Archipelago*（Cambridge: Harvard University Press, 1943）, pp. 146-147.

71　W. Ph. Coolhaas, *Generale Missiven, deel I*, p. 520; Chen Shaogang, *De VOC en Formosa*, p. 149；程紹剛（譯註），《荷蘭人在福爾摩莎》，頁168。原文出現*de inwoonderen van Pakan*，係當時爪哇的公司官員偶爾仍沿用舊稱「北港」指涉臺灣。

督教改宗與教化工作，已是眾所周知的歷史。[72] 透過尤紐斯牧師等人的運作，當地住民經歷了偶像拋棄儀式、學校設置典禮等過程，族人逐漸透過學校教育、教會禮拜，以及駐地宣教人員的督促等方式，大量接觸改革宗基督教的規範，進入所謂文明化的洗禮。同年卸下長官職的普特曼，對其繼任者范德勃格的諄諄教誨中，強調島上的住民是如同「醜陋的野蠻人和異教徒般地粗野、狂妄、骯髒（*groove, plompe, oock vuyle, leelijcke barbaren ende heydenen*）」。普特曼認為：粗野原始、好色無恥、我行我素的自由，是對方普遍的準則；正確的貞操美德、正義或合理，不存在於住民之中；然而，島民與生俱來即有辨別是非的概念和理解力，並以其心智理解事情，且願意學習新事物。若住民每日在學校、教會接受教誨，親睹教徒恪守清規的生活典範，假以時日必將成為文明人，成為基督徒的一員（*naerder sielen mettertijt tot beter civiliteyt ende soo 't Godt Almachtich gelieffde te segenen, eyndelinge tot het christengelooff te brengen*）。[73]

---

72 參考 Willy Abraham Ginsel, *De Gereformeerde Kerk op Formosa of de lotgevallen eener handelskerk onder de Oost-Indische-Compagnie, 1627-1662* （Leiden: P.J. Mulder, 1931）; Jacobus Joannes Antonius Mathias Kuepers, *The Dutch Reformed Church in Formosa 1627-1662: mission in a colonial context* （Nouvelle Revue de science missionnaire CH-6450 Immensee, 1978）; Chiu Hsinhui, *The colonial 'civilizing process' in the Dutch Formosa, 1624-1662*；查忻，〈荷蘭改革宗教會在十七世紀臺灣的發展〉（國立臺灣大學歷史學系博士論文，2011）。

73 前長官普特曼在他離開前往巴達維亞當天給其繼任者范德勃格長官的備忘錄或建議，大員。1636 年 11 月 10 日；長官范德勃格在中尉 Johan Jurriaensz 作為使者出發前往 Lamey、瑯嶠和阿猴所給予的命令，大員。1637 年 2 月 3

　　尤紐斯於1643年離開臺灣；此時，熱蘭遮城一帶已有許多住民受洗。尤紐斯也訓練出50名能讀、能寫的年輕原住民基督徒擔任教師，派駐新港、大目降、目加溜灣、蕭壠、麻豆、大武壠等地，負責總人數約600名左右學生的教育，並為他們編寫一份含353個問答的大教義問答錄。隔年，派駐原住民教師之處再增加外圍的哆囉嘓、諸羅山等2社。[74]

　　站在公司的立場，針對原住民的宣教工作，有著「文明化」的世俗目的。「文明化」，代表原住民社會將以當時的歐洲文明為標準，朝向此一社會秩序規範的方向邁進。「文明化」，有助於將臺灣導入公司冀望的和平局面，使公司從事的轉口貿易、土產交易、漁獵活動，甚至農墾栽植的規模，都能因為穩定的局勢而擴張，讓公司的利潤大幅成長。[75]此即1651年時，總督Carel Reniers於南北兩路地方會議召開時，期許能讓公司透過必要的措施，「讓福爾摩沙人在短短數年內，全都能達到文明、安定的生活（*de Formozanen in corte jaren tot een gantsch civil ende goet*

日。Leonard Blussé and Natalie Everts, eds., *Formosan Encounter*, Vol. II, pp. 130, 132-133, 140-143; William M. Campbell, *Formosa under the Dutch*, p. 153.

74　William M. Campbell, *Formosa under the Dutch*, pp. 192, 193, 345-379；J.J.A.M. Kuepers, *The Dutch Reformed Church in Formosa*, p. 23；John R. Shepherd, *Statecraft and Political Economy on the Taiwan Frontier, 1600-1800* (Stanford: Stanford University Press, 1993), p. 67；村上直次郎，〈荷蘭人的番社教化〉，收入村上直次郎、岩生成一、中村孝志、永積洋子（著），許賢瑤（譯），《荷蘭時代臺灣史論文集》（宜蘭：佛光人文社會學院，2001），頁32-33；查忻，〈荷蘭改革宗教會在十七世紀臺灣的發展〉，頁73。

75　J.J.A.M. Kuepers, *The Dutch Reformed Church in Formosa*, p. 19.

geset leven te brengen sullen wesen）」[76]。

1650年代中葉，隨著荷蘭人對臺灣全島各地多已有所接觸與掌握，對部分地區的住民教化工作也進入較穩定的階段；此時，東印度公司官員對各地住民的「文明化」理解與想像，亦逐漸從先前以人群別為主體，加入對不同地理空間的想像。

八、「文明化」的地理印象

（一）以熱蘭遮城為中心的城鄉差距

1652年，東印度公司即以距熱蘭遮城的遠近，作為住民管理上的不同標準；當時，總督Carel Reniers針對平原地區的統治，提出將暫時任命1名地方官（*drost*），與分散在各社的政務官員（*poletycken*）組一議會，住民重要的事務由該地方官與其議會，以及熱蘭遮城司法委員會（*raet van justitie des casteels*）中的2名代表共同裁決。至於較不重要的事務與民事，則如同較偏遠的村社一樣，由駐地政務官員與當地長老決定即可[77]。

1654年3月，卸任臺灣長官職的Nicolaes Verburch針對如何改善東印度公司政務，以有效管理臺灣領地，提出10點建議；

---

76 W. Ph. Coolhaas, *Generale Missiven van Gouverneur-Generaal en Raden aan Heren XVII der Verenigde Oostindische Compagnie deel II: 1639-1654* （'s-Gravenhage: Martinus Nijhoff, 1964), p. 454-455; Chen Shaogang, *De VOC en Formosa*, p. 276；程紹剛（譯註），《荷蘭人在福爾摩莎》，頁324-325。

77 Chen Shaogang, *De VOC en Formosa*, p. 314；程紹剛（譯註），《荷蘭人在福爾摩莎》，頁363。

其中，針對住民治理部分，Verburch引用當時的自然法（*het natuerlijcke recht*）概念，認為所有屬民不僅有責任得適當地榮耀其統治者；只要能力所及，即得提供貢物，以公平且合理地供應治理該島所需的防禦與公共榮景。Verburch認為東印度公司擁有此等權力，係因為公司是福爾摩沙的島主與主權統治者。除了征伐花費以外，公司提供了1座堅固的城堡（熱蘭遮城）與其他要塞來防衛領地，對抗外敵與內部攻擊[78]，且基於住民的利益，公司派員教導住民基督教教義以及住民所需服膺的規定，企圖把他們「從魯莽帶入文明的境界（*van een brutale tot een geciviliseerde conditie soucken te brengen*）」，讓對方在公司統治之下更加幸福。Verburch認為：福爾摩沙住民係「由於無知而成為東印度公司的屬民（*die maer uyt onnoselheyt onse onderdanen sijn geworden*）」，且不知道對方何時能「較開化（*tot beter kennisse komen*）」，公司的工作仍得包含「馴服一群狂野且具番性的土著（*een deel wilde en woeste inboorlingen te temmen*）」，希望有朝一日住民會比現在歸順得多。

　　針對如何治理福爾摩沙住民部分，Verburch提及如何藉由轄區劃分與政務官員（*polijticquen*）派任[79]，來改善「住民的文明性

---

78 外敵指當時謠傳的國姓爺鄭成功勢力可能來襲，內部指1652年9月爆發的赤崁耕地唐人農人攻擊公司事件，即俗稱的郭懷一事件。

79 當時的行政劃分如下：大部分為唐人居住、以農業為生的赤崁地區，屬於公司官員的直屬轄區，由1名政務官員（substituyt）為代表。蕭壠、目加溜灣、新港與大目降社有1名專屬政務官員；麻豆、諸羅山、哆囉嘓與大武壠1名；虎尾壠與其隸屬村社1名；二林與隸屬村社1名；淡水與雞籠，以及整個北臺灣1名；麻里麻崙社1名，負責整個南路地區；另外派駐1名中士

與交往言行（*civilisatie ende ommeganck der inhabitanten*）」，引導對方「改變其魯莽的本性，成為文明、講理的人群（*mitsgaders van hunnen brutalen aert tot een redelijck menschen civiliteyt te brengen*）」。不過，在考慮行政當局的規章在鄉間絕對不可能完善，且時常需要改進的情況下。Verburch呼應前任總督Reniers的想法，請求繼任總督馬索科（Joan Maetsuijcker）與東印度議會特別派1名地方官到鄉間，組織一個委員會，如同過去政務官員所做一般，負責高等與低等法院的司法。基於此，相對於「最偏遠與最魯莽（*de verre afweesenste ende brutaelste*）」的村社，離熱蘭遮城「最近且最文明（*de naest gelegenste en best geciviliseerste*）」的村社，應先受到良好的教育；因為他們擁有如此堅定的基督教信仰與良好舉止，而這些美德將漸漸地在其他地區散播與成長。[80]換句話說，在Verburgh心中，距離熱蘭遮城的遠近係住民文明化程度的指標。一個城鄉差距的文明化概念，在荷蘭人從事基督教佈道與政務治理近20年後，逐漸浮現在公司官員的想法內。

　　Verburch向爪哇方面的要求，獲得總督馬索科的首肯，同意在福爾摩沙的主要村社指派一些政務官員，納入地方官的管轄，以維持當地住民的良好秩序，並盡可能向對方「多灌輸些市鎮文明的觀念（*ende soo veel doenelijck de burgerlijcke civiliteyt*

與22名士兵於東部的卑南覓。

80　前長官 Nicolaes Verburch 關於福爾摩沙，與荷蘭東印度公司可如何最為順利地運用該領地，以及有關改革島上公司政務想法的簡短描述，大員，1654年3月10日。Leonard Blussé et al., eds., *Formosan Encounter*, Vol. III, pp. 480-483, 487-491, 496-497.

inteplanten）」，讓他們逐漸臣服於公司，作為改善其生活水準的準備。馬索科認為：政務官員係為了當地這年輕成長中的共和國利益，代表公司執行職務，公正地引領在地住民走上成為基督徒之路；至於公司針對住民統治所制定的一般性條款，則是激勵對方「邁向其文明境界（tot vorderingh van hare civilatiën）」。政務官員因此得不斷地試著對住民耳提面命，讓對方「去除其魯莽的番性直到開化些為止（mitsdien eenichsints van sijne brutaliteyten tot beter kennisse）」，並多了解公司的統治[81]。

馬索科的「市鎮文明」概念，其實即中世紀以來以市鎮文化為核心所延伸出的文明概念。[82]早在1647年，荷蘭的十七董事即接受卸任長官卡隆的建議，特別交代在這新近、脆弱的殖民地需要以「市民般（burgerlijck）」且友好的方式對待住民。[83]臺灣議會議長歐沃瓦特亦曾在1649年時，針對南路、東臺灣等處的住民教化工作，認為「把如此多的野人調教得像市民般（soo veel wilde menschen tot burgelijckheyt alleen）」，即是件值得讚許的慈善工作，更不必說把對方帶入基督教教義之中[84]。

---

81 總督馬索科給政務官員與福爾摩沙地方官代表的指示，巴達維亞，1654年7月17日。Leonard Blussé et al., eds., *Formosan Encounter*, Vol. III, pp. 525, 533-534, 542.

82 荷蘭語 civilisatie 源自拉丁語 civis，後者意指市鎮居民（burger, stedeling）之意。現代荷蘭語多用 beschaving 一字代表「文明（化）」此概念，詞義中包含將一粗糙的東西拋光、磨平、使完善（bijschaven of minder ruw maken）的意思。

83 十七董事給巴達維亞高層政府的書信，阿姆斯特丹，1647年10月4日。Leonard Blussé et al., eds., *Formosan Encounter*, Vol. III, pp. 208-209.

84 議長歐沃瓦特給總督范德萊恩的書信，大員，1649年2月1日。Leonard

馬索科進一步為此一城鄉差距的文明化尺度尋求例證：大員一帶的住民表現良好，歸順公司，沒有反抗；不過，遠離大員的住民則不同，往往「為了些瑣事彼此兵戎相見」，證明對方尚未根除「其魯莽且不文明的本性（hunnen brutalen en ongeciviliseerden aert）」；公司得耐心等待，努力讓對方改善。[85]

促成城鄉差距的文明化概念，在總督馬索科於1959年的書信中表達得更明確；當提及公司的學校教育成效時，總督認為在公司統治下，住民的「野性已安分多了（van haeren wilden aert nochal redelijck wel）」，不過，距離熱蘭遮城較遠的南北兩路仍是例外，如南路的麻里麻崙社有一些住民謀反要殺光荷蘭人，一時難以改變其嗜血與頑抗，「文明化得多些時間（tot welckers civiliseringe noch veel tijdts vereyschen sal）」[86]。

除了從距離熱蘭遮城較遠處的住民那傳來的對抗行動，讓東印度公司官員腦海中浮起城鄉差距的「文明」指標外，荷蘭人也因在山區遭遇住民的對抗，特別是在南路山區，因而在面對山地人（bergsgasten）時有著異於對平地住民的想像。

Blussé et al., eds., *Formosan Encounter*, Vol. III, pp. 256-258.

85 W. Ph. Coolhaas, *Generale Missiven van Gouverneur-Generaal en Raden aan Heren XVII der Verenigde Oostindische Compagnie deel III: 1655-1674* ('s-Gravenhage: Martinus Nijhoff, 1968), p. 784; Chen Shaogang, *De VOC en Formosa*, p. 376-377；程紹剛（譯註），《荷蘭人在福爾摩莎》，頁 423。

86 W. Ph. Coolhaas, *Generale Missiven, deel III*, p. 278; Chen Shaogang, *De VOC en Formosa*, p. 464；程紹剛（譯註），《荷蘭人在福爾摩莎》，頁 514。

（二）對應平原地區的山地蠻族叛社

　　早在1645年初，東印度公司在臺灣順利地聚集各社住民代表，召開首屆南、北兩路地方會議後，總督范迪門認為：平原地帶住民已歸順公司統治，以後將可集中武力對付山地人（*sulcx te platte landt nu ten principale onse regeringh subjecteert, ende sal voortaen de macht tegen die van geberchte gebruyckt*）。[87]此時，荷蘭人為了打通與東部地區的陸路交通，計畫維持數條通過大武山區的路線，因而開始介入山區住民的領域。公司首先派士兵進駐山區的七家陳（Toutsikadangh）社，負責維持大武山區南方、林邊溪上游力里溪河谷往來前後山的陸路交通。之後，山區先後傳出力里（Tarikidick）社為主的勢力，和爪覓（Quaber）、士文（Suffungh）等社串聯後與荷蘭人為敵；隨後，又有內獅（Barbaras）社不服公司要求下遷至放索社一帶的平原居住，也轉而與公司為敵。到了1650年代，又傳出大文里（Tarawey）、礁嘮其難（Kassalanan）、毛系系（Masili）、望仔立（Vongorit）等社抗拒東印度公司的勢力。荷蘭人的策略為透過布匹等實物獎勵，鼓勵南路山區與平原地區的盟社，以及瑯嶠君主的勢力，共同參與東印度公司的武力征伐。不過，受限於山地地形，東印度公司時常有鞭長莫及之憾。[88]

　　1651年初，面對多年來難以透過武力全面馴服的山區，

87　Chen Shaogang, *De VOC en Formosa*, p. 225；程紹剛（譯註），《荷蘭人在福爾摩莎》，頁263-264。

88　康培德，《臺灣原住民史》，頁80-83。

相較於其他平地住民，總督Carel Reniers認為：這是因為南
路山地人無法忘記與摒棄其「天生的魯莽番性（*aengebooren
brutaliteyt*）」[89]。

　　1654年，繼任的總督馬索科認為，望仔立、加芝來
（Catsilly）、射武力（Sapdijck）、Terroadickangh等南路山地
人時常作亂，但臺灣長官Nicolaes Verburch出兵征討失利，
住民作惡多端、天性反逆（*de zuydse inwoonderen van soo een
wrevelmoedigen ende wederspannigen aert sijn*），若不派軍鎮
壓，難保南路山區會脫離公司的統治。[90]翌年，馬索科認為，臺
灣長官與議會派兵征伐南路山區這些抗命的「頑固住民（*die
hertneckige inwoonderen*）」，應能讓公司重獲些威信，並藉此
讓對方謙卑和歸順。雖然公司不太容易接近那些住在洞穴（*in
speloncken woonende*）的山地人[91]，且對方也不太害怕荷蘭人所

89　W. Ph. Coolhaas, *Generale Missiven, deel II*, p. 454; Chen Shaogang, *De VOC en Formosa*, p. 276；程紹剛（譯註），《荷蘭人在福爾摩莎》，頁324。

90　W. Ph. Coolhaas, *Generale Missiven, deel II*, p. 705-706; Chen Shaogang, *De VOC en Formosa*, p. 346-347；程紹剛（譯註），《荷蘭人在福爾摩莎》，頁392-393。

91　東印度公司官員對南路山地人的描述，在百年後的清帝國官員、文人筆下仍可見其一二；此時多稱其為生番中最為凶悍的「傀儡番」。1720年《鳳山縣志》：「又有一種鑿穴而居者，名傀儡。番性好殺，下山藏於茂林豐草中，伺人過，取其頭飾以金；且多聚骷髏以示勇。」參閱〔清〕陳文達，《鳳山縣志》（臺北：臺灣銀行經濟研究室，1961），頁82。1736年《臺海使槎錄》：「傀儡生番，動輒殺人割首以去；骷髏用金飾以暴。」甚至成詩作：「深山負險聚遊魂，一種名為傀儡番；博得頭顱當戶列，骷髏多處是豪門。」參閱〔清〕黃叔璥，《臺海使槎錄》（臺北：臺灣銀行經濟研究室，1957），頁150、153、175。

派出的軍隊;不過,馬索科認為只要平地人(*die van de vlackte*)站在荷蘭人這邊,公司仍可以成功地征服對方。[92] 只是之後荷蘭人的征討行動,仍無法讓山區住民完全歸順東印度公司。2年後,1657年,馬索科下結論:對比於平地住民,南路山地人民(*berghsvolcken*)是群「未開化、本性狂野(*ongeciviliseert ende van een wilden aert sijn*)」的人[93]。

(三)三個文明性程度的地理空間

東印度公司官員對住民的文明化程度理解與想像,不論是以熱蘭遮城為中心的城鄉差距,還是山地對應平原的蠻族說法,這些原本屬於兩兩相對的文明化程度指標,隨著時間逐漸形成三個帶著階序性關係的地理空間。

早在1651年底,針對年度地方會議的檢討時,總督 Reniers 提及大員灣附近地區沒什麼大事或叛亂(*Vernemen uyt 't eene noch 't andere gewest of nabij van geenige extraordinary grote ongenuchte ofte rebellie*),最靠近(城堡)地區(*in de naestgelegenste plaetsen*)的住民表現最為順從;不過,南路山地人、北部噶瑪蘭人則不守本分;前者有 Sodorauw、擺也也(Sojeieia)、加赭惹菜(Smackedeidei)等社住民下山至打狗一帶殺害伐木的唐人,後者則是殺害公司通譯 Jan Pleunen 等人。對於山區住民下山出草,公司一開始其實無能為力,只能以1顆人

---

92 總督馬索科給長官凱薩與福爾摩沙議會的書信,巴達維亞,1655年5月14日。Leonard Blussé et al., eds., *Formosan Encounter*, Vol. IV, pp. 34-35, 39-40.

93 W. Ph. Coolhaas, *Generale Missiven, deel III*, p. 119; Chen Shaogang, *De VOC en Formosa*, p. 412;程紹剛(譯註),《荷蘭人在福爾摩莎》,頁461。

頭懸賞3疋棉布的獎勵，鼓舞歸順公司的平地住民出征。[94]翌年年底，同樣是針對年度地方會議的檢討，Reniers提及笨港河兩岸與城堡附近住民表現得順從，卑南覓與東部平地的村社雖然處於和平的狀態，不過該處人群「狂野、魯莽（*die menschen noch vrij wat wilt ende brutael zijn*）」，希望能藉由定期的地方會議給予改善。至於南路山區的射武力、加芝來（Catsiley）、望仔立等社則時常作亂，乃下令動員平原地區住民前往征討，1顆人頭獎賞1疋棉布。[95] Reniers此時已開始將距熱蘭遮城遠近、山地對應平地等概念一併思考，至於進一步將城堡附近、平原地區、山地，視為三個文明性進程的地理空間，則是臺灣長官揆一（Frederick Coyett）。

1657年，揆一原本只是對負責帶領部隊北上征討淡水地區叛社的地方官Frederick Schedel等人，給予必要的書面指示；不過，揆一率先提及全島住民的天性，認為住民之所以「番性、不馴（*woester en onsediger*）」，甚至「不講理（*t'onredelijker*）」，是因為從未有一大統領或政權統治過他們。揆一認為只要看到土著在每個村社各自獨立為政，就可一目了然。許多村社間因為語言不同，以至於幾乎不了解其鄰邦，且經常外出殺戮及搶奪，彼此間很少和平相處；因此，「比起同性的野獸（*selfs eenslachtige wilde dieren*），他們彼此間更為疏遠。」

---

94 W. Ph. Coolhaas, *Generale Missiven, deel II*, p. 539; Chen Shaogang, *De VOC en Formosa*, p. 287-288；程紹剛（譯註），《荷蘭人在福爾摩莎》，頁336-337。

95 W. Ph. Coolhaas, *Generale Missiven, deel II*, p. 607-608; Chen Shaogang, *De VOC en Formosa*, p. 305-306；程紹剛（譯註），《荷蘭人在福爾摩莎》，頁354-355。

　　揆一認為：東印度公司一開始即用不同的方式，像是友善的建議、或用威脅、處罰及血腥的懲戒征討，試著將這些人「凶殘、狂野的天性（*seer schadelijckcken wilden aart*）」，轉化成「習於歸順的屬民（*tot een wel geschickten menschen omganck te gewennen*）」。目前唯一達成的，是住在熱蘭遮城附近的人，已提升到「相當於市鎮人民的水準（*tot tamelijcke kennis der burger zeden*）」，主要是因為對方住在荷蘭人附近且就學受教。而住在其他平原地區的人，則提升到「歸順且相互友好的合理水準」。因此，針對 Schedel 奉命北上征討的淡水地區人群，因為荷蘭人很少拜訪他們，且住得較遠，因而大多堅持其古老且與生俱來的搶奪及殺戮天性，且經常以此方式騷擾其鄰邦；對方因而被迫用相同的罪行反擊，因而有時會讓彼此回到舊有的生活方式。而「每日犯下這種罪行者，依舊是難以接近的山地人民」[96]。

　　對揆一而言，南路山區那些在許多場合仍相互鹹首，「表現出其野性調調的山地番人（*de woeste geberchsgasten volgen nog veelmaals haaren wilden aart*）」[97]，是公司轄境下文明化程度最低的人群。到了 1660 年代，東印度公司的臺灣統治進入尾聲之際，總督馬索科針對住民的評語，也多呼應此一三個文明化進程的地理空間概念。

96　議長揆一給地方官 Frederick Schedel、隊長 Thomas Pedel、商務員 Thomas van Iperen 率領 290 人搭乘海船海豹號、守衛號與小桅船蘋果樹號前往淡水擔任遠征軍指揮官的指示，大員，1657 年 9 月 3 日。Leonard Blussé et al., eds., *Formosan Encounter*, Vol. IV, pp. 317, 321-322.

97　議長揆一給總督馬索科的書信，大員，1657 年 11 月 19 日。Leonard Blussé et al., eds., *Formosan Encounter*, Vol. IV, pp. 370-371.

　　1660年，馬索科提及：服從公司且主動接受統治而不反抗的，依然是那些住在城堡附近的住民；不過，這並不表示島上南、北路的住民都如此，該處依舊存在「難以灌輸些許文明的野性人民（*de civiliteyten onder dat wildtaerdige volck noch qualijck in te voeren en sijn, ende is te duchten*）」。因為對方學習必要的道德行為進度非常緩慢，造成公司在減緩全島所有人民的番性，以及使住民習於在公司法律與秩序下生活成了一件大工程（*haere vereyschte zedichheden vrij lancksaem sullen bijcomen alsoo het geen cleyne noch geen geringe werckingen sijn om soo een geheel eylants volckeren van hunne woesten aert aff te trecken ende nae onse wetten en ordonnantiën te doen leven*）。因此，Maetsuijcker認為：公司不應營造假象，讓後人誤以為最後終能看見所希望的結果；相反的，公司得「承受無知的人群習於其舊有番性的事實（*wes die onwetende menschen op den ouden voet in haerlieden woestheden noch al dienen te worden gedult*）」。馬索科進一步認為：基於「南路住民的任意暴行與違抗（*de moetwil en ongehoorsaemheyt van de Suytse inwoonders*）」正快速增長，很快便得兵戎相見以將對方帶上正途；公司一向藉由武力來馴服他們，並讓對方保持平靜一段時間。所以，有必要進行一趟通過南路各社至山區的遠征。[98]

　　翌年，即1661年，東印度公司的臺灣領地已遭鄭成功的軍隊大舉入侵，公司駐臺高階官員正困守於熱蘭遮城之際，總督馬

98　總督馬索科給長官揆一的書信，巴達維亞，1660年7月16日。Leonard Blussé et al., eds., *Formosan Encounter*, Vol. IV, pp. 415-416, 418-419.

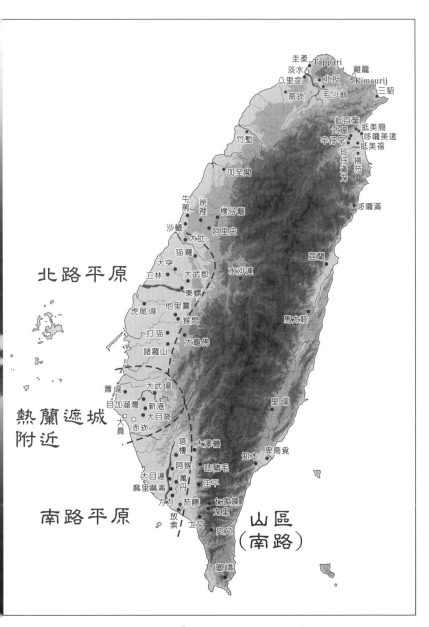

地圖三 三個「文明性」程度的分布圖

索科得知那些生活在城堡附近的住民依然歸順公司後表示欣慰，認為他們係因對荷蘭人的敬畏而臣服公司；不過，對於要讓那些住在南路、北路和東部角落的住民歸順，則認為相當困難，因為「其天性太狂野且近乎不可馴服（*vermits haren aart te wilt ende bijna ontemmelijck sij*）」；「尤其是來自山中的人民」，馬索科認為：在這些地區動武，或許可稍微打擊和矯正對方，但只要軍隊一撤回，對方對公司的敬畏即再度消失，並繼續沉迷於其邪惡的野心，以至於公司得不斷面對如此艱鉅的任務，結果是在撫慰這些魯莽人群上沒多大進展。[99]

換句話說，到了荷蘭人統治臺灣末期，熱蘭遮城附近、南北兩路其他平原地域、偏遠山區等三個地理空間，已逐漸烙印在東印度公司高階官員腦中，成為評判住民文明化尺度的重要參照指標。

九、小結

近世初期的歐洲人充滿著對半人、半獸的連結與想像，一般人甚至相信人獸交配後能產生後代。[100]十七世紀抵達臺灣的歐洲人對島民未開化、狂野的印象，除了透過文字稱呼對方為「野獸」外，偶爾也會延伸出非人的「獸形」想像；最為具代表性的例證，為南路住民的尾巴與東部立霧溪流域的猴人。

99　總督馬索科給長官揆一與福爾摩沙議會的書信，巴達維亞，1661 年 6 月 21
　　日。Leonard Blussé et al., eds., *Formosan Encounter*, Vol. IV, pp. 448-450.

100 Keith Thomas, *Man and the Natural World: changing attitudes in England, 1500-1800*（London: Penguin, 1991）, pp. 134-135.

　　長尾巴的住民傳說，出自1650年停留在臺灣的John Struys。Struys在其遊記中聲稱抵臺期間，曾目睹一名因殺害宣教人員的南路住民遭判處火刑。當犯人被綁在尖椿、剝去衣物後，圍觀的眾人即看到一條約1呎長、長滿毛髮的尾巴露出來。Struys在其遊記中信誓旦旦堅稱這是他所親眼目睹，如果不是真的像他所描述一般，他絕不會要他人相信有此事。[101] John Struys的長尾巴住民傳說，其實反映了當時歐洲新教國家對異地見聞與遊記的出版物內容，往往為了滿足當時讀者對外地、異族的想像需求，以及當時新教教徒的異族觀與道德觀，因而徘徊於小說與真實之間搖擺不定。[102] 至於猴人傳說，則出自1645年抵立霧溪流域的東印度公司哆囉滿探金征伐隊。一開始是帶領探金行的凱薩自哆囉滿社人那，聽聞在距離7小時路程的山上有一稱為崇爻（Soukou）的村社，當地人是像猴子般的人（*menschen die apen gelijck zijnden*）[103]。隨後，臺灣長官卡隆即將對方稱為「猴頭般的人（*die men secht apenhoofden te hebben*）」[104]。爪哇總督也因而好

101 Jan Jansz. Struys, *The voiages and travels of John Struys through Italy, Greece, Muscovy, Tartary, Media, Persia, East-India, Japan, and other countries in Europe, Africa and Asia*（London: printed for A. Swalle, 1684）, p. 57; William M. Campbell, *Formosa under the Dutch*, pp. 255-256.

102 Kees Boterbloem, *The Fiction and Reality of Jan Struys: A Seventeenth-Century Dutch Globetrotter*（London: Palgrave Macmillan, 2008）.

103 上席商務員凱薩前往懲罰莒蘭與馬太鞍叛亂，以及探察黃金河流的日誌抄本，1645年11月19日至1646年1月15日（由長官凱薩置入，大員，1656年11月29日）。Leonard Blussé et al., eds., *Formosan Encounter*, Vol. III, pp. 10, 30.

104 長官卡隆給議長范德萊恩與巴達維亞議會的書信，大員，1646年1月31日。Leonard Blussé et al., eds., *Formosan Encounter*, Vol. II, pp. 575, 578.

奇想查明有著猴子頭的山區住民真實身分。[105] 最後終於釐清所謂有著猴頭猴尾的人（*van menschen met apenhoofden ende staerten*）是通稱為 Parrougearon 的人，對方住在山中四處，沒有固定的家園，與噶瑪蘭、哆囉滿大部分的住民為敵。Parrougearon 人非常熟於上下攀爬山壁，且速度非常地快；已婚婦女會拔掉 4 顆牙齒，每顎各 2 顆，臉頰、額頭與鼻子都塗黑或刺青為裝飾，使得第一眼看起來像猴子。[106]

　　至於東印度公司官員對所謂「文明人」的標準，置於臺灣原住民族身上時，則有衣物遮身不裸露、社會階序化、「明理與歸順」、接納基督教、諳歐洲語言，或是熟悉貨幣背後的商業經濟操作等，分別投射在荷蘭人所遭遇的瑯嶠人、哆囉滿人，和淡水與雞籠一帶的住民身上；不過，所謂的「文明」與否，往往又攙雜了當時敘述者的主觀判斷，如公司官員對北臺灣淡水、雞籠一帶住民的認定即不一致。或者受了報導人的影響，如同前述立霧溪流域的猴人係出自哆囉滿人的說詞。「文明的瑯嶠人」雖然是立基於一定的事實基礎，但負責穿針引線的唐人通譯也扮演了強化此說法的角色。這也解釋了大肚溪流域一帶為唐人稱作「番仔王（*Quataongh*）」、旅臺蘇格蘭人 David Wright 稱為「中晝大帝（*Keizer van Middag*）」的人物，其轄下也有鬆散的跨部落社會政治組織，為何沒在公司官員的記載下博得「文明」的封號，縱使

---

105 總督范德萊恩給長官卡隆的書信，巴達維亞，1646 年 8 月 2 日。Leonard Blussé et al., eds., *Formosan Encounter*, Vol. III, pp. 115-116.

106 商務員 Gabriël Happart 航行前往淡水與雞籠的日記摘錄，雞籠與淡水，1646 年 5 月 8 日至 9 日（巴達維亞抄本，1657 年 2 月 2 日）。Leonard Blussé et al., eds., *Formosan Encounter*, Vol. III, pp. 72, 75.

「大肚王」與瑯𤩝君主出席地方會議時所獲得的象徵性待遇不相上下。而為公司官員主動封得「文明」稱呼的住民，則多出自於凱薩。這位出身荷蘭小鎮 Goes、19 歲時以助理身分前來東印度群島，在臺灣曾經擔任過商務員、負責原住民村社的政務官員、返回荷蘭後又再度來臺擔任長官職的公司高階官員 [107]，習於以比較島上不同地區住民的方式來評價，因而讓哆囉滿人、淡水與雞籠一帶的住民可偶爾得到文明的封號。

　　文明或野蠻的主觀判斷與描述，往往也會影響公司的施政。前述公司官員對三個地理空間的印象，在宣教師人手不足時，首當其衝的是影響了對偏遠地區宣教教人員的派任；如 1654 年總督 Joan Maetsuijcker 即對臺灣長官凱薩給予此般的意見。[108] 不過，最為明顯的案例是地處偏遠的噶瑪蘭人，除了成為東印度公司廢除貢稅的援引案例外，諷刺的是：造成噶瑪蘭人負面評價的原因，多少係因公司雇傭中介的刻意操弄。其實到了十九世紀，東印度公司已由母國政府接管，荷屬東印度的殖民地官員仍能因交通聯繫困難，以帶著偏見的報告或既成事實（*fait accompli*），影響遠在爪哇的巴達維亞上級對東印度群島某些偏遠地區的意見與作為。[109]

---

107 A.J. van der Aa, *Biographisch woordenboek der Nederlanden, Deel 3*（Haarlem: J.J. van Brederode, 1858），p. 3; P.C. Molhuysen and P.J. Blok, eds., *Nieuw Nederlandsch Biografisch Woordenboek, Deel 8*（Leiden: A.W. Sijthoff, 1930），p. 239-240.

108 總督馬索科給長官凱薩與福爾摩沙議會的書信，巴達維亞，1654 年 5 月 20 日。Leonard Blussé et al., eds., *Formosan Encounter*, Vol. III, pp. 515, 517.

109 Michele Galizia, "From Imagined Power to Colonial Power in Sumatra," in

　　東印度公司在臺這30餘年對當地住民的普遍性評價，也
可用在公司船隊擔任外科醫師（*unterchirurg*）的Johann Jacob
Merklein說法為代表。Merklein來自今日德國巴伐利亞州的
Windsheim，此人為了躲避歐洲大陸的30年戰爭，在1644年加
入東印度公司船隊前來亞洲，自稱在公司服務的9年期間航行了
1萬7千多哩、航越赤道14次。1651年，Merklein曾隨船來到臺
灣，其事後的遊記寫著：福爾摩沙土著自古以來即是野人，但荷
蘭人已讓許多人歸順改革宗基督教，並每年派牧師與教師加強受
洗基督徒的信仰。[110] Merklein的說法，反映了東印度公司統治末
期，基督教教育在不同地區的成效，取代了先前當事人的主觀認
定。除了教會依循個別住民基督化程度所界定的身分差異外[111]，
公司官員亦形成以熱蘭遮城為中心，向外延伸出大員灣附近、南
北兩路其他平原地域、偏遠山區等三個地理空間想像，作為評定
住民的文明化程度指標。

Michael Hitchcock and Victor T. King（eds.），*Images of Malay-Indonesian Identity*（Kuala Lumpur: Oxford University Press, 1997），pp. 112-113.

110 Johann Jacob Merklein, *Reise nach Java, vorder-und hinter-Indien, China und Japan, 1644-1653*. 1663. Vol. 3 of Reisebeschreibungen von Deutschen Beamte und Kriegsleuten im Dienst der Niederländischen West-und Ost-Indischen Kompagnien, 1602-1797, edited by S.P. L'Honoré Naber. 13 vols.（The Hague: Martinus Nijhoff, 1930），p. 35.

111 荷蘭改革宗教會最後在臺灣曾發展出改革宗教會成員、原住民教會成員、受基督教教育者等3類人群分類，作為分辨其基督教成員社群的方式。查忻，〈荷蘭改革宗教會在十七世紀臺灣的發展〉，頁300-304。

第二章

離島淨空與平原移住
——荷蘭東印度公司的臺灣原住民聚落遷移政策

一、前言

　　歷史地理學對帝國擴張與殖民主義的研究，主要在討論外來者如何控制地域空間、人群活動範圍，以及此一權力如何運作等議題。[1]近世初期以來，歐洲人的殖民地擴張與經營，大多著眼於對地域空間與受統治者的掌握。[2]不過，各地的方式有其變異；以美洲為例，歐洲海外強權往往視殖民地擴張、控制為商業投資的要項，透過轄下領地的農礦出口，汲取商業利潤。[3]但在亞洲，歐

1　Robin A. Bultin, *Historical Geography: through the gates of space and time* (London: Arnold, 1993), pp. 152-157; Alan Lester, "Historical Geographies of Imperialism," in Brian Graham and Catherine Nash (eds.), *Modern Historical Geographies* (Essex: Pearson, 2000), pp. 100-106.

2　Jürgen Osterhammel, *Colonialism*, pp. 67-68.

3　José Jobson de Andrade Arruda, "Colonies as Mercantile Investments: The Luso-

洲人對商業利潤的追求，則不必然依循新大陸的模式；以葡萄牙人為例，即採取所謂的據點策略（entrepôt strategy）——藉由控制主要貿易航道上的據點，掌握交易帶來的利潤。而隨後進入亞洲市場的荷蘭人，除了仿效葡萄牙人的據點策略外，更壟斷主要貿易品以提高商業利潤。[4]換句話說，歐洲人在亞洲的殖民地經營策略較少涉及地域空間的控制。雖然如此，荷蘭東印度公司在亞洲各地成立商館後，亦有不同於上述原則的方式發生。以臺灣為例，荷蘭人在成立商館十餘年後，即擴張成為公司在亞洲最早的大型殖民地，並以唐人移民從事稻米、甘蔗栽植，成功地為公司牟取出口利潤[5]；公司如何掌控臺灣島上的地域空間及人群活動範圍，即成為研究上的重要議題。

學界對荷蘭東印度公司治下的臺灣殖民地研究，大多集中於殖民地人群的統治策略；以原住民的治理為例，較常碰觸的議題即有地方會議、村社首長制、村社戶口調查、年貢制度及贌

Brazilian Empire, 1500-1808," in James D. Tracy（ed.）, *The Political Economy of Merchant Empires*（Cambridge: Cambridge University Press, 1991）, pp. 378-379.

4　James D. Tracy, *The Political Economy of Merchant Empires*, pp. 5-6.

5　Jur van Goor, *De Nederlandse koloniën: geschiedenis van de Nederlandse expansie 1699-1975*. 2e herziene druk.（Den Haag: Sdu, 1997）, pp. 108-109. 以《大分流》（*The Great Divergence: China, Europe, and the making of modern world economy*）一書知曉於國內歷史學界的美國歷史學者彭慕蘭（Kenneth Pomeranz），則進一步推論，認為若非鄭成功的勢力擊退在臺的荷蘭人，以及所延伸的後續歷史發展，臺灣極可能成為歐洲人治下的單一作物區並深受其害。參見Kenneth Pomeranz and Steven Topik, *The World that Trade Created: society, culture, and the world economy, 1400 to the present*. 2nd edition（Armonk, NY: M.E. Sharpe, 2006）, pp. 133-136.

社等[6]，相關討論皆著重「原居地」住民，不涉及聚落或人口的移動。然而，人口移動亦涉殖民統治，尤其是公司對聚落或人口的強制遷徙，即顯現殖民者對地域空間、人群活動範圍的控制權力。本章即鎖定此一研究視角，以荷蘭人對臺灣本島周邊的島嶼、島上內陸山區住民所實施的人口遷徙政策，討論相關政策的緣起、實施過程，以及所謂「成效」。

二、離島哀歌

　　對生活在十七世紀初的小琉球（Lamey）島民來說，長期以來的島外世界，除了海上交易圈外，不外乎島民與本島沿岸土著（如放索社）的爭執，以及因故飄流上岸的船員。前者，是一場又一場無止境的部落馘首戰爭；後者——特別是落難求援的海員與飄流上岸的物資，在島民眼中猶如上天恩賜，絕對不能暴殄天物。不過，1622年荷蘭東印度公司金獅號（Gouden Leeuw）船員的登岸，小琉球住民與父祖昔日一樣的作為，卻導致截然不同的命運，猶如老天跟小琉球人開了個大玩笑。

　　1633年11月，Claen Bruyn率領一支由公司士兵、新港與蕭壠社戰士組成的部隊登陸小琉球，開啟了滅島大戲的序幕。陸續登岸的部隊，除將島上村社悉數化為焦土外，僥倖存活的人口——大部分為婦孺，一律徙民墟地。依總督范德萊恩事後向總

6　翁佳音，〈地方會議、贌社與王田——臺灣近代史研究筆記（一）〉，《臺灣文獻》51：3（2000），頁263-282；康培德，《臺灣原住民史》，頁113-218。其他泛論性著作，也請參考村上直次郎，〈荷蘭人的番社教化〉，頁23-39；曹永和，《臺灣早期歷史研究》，頁37-38、41-42、60-62。

公司十七董事的報告：1636至1639年間，送去爪哇的小琉球人計191名，散入新港社的人有482名，交給荷蘭家庭收養的兒童計24名，亡於征伐戰役者計405名，小琉球原住民至此絕跡。[7]

　　小琉球這一位於下淡水溪（今高屏溪）出口海外14公里、面積僅6平方公里多的小島，在地理位置上，原可作為往來中國、日本、澎湖與呂宋等南洋港埠船隻避風、取水的泊船地。[8]但對東印度公司而言，出兵小琉球，只是為了報金獅號遇難船員之仇；如同1629年麻豆社人設計殺害60餘名公司士兵後，公司為樹立在臺統治威信而必須正面迎戰。[9]因此，公司對小琉球大動干戈時，並未考慮事後能為公司帶來多少利益，也未設想如何處置一度頑抗的小琉球人。

　　1636年初，臺灣長官普特曼甫透過征伐、恫嚇、遊說等方式，舉辦史無前例的村社代表會議，使東印度公司轄境從小小一座海岸沙洲要塞擴大包含28個內陸村社。[10]但，普特曼對新入轄

7　有關東印度公司對小琉球島民征討的始末，請參考曹永和、包樂史（Leonard Blussé）的研究。曹永和，《臺灣早期歷史研究續集》（臺北：聯經，2000），頁135-237；Leonard Blussé, "The Cave of the Black Spirits," pp. 143-147.

8　有關臺灣西南海岸與周遭區域間主要航道的關係，請參考陳宗仁、李毓中的討論。陳宗仁，《雞籠山與淡水洋》，頁84-87；李毓中，〈地圖不迷路——打開東亞于界地圖的捲軸，臺灣的嶄露頭角〉，國立臺灣博物館（主編），《地圖臺灣：四百年來相關臺灣地圖》（臺北：南天，2007），頁76-78。

9　曹永和，《臺灣早期歷史研究續集》，頁204。此即公司為何對一直耿耿於懷的二件大事，先後用地名命名的方式銘記於心；為了紀念遇難船員，小琉球從當地人所稱的Tugit或Lamey成了「金獅島」（'t Gouden Leeuwseylandt），而麻豆事件事故所在地的河流則稱為「刣人」（Moordenaars或Verraders）溪。康培德，《臺灣原住民史》，頁78。

10　William M. Campbell, *Formosa under the Dutch*, p. 130.

境版圖的小琉球卻傷透腦筋。教會方面，尤紐斯（Robert Junius）牧師建議讓部分小琉球人待在島上，其他人分配於新港人之中，其理由是：在公司的統治與宣教事業下，島民將能成為基督的順民。經過反覆討論後，6月，臺灣議會對小琉球人的安置作成決議：首先是確定將島民移出，淨空該島，讓附近海域的航行人員放心；移出島民中，成年男子成對銬在一起後，不是送到魍港為東印度公司的堡壘工事提供勞力，就是留在大員工作。剩下的男子，則陸續送上航往巴達維亞的船隻。至於女人和小孩，除了應公司員工和熱蘭遮城已婚夫妻要求而分配一些小孩給他們外，其餘帶至赤崁，分配給新港人；此一方面免除公司餵養的責任，再則是應新港人之求，增加新港社人數，並寄望島民接受基督信仰。[11]

　　不過，如同東印度公司於1620年代強徵唐人勞工構築澎湖風櫃尾要塞一事，將成年男子銬送魍港從事堡壘工事，只是因應工事所需，不是公司處理小琉球人的長期政策。若將時間拉長來看，安置島民於新港社或遣送爪哇，才是熱蘭遮城官方與巴達維亞高層兩方面的共識。

三、良婦、學徒與贌島

　　臺灣議會在決議安置小琉球人於新港社時，即規定不准轉

11　*DZI*, pp. 255-256; Leonard Blussé et al., eds., *Formosan Encounter*, Vol. II, pp. 75-78, 103-105, 108-109, 113, 116, 119, 122；江樹生（譯註），《熱蘭遮城日誌（一）》，頁241-242。

讓、販賣小琉球人，遣送女人和小孩到其他村社，或用任何其他方式讓他們彼此分離；並規定新港社有責任以對待族人的方式，扶養、收容對方。[12] 雖然初期兩族偶有摩擦[13]，但大體而言此一安置措施還算成功。不過，細究詳情，公司的安置目的不只是應新港人要求以增加人口而已，公司高層也想從數年後的成果分一杯羹。1643 年 6 月，巴達維亞總督范迪門在寫給臺灣議會議長麥爾的信中表明，與新港人混居的小琉球人中，受洗皈依基督教的女孩一旦到達適婚年齡，應嫁給荷蘭人，而不是新港人。范迪門的如意算盤是：如果公司雇員娶了臺灣女子，等於與殖民地共結連理，即使日後與公司約滿，終究會打消返回荷蘭的念頭。至於小琉球男孩和青年，獲得許可後方能結婚，且需當學徒學習貿易，為公司服務，就像遣送至巴達維亞的其他族人一樣。[14]

　　范迪門係市長之子，由前總督昆恩破格提拔而逐漸升任總督一職[15]，兩人對在亞洲建立荷蘭殖民地的目標相當類似。昆恩認

12　Leonard Blussé et al., eds., *Formosan Encounter*, Vol. II, pp. 75, 77.

13　Leonard Blussé et al., eds., *Formosan Encounter*, Vol. II, pp. 80, 95-97, 153-154.

14　Leonard Blussé et al., eds., *Formosan Encounter*, Vol. II, pp. 391, 410.

15　范迪門早年曾在阿姆斯特丹從商，生意失敗破產後以士兵身分於1618年來到東印度，當時任巴達維亞總督的昆恩（1619-1623）相當賞識他，任命為私人祕書。依據公司規定，曾宣告破產者不得任公司商務職，但昆恩於1623年離職時破例提拔范迪門為上席商務員，認為其才智、勇氣及謀略可為東印度公司謀取更大的利益。昆恩於1627至1629年間回任總督職時，范迪門升任總幹事、議會首席議員。昆恩於1629年歿於任上。1636年，范迪門升任巴達維亞總督。參考 Holden Furber, *Rival Empires of Trade in the Orient, 1600-1800*（Minneapolis: University of Minnesota Press, 1976）, pp. 50-51.

為荷蘭人若要在亞洲擊敗其他商業對手並維持穩定的政經地位，需透過建立以荷蘭式家庭為骨幹的殖民地，作為貿易活動的後盾；因而提議將荷蘭夫妻伴隨的孤兒或未婚荷蘭女性送來東印度，作為繁衍殖民地人口的種子。只不過事與願違，按此計畫前來爪哇的荷蘭女性大多不符改革宗教派的道德要求，且荷蘭家庭在熱帶亞洲繁衍後代時，流產或嬰兒死亡率都偏高；因此，昆恩的構想於1630年代初即宣告失敗。[16] 相較於昆恩，范迪門的做法則調整為藉由基督教化的土著女性，擔任荷蘭殖民地計畫中的妻子、母親等角色。此一策略早於1625年即在爪哇施行。當時，預計成為荷蘭人妻子的土著女性，包含公司買來預備作為雇員妻子的土著女孩，先對她們施予基督教育以「導正」思想與行為，合格後即具備婚嫁資格；而此一做法，在巴達維亞已有成功的經驗。[17] 就此，我們不難理解范迪門對小琉球後裔──特別是年輕女性──抱持何種想法。

　　范迪門此一運用小琉球女性以建立殖民地的計畫成效如何？1649年1月，總督范德萊恩的報告提及：24名分散至各戶按荷蘭風俗教養的兒童，現已嫁與荷蘭人成為良婦（*welgestelde burgerlijcke vrouwen*）。[18] 我們也可從已出版的教會婚姻登記簿（*Trouwboek*）所保留的1650至1661年大員市鎮基督徒、公司員工及奴隸的婚姻紀錄，略窺一二[19]；與本島其他村社的原住民女

16　Leonard Blussé, *Strange Company*, pp. 159-161.

17　Leonard Blussé, *Strange Company*, pp. 170-171.

18　Chen Shaogang, *De VOC en Formosa 1624-1662*, p. 252；程紹剛（譯註），《荷蘭人在福爾摩莎》，頁298。

19　教會洗禮婚姻登記簿記載對象為大員市鎮的公司員工、奴隸等基督徒，故皈

性相比，這10餘年間小琉球女性與歐洲人登記的婚姻件數，幾乎等於其他村社的總件數（27：30）。若扣除再婚者，僅計算人數，登記的小琉球女性也達所有原住民女性的3成5（16/45）。最重要的是：小琉球女性婚嫁的對象與本島其他村社女性大異其趣，除了一般的學校教師與士兵外，士官、自由市民、公司雇員、甚至官員等，比例均高。[20]雖然小琉球女性解決了一部分在臺歐洲男人的婚姻問題，不過，是否足以成功建立荷蘭殖民地，可就見仁見智了。[21]

　　至於遣送爪哇的政策，1636年10月，即有五艘駛往巴達維亞的海船、快艇，分載男女、小孩共191名前往爪哇。這些送至爪哇的島民，不久即大多亡故，巴達維亞方面認為是島民「無法承受這裡的氣候」。[22]雖然如此，遣送爪哇一直是東印度公司高層處理小琉球人的政策之一；像1630年代後半，大舉淨空後

依基督教的村社住民紀錄不會出現在大員市鎮的洗禮婚姻登記簿中。參見韓家寶、鄭維中，《荷蘭時代臺灣告令集、婚姻與洗禮登記簿》（臺北：曹永和文教基金會，2005），頁33、64。但社民若與登記簿負責登錄的人口結婚，當事人資料即會出現在內。至於已滅社的小琉球人，因已無實體的村社，且大多遷至大員一帶生活，即歸類為登記簿負責登錄的人口。

20　參考本書第七章：紅毛先祖？新港社、荷蘭人的互動歷史與記憶。

21　1658年1月總督馬索科（Joan Maetsuyker）的報告提到：雖然臺灣適合發展成荷蘭殖民地（*Nederlandtse colonien te stabileren*），但是透過分發耕地讓已婚士兵留在臺灣的做法不可行，因為荷蘭士兵依然懶惰（*te luy en traegh zij*），酗酒成性且貪食（*van nature tot dronckenschap en debauche seer genegen sijnde*），至今無人願意留下來從事農墾，若分到土地，只會馬上將土地轉手給唐人耕種。Chen Shaogang, *De VOC en Formosa 1624-1662*, p. 445；程紹剛（譯註），《荷蘭人在福爾摩莎》，頁495。

22　Leonard Blussé et al., eds., *Formosan Encounter*, Vol. II, pp. 125-126, 150.

的小琉球仍殘存60餘名島民,在公司要求下栽種稻米、薑、小米和椰子樹。這60餘人的去留,熱蘭遮城官方認為小琉球雖出贌給唐人,但讓島民適度繁衍,並不會危及公司利益;巴達維亞方面則不贊同,認為人口增加會帶來新的麻煩。雖然熱蘭遮城官方初期未徹底執行小琉球人的遣送政策,而改以遣送本島其他對抗公司的人前往爪哇,但1640年6月,總督范迪門要求撤離殘存島民,送往巴達維亞,使此一將所有族人自島上完全清除(*herwaerts te brengen ende dat eylandt geheel van die natie te suyveren*)的動作,持續至1640年代中葉。[23]

遣送政策的成效與動機為何?我們可在總督范迪門於1641至1643年間寫給臺灣長官與議會的數封信件得知。范迪門本人對此做法相當滿意,因為巴達維亞方面發現臺灣送來的小琉球人或其他土著──像1642年底公司征討後的瑯嶠人,相較於其他奴隸,更以聰敏、勤勞、主動和苦幹聞名,教導貿易見習後,對公司相當有利。巴達維亞方面甚至命令大員:若有人行為頑劣,可將他們送到巴達維亞,以為處罰。總督甚至建議:臺灣有些地

---

23 *DZI*, pp. 339, 385-386; *DRB, anno 1640-1641*, pp. 175-176; Leonard Blussé et al., eds., *Formosan Encounter*, Vol. II, pp. 151-153, 162, 164, 208-209, 236-238, 254-263, 516-517, 522-523;江樹生(譯註),《熱蘭遮城日誌(一)》,頁319、361-363;郭輝(翻譯),《巴達維亞城日記》(臺中:臺灣省文獻委員會,1970),頁290、293、313;村上直次郎(譯注)、中村孝志(校注),《バタヴィア城日誌(二)》(東京:平凡社,1972),頁90、107、131。*DRB, anno 1640-1641* 為 Jacobus Anne van der Chijs, ed., *Dagh-register gehouden int Casteel Batavia vant passerende daer ter plaetse als over geheel Nederlandts-india, anno 1640-1641* ('s-Gravenhage: Martinus Nijhoff, 1887)之縮寫。

方可由其他地方的人代而定居。公司的原則是：新近在島上征服
的領土，應替公司帶來利潤，而不是變成帳目上的負擔。[24] 由於
巴達維亞方面對島民帶來的成效頗感滿意，遂自 1643 年起，由
臺灣議會將散住新港或其他地方的殘存小琉球年輕男女，帶到
大員學習貿易，並分配給公司雇員或自由市民，以工作換取食物
和衣物。滿 3 年後，除原有的衣食俸酬外，另可多得 6 里爾的薪
資。[25]

　　至於徙民墟地後的小琉球，在總督范迪門的原則下，自然不
會任其荒廢。1636 年 10 月，臺灣議會決議以出價最高金額，將
小琉球出贌一年給那些要求承贌的唐人。隨後，出任臺灣長官一
職的范德勃格，估算每年至少可獲利 250 至 300 里爾；為此，熱
蘭遮城官方還建造了一個可容 30 名士兵的小竹寨營地，以維持
島上秩序，利於唐人的經濟活動。不過，范德勃格顯然過於高估
小琉球能為公司帶來的實際利潤；兩年後，臺灣議會一致同意從
小琉球撤軍，原因是公司每年只從贌金賺到 100 里爾，而承贌的
唐人還不斷抱怨遭受的損失。[26] 1644 年起，臺灣本島開辦贌社，
將每年度的原住民村社貿易權標售給出價最高的生意人；小琉球
自 1645 年起連同本島其他村社公開出贌，但只贌得 70 里爾。直

24　Leonard Blussé et al., eds., *Formosan Encounter*, Vol. II, pp. 265, 298, 370, 391.

25　較特殊的像是一名叫 Simon 的小琉球人，1644 年即因多年來工作都相當勤
　　奮，已卸任的議長麥爾即推薦他擔任公司僕役，每月支薪 9 基爾德
　　（*guilders*）。Leonard Blussé et al., eds., *Formosan Encounter*, Vol. II, pp. 410,
　　452-453.

26　Leonard Blussé et al., eds., *Formosan Encounter*, Vol. II, pp. 101-104, 107-108,
　　112, 208.

到公司統治末期的1650年代，才為公司勉強帶來每年200里爾的利潤。[27]

　　1630年代後半，東印度公司將小琉球人自島上完全淨空（'teenemael vande derselver inhabitanten te suyveren'）的處理方式，竟成為公司處理臺灣周遭離島的模式。位處臺灣東部外海的蘭嶼（Bottol）、龜山島（Tatachel），雖無如小琉球般的「番害」問題需面對，但對蘭嶼的處置，卻一如對待小琉球般。

四、小琉球第二？

　　早在1642年6月，總督范迪門在給代理長官陶德，以及翌年4月給臺灣議會議長麥爾的信中，即提出打算以小琉球模式對待蘭嶼：「清除其人口，將島民送往巴達維亞。」此一政策，在繼任總督范德萊恩1645年6月給臺灣長官卡隆的指示仍維持一致；范德萊恩認為先前將小琉球俘虜送來巴達維亞，由公司差遣、僱用所獲得的好處，可套用在蘭嶼住民身上，因而要求卡隆得用各種方式盡可能達成此目標。[28] 1643年2月，熱蘭遮城方面派領港船前往蘭嶼，但未能與島民直接接觸；當時，除了向站在山上的數人開火外，僅帶走一些住民的船隻（proas）。[29] 不過，公司對蘭嶼的「住民清除」（van derselver inhabitanten gesuyvert）政策，並非完全專案處理，一度曾併入熱蘭遮城官方負責的馬尼拉航道

27　中村孝志，《荷蘭時代臺灣史研究上卷》，頁271、282-283。

28　Leonard Blussé et al., eds., *Formosan Encounter*, Vol. II, pp. 298, 359, 540.

29　*DZII*, p. 49; Leonard Blussé et al., eds., *Formosan Encounter*, Vol. II, p. 353；江樹生（譯註），《熱蘭遮城日誌（二）》，頁46。

巡弋任務中。當時，為確保唐人能將貨物運抵臺灣，而非運至呂宋島販售給西班牙人，巴達維亞方面命令熱蘭遮城官方負責攔截、阻撓中國與菲律賓之間的貿易航線。熱蘭遮城官方對蘭嶼的首度探查，即由巡弋馬尼拉航道的船隊負責。1643年6月，負責巡弋任務的雞籠號帆船，除了登陸呂宋島探查外，也肩負探勘蘭嶼的任務；不過，雞籠號隨即在巴士海峽遇到颱風，船隻受創，在勉強駛回臺灣途中，於6月底沉於恆春一帶。[30] 隨著雞籠號探勘蘭嶼任務的失敗，熱蘭遮城官方的蘭嶼任務，由此自馬尼拉航道的巡弋任務獨立出來。

　　1644年2月，熱蘭遮城官方為與蘭嶼人進行貿易，派彭恩率75名士兵、30名水手、25名唐人駛向蘭嶼，與島民象徵性地交換物品後，抓回1名當地人。同年5月，公司再度派兵前往蘭嶼，先由通譯與2月逮獲的島民前往溝通，但通譯當場被殺，派去的島民也逃回村社，征伐隊乃登陸焚社後離去。[31] 雖然巴達維亞高層於隔年仍認為需將蘭嶼人遷出；不過，所謂時過境遷，蘭嶼人顯然比10餘年前的小琉球人幸運多了。新任總督既未如范迪門堅持，熱蘭遮城方面亦不需承擔當年征伐小琉球時懷抱的報復之責；因此，蘭嶼的淨空政策也就無疾而終了。

　　不過，蘭嶼並未成為東印度公司島嶼淨空政策的休止符。1642年，公司將西班牙人驅離北臺灣後，蘭陽平原外海的龜山

30　*DZII*, pp. 145-146, 161-162, 171；江樹生（譯註），《熱蘭遮城日誌（二）》，頁145、160-161、170。

31　*DZII*, pp. 228, 230-232, 382; Leonard Blussé et al., eds., *Formosan Encounter*, Vol. II, pp. 425-426, 530-532, 560, 563；江樹生（譯註），《熱蘭遮城日誌（二）》，頁236-237、239-241、405。

島（Malabariga或Tatachel），因距探勘中的立霧溪口產金地約2
哩，而獲巴達維亞方面的注意。總督范迪門甚至以為島上可能窩
藏西班牙人，要求臺灣議會議長麥爾確認此事，並將島上住民
「遷出」。1645年，熱蘭遮城官方派員登陸未成後，才將龜山島
視為無人島。[32]

　　如果說，熱蘭遮城方面認為1620年代的兩起「番害」，與公
司統治威信的樹立息息相關，故必須不惜血本報復。但此舉引發
的結果是，對麻豆社用兵，帶動了後續的殖民領地擴張，並透
過制度上的設計，讓熱蘭遮城官方的經營模式，從轉口海運帶動
「貿易利潤」（handelsinkomsten）的方式，轉為也一併重視島內
殖民地經營的「內地稅收」（landinkomsten）利潤；但小琉球的
征討，除了稍微舒緩在臺歐洲男性雇員、士兵的婚姻問題外，並
未帶來多少實際效益，反而是發想與施行了離島人口淨空計畫。
儘管熱蘭遮城官方的離島政策難以付諸實行，但在擴張後的殖民
領地掌握方面，公司可有另一番作為。

五、內陸擴張的極限

　　1644年，東印度公司在臺灣的殖民事業正步入前所未有的
高峰，議長麥爾剛於3、4月先後舉辦南、北兩路地方會議，並
規定以後將改為年度集會，以便讓歸順村社代表每年前來赤崁，

---

32 *DZII*, pp. 145-146, 410-411; Leonard Blussé et al., eds., *Formosan Encounter*,
　　Vol. II, pp. 359, 540, 563；江樹生（譯註），《熱蘭遮城日誌（二）》，頁
　　145、436。

「體驗」公司的權威與偉大。[33]同一年，東印度公司將徵自轄下歸順村社的稻穀、獸皮等物，正式宣布轉成年度貢物，以彰顯公司至高無上的主權。也是在同一年，臺灣議會決定將歸順的南、北路村社，公開出贌給出價最高的生意人，得贌者將獲得整年度的村社貿易獨占權。翌年1月，總督范迪門寫給十七董事的報告書提及，全臺平原地區的村社已多歸屬公司，今後將集中力量對付山地人。[34]同年7月，新任總督范德萊恩寫給臺灣長官卡隆的信，也明白表示公司已完全控制平原地區，歸順村社超過200個，但山區部落仍在公司掌控之外，數量遠大於公司的預期。對此，巴達維亞高層認為必須用盡可能的方法，將山區住民也納入公司轄下。不過，范德萊恩的做法並不是將公司勢力擴展至山上，而是迫使高山住民遷村平原。[35]

范德萊恩的做法，顯然與熱蘭遮城官方1635年底以來的領地擴張作為大相逕庭。1636年初，東印度公司先是將勢力擴張至西南平原地區，接著數年是一系列的南征北討，中部的虎尾壠，東部的太麻里、卑南覓，北部的西班牙人據點，甚至跨部落的瑯嶠君主、大肚王等地方勢力，都一一納入公司的在臺版圖。面對這看似永無止境的領地擴張行動，為何突然踩下煞車？這得從數年前征討行動的後續處理來理解。

1638年初，隊長范林哈為了傳說中的金礦率軍進討臺灣東部後，東印度公司的勢力逐漸涉入當地。往後數年之間，公司先

---

33 Tonio Andrade, "Political Spectacle and Colonial Rule," pp. 57-93.

34 Chen Shaogang, *De VOC en Formosa 1624-1662*, p. 225；程紹剛（譯註），《荷蘭人在福爾摩莎》，頁263。

35 Leonard Blussé et al., eds., *Formosan Encounter*, Vol. II, pp. 551-552.

後以武力征伐太麻里、知本、呂家、大巴六九等社,戰敗村社多
化為焦土;因此,社眾一旦求和獲准,首先面對的即是部落重建
工作。以大巴六九為例,東印度公司除要求族人成為卑南覓——
公司在當地的「代理人」——的屬民外,也要求大巴六九像太麻
里般,覓地建造新社;新社坐落位置,需經公司認可,特別是臺
灣長官的准許。[36]像知本社,原位於卑南覓附近的山區,1643年
因收留逃亡的瑯嶠君主並與卑南覓為敵,遭公司出兵討伐;事後
重建新社時,需有議長麥爾的首肯,族人才能移住知本河口附近
的低地。[37]

　　遷村平原,原本只是為了讓公司易於控制有「案底」的村
社。熱蘭遮城官方分派公司雇員、士兵前往全臺各地時,除了赤
崁一帶的村社,大多搭船沿海岸水路行進,在目的地附近上岸
後,再循陸路前往駐地。熱蘭遮城官方於討伐內陸山區的敵對村
社後,將其遷至平原定居,除了易於掌握平日的動態外,一旦有
事,部隊也能在最短時間內抵達當地。基於此一前提,公司的
遷村命令因此不單適用於曾與荷蘭人為敵,經討伐後才歸順的村

---

36 *DRB, anno 1641-1642*, pp. 147; *DZII*, pp. 12-13; Leonard Blussé et al., eds.,
　　Formosan Encounter, Vol. II, pp. 281-282, 285, 288, 292, 296;江樹生(譯
　　註),《熱蘭遮城日誌(二)》,頁13。郭輝(翻譯),《巴達維亞城日記》,
　　頁372;村上直次郎(譯注)、中村孝志(校注),《バタヴィア城日誌
　　(二)》,頁218。*DRB, anno 1641-1642* 為 Herman Theodoor Colenbrander, ed.,
　　*Dagh-register gehouden int Casteel Batavia vant passerende daer ter plaetse als
　　over geheel Nederlandts-india, anno 1641-1642*('s-Gravenhage: Martinus
　　Nijhoff, 1900)之縮寫。

37 Leonard Blussé et al., eds., *Formosan Encounter*, Vol. II, pp. 345-346, 360-362,
　　366-367, 396, 399, 415, 418.

社。像1643年,東印度公司開闢自加祿堂轉入阿塱壹古道、橫越中央山地南段後抵太平洋岸的東西向聯絡路徑時,為確保沿途安全,議長麥爾即要求派駐卑南覓的中士 Christiaen Smalbach,將沿山路徑的內獅(Borboras)、內文(Taccabul)和阿塱衛(Calingit)等社,遷至西側山下放索附近的平地定居;臺灣議會甚至要求新建村社外觀必須是方形,且街道筆直。[38]為了落實此一遷村計畫,熱蘭遮城官方於8月續派接替 Smalbach 的卑南覓駐地首長——下士見習范德林登(Cornelis van der Linden),前往當地調查族人是否依照承諾下山。[39]

　　總督范德萊恩的山區住民平地移居政策,亦有公司經營成本的考量。在亞洲,比起西班牙、葡萄牙等歐洲人勢力,荷蘭東印度公司基於政商統合決策架構,以及向來視商業利潤為政策成敗的核心指標,對於耗費人力、財力卻未必有成效的做法,往往不予採用。[40]這也難怪范德萊恩於1646年得知原本寄予厚望的淘金

38　*DZII*, pp. 78-80; Leonard Blussé et al., eds., *Formosan Encounter*, Vol. II, pp. 357-360;江樹生(譯註),《熱蘭遮城日誌(二)》,頁75-77。東印度公司針對移居後新建村社的外觀(morphology)要求,除了反映文藝復興以來的建築、街道規畫思維外,在實務面上也有商業活動與權力控管的考量。1650年7月派駐淡水的下席商務員 Anthonij Plockhoy 給長官 Nicolaes Verburch 的公文書信,即提到已下令轄境內所有遭毀壞的村社,得沿著一條街道重建房舍,以讓贌商好辦事,也可讓公司更易於了解其所作所為(..., *op de pachters meerder gerijft ende d'Ed. Compagnie beter cuntschap van haer doen en ommeganck sal becomen*)。參見 Leonard Blussé et al., eds., *Formosan Encounter*, Vol. III, pp. 319-320.

39　Leonard Blussé et al., eds., *Formosan Encounter*, Vol. II, pp. 397, 399, 404-408.

40　Michael N. Pearson, "Merchant and States," in James D. Tracy (ed.), *The Political Economy of Merchant Empires* (Cambridge: Cambridge University

夢確定破滅後，在8月寄給臺灣長官卡隆的信中明白指出：應將所有未歸順的土著納入公司治下，以達成和平的福爾摩沙，這樣此國度的收益將漸漸增加，好補償公司花費在福爾摩沙的龐大費用。同時，為了平衡殖民地的開銷，范德萊恩針對兩年前才開始實施的貢稅制度[41]，除要求不願意繳納者也應招徠納課外，也要尚未引進貢稅制度的地方開始課徵。[42]換句話說，東印度公司的領地擴張，日久天長，勢必面臨成本利潤的嚴酷考驗。面對難以控制的山區，公司是否能有效的控制？這得讓我們進一步檢視其山區政策。

六、山區的紛擾

　　1646年6月，派駐南路平地麻里麻崙社的候補牧師阿勒豪夫（Hans Olhoff）報告：山區村社正因乾旱而為饑荒所苦，住民不得不一反常態地下山，與平地人交易食物。有意思的是，我們這位神職人員對山區住民的饑荒現象竟滿懷喜悅之情，因他認為這開啟了公司與山區住民締和的好時機。[43]同年底，甫自臺灣長官一職卸任的卡隆，在搭乘Joncker號海船離臺途中寫下報告，

Press, 1991）, pp. 86-87.

41　有關荷蘭東印度公司在臺年貢（erkentenisse）制度的緣起與實施經過，請參考康培德，《臺灣原住民史》，頁187-194。

42　Leonard Blussé et al., eds., *Formosan Encounter*, Vol. III, pp. 115-116.

43　*DZII*, p. 503; *Formosan Encounter*, Vol. III, p. 95；William M. Campbell, *Formosa under the Dutch*, p. 215；江樹生（譯註），《熱蘭遮城日誌（二）》，頁545。

估算山區住民不會超過4萬人。卡隆的判斷,係依山區住民下山與沿海一帶村社交易的習慣,據此粗估其人數。[44]不過,熱蘭遮城官方並未僅滿足於與山區住民締和,也未如1652年北臺灣淡水河沿岸武勝灣社反抗事件的處理,藉由當地人對沿海地帶鹽、鐵等物需求的貿易制裁,逼迫對方求和。[45]對於聯繫東西兩岸駐地、遍布山區的路徑與周遭村社,東印度公司其實另有所謀。

在卡隆的想法裡,總督范德萊恩的貢稅政策並不見得務實。在他本人卸任後所寫的報告中即明白表示:納貢只涉及平地人民而非山區住民,因為後者大部分非常貧窮,且僅在近日與公司締訂友誼,在各方面仍屬野蠻人(barbaren)。照目前情況,對此野蠻、敏感的人群施加任何重擔都屬失策,最好的做法是試著與對方維持和平並保持友好關係,以使出贌與結盟的村社都能免於遭其掠奪。換句話說,卡隆認為對公司以及平原的歸順村社而言,最重要的是把這些「只會不停殺人與搶劫」的山區人民(dese bergsgasten, die gestadich om moorden ende stroopen uyt sijn)導入和平與友好的生活,殖民地的經營才得以安穩。[46]

一方面係基於上述想法,另一方面也為了能有效掌握橫越中央山地南段的東西向聯絡路徑,熱蘭遮城官方的做法是:除了針對前述阿塱壹古道沿途的內獅、內文和阿塱衛3社,也自1645年起派遣士兵艾曼德(Jan Jansz. Emandus)進駐七家陳(Toutsikadangh)社,負責維持阿塱壹古道北方所謂

44　Leonard Blussé et al., eds., *Formosan Encounter*, Vol. III, pp. 137, 141.

45　John R. Shepherd, *Statecraft and Political Economy on the Taiwan Frontier*, p. 59.

46　Leonard Blussé et al., eds., *Formosan Encounter*, Vol. III, pp. 134, 136, 138, 140.

的「新卑南路徑」(*den nieuwen Pimabasen wech*)——即林邊溪上游、大武溪河谷往來前後山的陸路交通，並將沿途的加蚌（Maraboangh）、望仔立（Vongorit）、擺律（Pilis）、力里（Tourikidick）、君崙留（Koulolau）等社納入公司勢力。[47]但是，因無朗逸（Varingit）社眾沿途洗劫的行為，導致道路一度封閉，甚至威脅到艾曼德的駐在地七家陳一帶。臺灣議會乃派通譯 Lambert Meyndertsen 入山調查。[48]到了1646年底、1647年初，先是力里（Tarikidick）社對七家陳、加祿堂（Karitongangh）、大茅茅（Pavaverau）、加蚌（Karaboangh）等社獵取9顆人頭；臺灣議會乃派已轉任麻里麻崙社學校教師的艾曼德，帶2名士兵前往力里社一帶調查。事後，並決議派上席商務員 Philips Schillemans 與隊長彭恩率一支120人的軍隊，取道麻里麻崙、放索前往該處。公司與歸順的原住民盟軍在4月15日與力里社談判未成後，雙方交戰；結果由公司取得最終勝利，焚毀力里社附近3個小盟社，殺盡所有社眾，部隊進入力里社，燒毀400個屋舍。[49]公司的焦土攻勢，目的在讓戰敗的力里社困於饑荒，強迫對方向公司求和。[50]

---

47 *DZII*, p. 422；江樹生（譯註），《熱蘭遮城日誌（二）》，頁448。另，Maraboangh 應為《熱蘭遮城日誌》編輯將屬七家陳社一帶的 Karaboangh 誤抄。

48 *DZII*, pp. 431, 434-435, 459；江樹生（譯註），《熱蘭遮城日誌（二）》，頁459、462、488。

49 *DZII*, pp. 558, 560, 564-565, 567；江樹生（譯註），《熱蘭遮城日誌（二）》，頁615、619、624-626、629。

50 *DZII*, pp. 568, 574；江樹生（譯註），《熱蘭遮城日誌（二）》，頁631、640。

　　不過，熱蘭遮城方面並未堅持一定得把力里社人民遷至平原定居。5月，臺灣議會對力里社人的處理方式頗為模稜兩可，一方面認為可能的話盡量招撫族人下山到平地生活，另一方面又認為如果對方不願意，也可在舊址重建村社，或遷往附近其他村社生活。[51] 此一政策的模糊，讓力里社的殘餘勢力於1647年底仍能獵取加祿堂（Karritonghangh）社8顆人頭。為了全面剿滅反對勢力，熱蘭遮城方面鼓勵附近的原住民村社全力追殺力里社，並決議每獵得1顆人頭賞4疋棉布，生擒1名賞10疋棉布。[52] 此時的力里社，已與爪覓（Quaber）、士文（Suffungh）等社串聯，對抗公司及其盟社。1648年初，公司鼓動阿望衛（Calenet）、加祿堂、老佛（Loepit）等社攻擊士文社，獵得2男3女共5顆頭顱後，進一步策動瑯嶠君主前往征討。[53] 3月底，親公司的原住民村社先攻破士文社外圍的大狗（Tuakauw）社，並將該處洗劫一空，施以焦土攻勢。之後，又嘗試襲擊士文社，但因對方警戒嚴密而作罷。4月初，麻里麻崙社一帶的盟社再度前往攻擊，先在士文社外的荒野獵得2顆頭顱，之後卻因士文、力里等2社的嚴密防禦，無功而返。南路原住民村社撤退後，瑯嶠君主襲擊士文社，獵得4顆頭顱；不久，南路原住民村社再度發動對士文社的戰爭，不但洗劫一空，還焚毀村社。力里社見狀後，由長老Dangadangh前往麻里麻崙社，向留駐當地的候補牧師阿勒豪夫求和，並由阿勒豪夫的助手士兵Hendrick Veer，帶同士文、大狗

51　Leonard Blussé et al., eds., *Formosan Encounter*, Vol. II, pp. 174-176.

52　*DZII*, p. 615；江樹生（譯註），《熱蘭遮城日誌（二）》，頁699。

53　*DZIII*, pp. 1, 3, 16-17；江樹生（譯註），《熱蘭遮城日誌（三）》，頁2、4、16-17。

（Tuacou）、董滴（Sangdi）等社長老前往大員，臣服於公司的統治。[54]

　　山區紛擾的戰事告一段落後，1649年5月，總督范德萊恩給臺灣議會議長歐沃瓦特的信中，明白表示：每當為了制止仇恨與山區村社的殺戮，而以武力平定對方時，一定不可容忍殘餘土著與罪犯在其舊有住處生活，而需嚴厲告知對方只准在平原定居（*dat se haer inde leegte connen nederslaen, ...* ）。甚至已歸順的山區村社，也應儘量規勸他們遷移到平原。[55]

七、平原移住的成效

　　總督范德萊恩的平地移住政策成效到底如何？一開始，相關村社的回應或許是為了「響應」公司的號召。早在1643年10月，當內獅等3社開始虛應公司的移住政策時，僅10餘戶人家的山地小社勃朗（Potlongh），即要求移住到屏東平原的力力（Netne）社附近定居，熱蘭遮城官方欣然同意。[56]不過，到了1645年6月，派駐大木連的政務官員Anthony Boey來信報告：他本人在數個場合力促——甚至語帶威脅——勃朗與陳阿修（Talasuy）兩社居民遷至力力社定居，並與放索社進一步合併。不過，此舉似乎無法發生作用，對方也未順從東印度公司的計

54　*DZIII*, pp. 27, 29, 38, 40, 42；江樹生（譯註），《熱蘭遮城日誌（三）》，頁28、30、40、42、44；William M. Campbell, *Formosa under the Dutch*, pp. 228-229.

55　Leonard Blussé et al., eds., *Formosan Encounter*, Vol. III, pp. 258, 260.

56　Leonard Blussé et al., eds., *Formosan Encounter*, Vol. II, pp. 411-412.

畫。[57]同年底,知本長老Sarremene連同一些追隨者,違背公司命令,在知本舊社定居;經熱蘭遮城官方再三警告後,才移到知本新社。臺灣長官卡隆即指示當時即將率軍前往東部探金的上席商務員凱撒順道前去處罰,以作為他人借鏡。[58]

至於阿塱壹古道路徑上的內獅、內文和阿塱衛等3社,公司雖要求其遷至放索社一帶以便管理;但由於放索社並不配合,內獅等3社也虛與委蛇,遷社並不成功。[59] 1646年,內獅社長老Tikadorit傳出對社眾斂財、對轄下草山(Talaravia)社人索取什一稅未果,逕自派人將對方夫妻斬首等事,臺灣議會乃派候補牧師阿勒豪夫將長老押送大員。Tikadorit成為公司階下囚後,殁於獄中,其兄弟Laula旋即於1647年初率眾反抗。此時,內獅社分裂為反荷與親荷兩派,前者以Laula領導的勢力為代表,後者以瑯𡌛君主的姊妹為代表。[60]同年4月,在公司派兵攻伐力里社後,候補牧師阿勒豪夫率部征討內獅社的反對派,擊斃首領,並焚毀該社,餘黨逃逸。年底,公司藉懸賞對付力里社殘餘勢力之舉,一併對付內獅社的敵對勢力。[61]不過,直到1656年,東印度公司

57 *DZII*, pp. 393-394; Leonard Blussé et al., eds., *Formosan Encounter*, Vol. II, pp. 538-539;江樹生(譯註),《熱蘭遮城日誌(二)》,頁417。

58 Leonard Blussé et al., eds., *Formosan Encounter*, Vol. II, pp. 569, 572.

59 *DZII*, pp. 63, 80, 84-85, 191;江樹生(譯註),《熱蘭遮城日誌(二)》,頁59、75-76、81、192。Leonard Blussé et al., eds., *Formosan Encounter*, Vol. III, pp. 357-358, 397, 399.

60 *DZII*, pp. 481, 485, 491, 554, 557;江樹生(譯註),《熱蘭遮城日誌(二)》,頁511、517、527-528、611、614。

61 *DZII*, pp. 565, 567, 568, 574, 615;江樹生(譯註),《熱蘭遮城日誌(二)》,頁626、629、631、640、700。

召開年度南路地方會議時，內獅社依然分成二股勢力；與公司敵對的一方，即使歷經饑饉、疾病的肆虐，仍然不在荷蘭人的掌握之下。[62]

　　阿塱壹古道上的內獅等3社移住計畫，似乎就此無疾而終。1655年3月，東印度公司召開南路地方會議時，當時已升任臺灣長官的凱撒，訓示來自山區的阿塱衛社代表，要求族人應隨時提供援助給往來大員、卑南路途上的荷蘭人，協助他們通過山區。[63]換句話說，熱蘭遮城方面已間接承認其移住政策的失敗，改為務實尋求山區盟社的友好合作關係即可。

　　不過，總督范德萊恩對平地移住政策的執著，並非全然無效。1648年3月，東印度公司召開南路地方會議時，山豬毛（Sotimor）社已有13戶人家遷至塔樓社一帶的平地定居，稱Sonaelbulck社；另外15戶人家遷至大澤機一帶，稱Souvannvey社；以及17戶自糞地（Polti）社遷至力力社平地定居的Tamomomoron社。這3社分別派長老Pono、Nanongh與Tabalong代表與會。臺灣議會議長歐沃瓦特，當然沒忘記在會中要求他們設法勸誘更多家族遷至平地定居。隔年南路地方會議召開時，又有叫Nicaraparapeyhang的山區住民移至塔樓社一帶定居，稱新塔樓社（Nieuw dorp Soetenauw）。不過，這些移住平地的人群，僅遷至塔樓社一帶的Sonaelbulck與新塔樓社在1650年代還繼續出席南路地方會議，讓後人知道他們的存在。遷至大澤機與力

62　*DZIII*, pp. 42, 110, 319, 482；*DZIV*, p. 24；江樹生（譯註），《熱蘭遮城日誌（三）》，頁45、114、308、459；江樹生（譯註），《熱蘭遮城日誌（四）》，頁25。

63　*DZIII*, p. 482；江樹生（譯註），《熱蘭遮城日誌（三）》，頁459。

力社一帶的Souvannvey與Tamomomoron，則於1649年南路地方會議召開時已消聲匿跡。縱令如此，1655年當熱蘭遮城官方召開南路地方會議時，新塔樓社先前的長老Damar並未出席，因為他本人也「搬去山上住了」（hij in 't geberchte sijne woonplaatse genomen hebbende）；東印度公司對此無可奈何，只得指派代表Damar前來出席會議的Pourpur取代為頭人，並要他勤於職守。[64]

若直接斷定東印度公司將山區聚落移住平地的作為全然失敗，或許過於武斷；但10餘年下來，似乎僅博得地區性小社或少部分社眾的呼應或配合。[65]

八、小結

1646年12月，東印度公司阿姆斯特丹分公司董事給總督范德萊恩的信中，轉達了當時已返回荷蘭的尤紐斯牧師對臺灣事務的一些不同看法。當中，除表達將已移住新港社數年的小琉球人再次遷往大員乙事之不滿外，也批判了實施不久的年貢制度。不過，不論各方意見的歧異為何，阿姆斯特丹分公司董事

---

64 *DZIII*, p. 15, 109, 188-189, 317, 481；江樹生（譯註），《熱蘭遮城日誌（三）》，頁15、113、192、306、458。

65 1651年10月，臺灣長官Nicolaes Verburch致總督Carel Reiersz.的公文書信，針對臺灣原住民統治部分，提及島上人數估計不少於10萬人，分布離熱蘭遮城既遠又廣，若非上帝對公司眷顧有加，以當時人類的標準、能力而言，無法以如此藐小的武力統治這麼廣大的地區。Verburch並將南路山區與蘭陽平原的噶瑪蘭人並列為一度表現得極為離經叛道的殖民地偏遠角落。Leonard Blussé et al., eds., *Formosan Encounter*, Vol. III, pp. 421, 423.

明白向巴達維亞方面表示：如同十七董事先前的建議，改善臺灣原住民待遇之目的，係因公司把臺灣的殖民地擴張列為首要考量（ *aen de voortplantinge van de coloniën op Formosa voor den dienst van de Generale Compagnie ten hoochsten is gelegen* ）。[66] 3 年後，1650 年 4 月，十七董事給巴達維亞方面的信再度說明公司的目標，是在福爾摩沙島上建立永久殖民地（ *Dat Compagnies oogmerck wesende omme op 't eylandt Formosa permanente coloniën t'estabiliëren...* ）。[67] 而原住民聚落遷移政策，則相當微妙地反映出公司在實踐殖民地擴張時，對離島與山區的管控思維。

　　1630、40 年代是東印度公司實施聚落遷移政策的巔峰，這與荷蘭人在島上領地的擴張過程息息相關。因此，公司初始係針對離島原住民，之後隨著轄下領地朝內陸的擴張，而逐漸涉及山區住民。政策的實施，先後歷經了范迪門（1636-1645）與范德萊恩（1645-1650）兩任總督：總督范迪門在任上強調積極性與擴張思維，從如何運用小琉球人為荷蘭人殖民地謀利（如婚嫁、勞力遣送等），意圖對其他離島施予相同淨空政策，到計畫集中力量將山區住民就地納入公司轄下等，即為明證。相較之下，總督范德萊恩在任上則顯得保守，且更加強調成本考量，後續的離島淨空政策即在其任上無疾而終。至於山區住民，范德萊恩直接對東印度公司的領地擴張政策畫下休止符，改將山區住民移住至平原。

　　至於面對殖民地統治第一線的熱蘭遮城官方，雖經歷了范德

66　Leonard Blussé et al., eds., *Formosan Encounter*, Vol. III, pp. 131-133.

67　Leonard Blussé et al., eds., *Formosan Encounter*, Vol. III, pp. 286, 288.

勃格（1636-1640）、陶德（1640-1643）、麥爾（1643-1644）、卡
隆（1644-1646）、歐沃瓦特（1646-1649）等5名歷任長官或議長
職的最高行政首長，但熱蘭遮城方面除了對實施細節的看法略有
不同外，原則上仍遵循巴達維亞高層的決策。最明顯的差異在於
是否對全臺原住民徵收貢稅乙事，臺灣長官卡隆即與總督范德萊
恩意見不一。兩人雖都認為成本考量係最高準則，但卡隆不贊成
對山區人民徵稅，認為維持安定、避免山區人民騷擾平地方為上
策。不過，雙方在山區人民的平原移住政策上並無明顯歧見。

　　席勒（Friedrich Schiller）於十八世紀末撰寫的《尼德
蘭脫離西班牙統治史》（*Geschichte des Abfalls der vereinigten
Niederlande von der spanischen Regiureng*），提及當荷蘭為其國家
存亡奮鬥之際，其疆域卻也同時循著大海悄悄伸展至東印度群
島。[68] 但十八世紀以前渡海前來亞洲的歐洲人，並不時興控制大
片領土疆域。[69] 初抵東印度的荷蘭人，主要以扼住水運交通要衝
據點形成的網絡，透過相互支援形成的軍事力量，有效掌握其商
業利益與商館轄地。[70] 當時，東印度公司以爪哇的巴達維亞為中
心，運籌帷幄，調度安汶、麻六甲、臺灣等各地商館的部隊，有

68　Tom Mels, "The Low Countries' Connection: landscape and the struggle over
　　representation around 1600," *Journal of Historical Geography* 32:4（October,
　　2006）, p. 725.

69　Nicholas Tarling, *Imperialism in Southeast Asia: a fleeting, passing phrase*
　　（London: Routledge, 2001）, p. 36.

70　Kees Zandvliet, "Vestingbouw in de Oost," in Gerrit Knaap en Ger Teitler（eds.）,
　　De Verenigde Oost-Indische Compagnie tussen Oorlog en Diplomatie（Leiden:
　　KITLV, 2002）, p. 152.

效維持住荷蘭人在各地的優勢。小琉球雖僅是臺灣本島外的離島，但因其處於大員商館南向航道上的位置，以及公司為報復偶發的船難事件，引發了一場武力相向的徙民墟地悲劇。[71]事後，雖牽動了公司淨空周遭離島住民的構想，但因其重要性與迫切性不及小琉球，最終成為無疾而終的政策。

另一方面，隨著歐洲列強爭奪貿易與殖民地的競爭加劇，荷蘭東印度公司在亞洲的商館也開始轉型成據有領土的政治組織。[72]十七世紀荷蘭人建於各地的要塞中，只有摩鹿加（de Molukken）、爪哇的巴達維亞，以及臺灣的普羅文遮（Provintia）用於控制轄境領地。[73]不過，這三處對領地的掌控仍有差別。以爪哇為例，當地雖為東印度公司的總督所在地，但巴達維亞高層在1683年擊敗對手萬丹後，才逐漸透過領土擴張成為在爪哇島上實際據有領地的強權。再經過70餘年，藉由與爪哇島上馬塔蘭王國訂下的吉延蒂條約（Giyanti Treaty），將馬塔蘭逐一

71　另一荷蘭東印度公司徙民墟地的例子可見於早期的班達（Banda）島，但主要動機則是為了掌握豆蔻香料（nutmeg、mace）的供應。當時為了獲得班達島上的豆蔻香料，阿姆斯特丹的十七董事於1615年一度建議其亞洲的雇員捕獵土著的戰船（kora-koras），終結或驅趕其有錢有勢的領導人物（orang kaya），甚至不惜以引進其他的異教徒來取代當地的回教勢力。1621年，總督昆恩發動攻勢為十七董事完成此一夢想；估計約有2,500名班達人，不是死於刀劍之下就是隨之而來的饑饉，另外3,000名左右則流放他處，化為焦土後的故居再由公司眼中的其他東印度「順民」移住，為公司栽種香料。參考James D. Tracy, *The Political Economy of Merchant Empires*, pp. 3-5.

72　Jur van Goor, *De Nederlandse koloniën*, p. 80.

73　Kees Zandvliet, "Vestingbouw in de Oost," p. 167.

分裂瓦解[74]，東印度公司才在島上達到所謂的「荷蘭和平」（*Pax Neerlandica*）[75]。但在臺灣，所謂「荷蘭和平」（*Pax Hollandica*）於十七世紀中葉即已達成[76]，當時公司即已轄有島上大部分平原地區。普羅文遮城的興建，即為了控制在平原新闢的精華區——即赤崁一帶由唐人移民組成的農業殖民地。不過，當公司面對島上廣大的平原地區時，特別是為了掌握聯繫前後山之間的往來路徑，而延伸出針對山區住民的平原移住政策時，卻因山區的地理特色而吃盡苦頭。[77]東印度公司對疆域的控制，或許僅限於由水景、陸景（waterschap/landscape）交織而成的圩田（terra of the polder landscape），這才是荷蘭人熟識的地域；反諷的是，terra 一詞係代表一群人透過規範，長期實踐、發展而成的空間領域。[78]荷蘭和平時期的臺灣，東印度公司曾大舉推行地方會議、村社首長、村社戶口調查、年貢及贌社等制度，企圖在島上建立

74　Leonard Blussé and Femme Gaastra, "Introduction," in *On the Eighteenth Century as a Category of Asian History: Van Leur in retrospect*（Aldershot: Ashgate, 1998），p. 5.

75　Leonard Blussé, "The Run to the Coast: comparative notes on early Dutch and English expansion and state formation in Asia," in *India and Indonesia during the Ancient Regime*. Comparative History of India and Indonesia vol. 3.（Leiden: E.J. Brill, 1989），p. 205.

76　Tonio Andrade, *How Taiwan Became Chinese*；歐陽泰（著）、鄭維中（譯），《福爾摩沙如何變成臺灣府？》。

77　其實，中央山脈的地理特色，不只讓前述的內獅等社具備與東印度公司對抗的優勢；1650 年代，相繼傳出山區的大文里（Tarawey）、礁嘮其難（Kassalanan）、毛系系（Masili）、望仔立（Vongorit）等社與公司對抗。

78　Tom Mels, "The Low Countries' Connection," p. 721.

起如後世史家所說的地域型國家（territorial republic）[79]；不過，險峻的山區顯然不比溝渠、運河、耕地所構成的平原低地，遠超過十七世紀荷蘭人所能及。

---

79 Ernst van Veen, "How the Dutch Ran a Seventeenth-Century Colony," pp. 70-71, 77n57.

第三章

部落整併

——荷蘭東印度公司治下的聚落人口政策

一、前言

　　1622年，金獅號（Gouden Leeuw）船員為了補給清水在小琉球（Lamey）遭島民殺害，荷蘭東印度公司為了報復，遂於1633年11月派遣Claen Bruyn率領一支由公司士兵及新港、蕭壠社戰士組成的部隊登陸小琉球，開啟了島民流離四散的歷史大幕。[1]事後，荷蘭人除將殘餘的小琉球人分配給大員市鎮公司雇員為僕外，新港社人以「增加人口」為由對公司提請安置小琉球人入社的要求，聽來或有不可思議之感，但臺灣議會仍同意所請，將部分小琉球人安置於不久前還短兵相接的新港社人中。[2]

　　新港社人的動機其實不難理解，畢竟在當時，村社規模大小

1　有關東印度公司對小琉球島民征討的始末，請參考曹永和、包樂史（Leonard Blussé）的研究。曹永和，《臺灣早期歷史研究續集》，頁135-237；Leonard Blussé, "The Cave of the Black Spirits," pp. 143-147.

2　Leonard Blussé et al., eds., *Formosan Encounter*, Vol. II, pp. 116, 122.

或人口多寡與部落勢力消長息息相關，何況小琉球的殘餘人口以婦孺為多。不過，荷蘭東印度公司雖然答應請求，其實對原住民部落的整併或人口的遷移可有主張與想法[3]；尤其是公司對部落整併的作為，已涉及殖民者對聚落單位此一底層空間結構的控制問題。本章即鎖定此研究視角，以時序為主軸，討論荷蘭人的臺灣原住民部落整併理念、實施概況與成效，並透過今日彰化、雲林一帶的實證案例，進而探究荷蘭人如何處理整併後的殖民地底層部落權力結構。

二、部落遷徙與領地控管

荷蘭東印度公司的原住民部落整併政策，當然不是以原住民部落的需求為首要考量——如新港社人吸納小琉球人的案例，公司自有基於其統治理念的想法。若仍以新港社為例，公司透過親荷新港社人口的增加，將會相對削弱不久前仍與荷蘭人為敵的麻豆、蕭壠等社勢力，此即有維持地域勢力平衡的考量。除此之外，由於新港社係基督化最深的原住民村社，將小琉球人安置其中，亦有助於對他們的「教化」。不僅如此，觀察荷蘭東印度公司相關的作為，可以得到更宏觀的圖像。

一般來說，部落整併的前提是人口遷移，如同第二章的討

3　本書對部落、（村）社等詞的使用原則；前者用於強調原住民本身自主性，或著重社會、文化面的情境，如原住民社會原有的「部落長老」、「部落權力」、「跨部落關係」、「為周遭部落所覬覦」等。後者則多用於荷蘭東印度公司的立場，或偏向於實體的聚落，如公司派任的「村社首長」、「村社規模」、「村社戶口調查」、「棄社他遷」等。

論，其中若涉及離島、平原、山區等不同領地的統治，則東印度公司對不同空間屬性的做法，又可區分為「淨空離島人口」與「山區住民遷住平地」等兩大主軸。而這些遭到強制或鼓勵遷徙的部落，大多移至公司易於控制的平原地區，以與當地部落整併或安置在公司足以發揮影響力的範圍之內。不過，遷徙政策的實施並不順利，成效也未達到預期。

在淨空離島人口方面，公司僅完成小琉球的土著遷移，且這是在近乎滅族的報復征討行動後，針對殘存婦孺、老人的後續作業。其後，對蘭嶼的淨空政策，隨著公司對臺灣東部探金活動熱潮的減緩，終於無疾而終；龜山島（Malabariga）方面，在探知其為無人島後，亦白忙一場。

至於山區住民的平地移住，重點在小規模及位於交通要道上的村社。小型部落方面，大多僅是部分家戶對荷蘭人政策的響應或配合，如山豬毛、糞地等社，原因可能與部落權力或資源分配紛爭有關；全社動員者係少數，如勃朗社。但不論部分或全社的平地移住，鮮少成功的案例。交通要道上的村社，如荷蘭人自1645年起試圖將林邊溪上游、大武溪河谷往來前後山的陸路交通——所謂「新卑南路徑」——納入掌控，途中的力里社一度成為公司移住政策的對象；其他如沿阿塱壹古道的內獅、內文和阿塱壹三社，亦被公司要求遷到屏東平原的放索社附近就近管理，但幾乎都徒勞無功。

整體而言，離島原住民一經船隻載運遷移後，難有機會重返故居，故公司淨空離島人口的成敗，取決於政策執行、貫徹的程度。至於山區住民的平地移住，原住民能有較大的自主性，是否遷移，往往取決於部落本身的決定；而移動過程涉及的居住、營

生環境轉變，以及與移入地部落的互動關係，也往往讓公司無法
全然掌握成敗關鍵。儘管如此，由東印度公司屢屢嘗試離島淨空
與平地移住政策，可以理解這些措施的要點係在於：將四散於離
島或山區要道的人口移至平地易於控管處，而後續的安置作業及
相關的平地原住部落，就會進一步產生「部落整併」作為，如
此，即涉及荷蘭人的部落整併理念了。

三、部落整併的理念

　　從東印度公司的立場來看，土著部落整併與否，與領地控管
理念為前提的遷移政策一樣，都是為了便於統治與管理，背後的
考量則是宣教事業的推廣。

　　1636年，荷蘭人正式將今臺南縣一帶原住民村社納入統
治後，開始在各社設置學校、教堂，從事土著的基督教改宗
工作。以鄰近大員商館的部落為例，1637年，公司即將大嘩
（Teopang）、知母義（Tivalukang）、Tagupta與Ritbe等社人口遷
到鄰近教堂所在地的大目降社。[4]到了1659年，赤崁（Provintia）
地方官貓難實叮（Jacobus Valentijn）在率員訪視公司轄下村社
的基督教推廣進度時，為了節省宣教成本，已將大目降社併入新
港社。[5]待鄭成功勢力接手臺灣，1664年的《永曆十八年臺灣軍備

4　William M. Campbell, *Formosa under the Dutch*, p. 159.

5　*DZIV*, p. 315; Chen Shaogang, *De VOC en Formosa 1624-1662*, p. 467；江樹生
　　（譯註），《熱蘭遮城日誌（四）》，頁376；程紹剛（譯註），《荷蘭人在福爾
　　摩莎》，頁516-517。

圖》顯示，大目降已是「民」社，不是原住民為主的「番」社。[6]

　　類似的情形，1638年2月，臺灣長官范德勃格與牧師利未士（Gerard Levius）至目加溜灣社視察基督教傳播成果時[7]，可以發現前來聚會者，除目加溜灣社的910人外，鄰近的Magkinam與Amamoliangh兩小社亦分別有68、30人前來。[8]文獻雖未出現三社是否合一的描述或討論，但由此後地方會議紀錄不見Magkinam與Amamoliangh的存在，推知可能被公司以目加溜灣社統稱一併視之。至於1639年底，Nicolaas Couckebacker以專員身分前往東京灣與臺灣的視察報告中，則在提及大武壠（Tevorangh）、Teijnewangh、Sigit等社（今玉井鄉一帶）時，將它們合而為一。[9]前述案例或許不脫宣教事業的考量[10]，然而，公司關於部落整併工作的思維，除宗教（kerkelijk）因素外，尚有更根本的統治考量。

6　許雪姬、薛化元、張淑雅等，《臺灣歷史辭典》（臺北：遠流，2003），頁85。

7　荷蘭時代教會人士的譯名，請參考賴永祥，〈明末荷蘭駐臺傳教人員之陣容〉，《臺灣風物》16卷3期（1966）：9-11。

8　*DZI*, p. 403；江樹生（譯註），《熱蘭遮城日誌（一）》，頁378。

9　Leonard Blussé et al., eds., *Formosan Encounter*, Vol. II, pp. 244-247; William M. Campbell, *Formosa under the Dutch*, pp. 182-183.

10　東印度公司對基督教傳播的考量，除落實在部落整併外，前述的部落遷徙亦有相同的想法。1644年3月初，臺灣議會派上席商務員凱撒（Cornelis Sesaer）與商務員范德艾登（Johannes van der Eynde）前去南路麻里麻崙社執行原住民罪犯的死刑時，兩人亦奉命調查是否可以讓此區高山上的遠方村社搬遷下山，移到平原建立新的村社。原因是假如這些山地人讓牧師和教師伸手可及，將有益於基督教的進展。見*DZII*, pp. 232-233; Leonard Blussé et al., eds., *Formosan Encounter*, Vol. II, p. 426；江樹生（譯註），《熱蘭遮城日誌（二）》，頁241。

　　1644年，長官麥爾與臺灣議會正式推廣一年一度的人口戶數普查、貢稅徵收、地方會議等制度，以拓展對原住民的統治。這三項制度，皆以村社為單位：人口戶數普查，目的在調查每一社的人數與家戶數；貢稅，則以調查所得的村社家戶數作為徵收基數，但公司從長老中挑派的頭人，在職期間可以免除貢稅；地方會議召開時，則以村社為單位推派代表參加，公司依其人口規模挑出一定人數的長老，授以村社首長職位。這些制度的推行，奠定了公司以村社為基礎的原住民統治，而部落整併的政治統治（*bestuurlijk/politiek*）理念，亦需在其中探求。

　　以1640年代初期才納入荷蘭東印度公司勢力範圍的北臺灣淡水一帶為例，在1646年9月一份由一名士兵與 Lucas Kilas 起草的「淡水河與武勝灣河沿岸歸順村社戶口調查紀錄」中，明載北海岸有林仔（Senaer）、Kipas 二社，分別有131、108人，以及37、32戶；前者的頭人是乃胭（Tenayan），後者為嘎奇臘（Kakijlach）。[11]隔年4月，臺灣議會議長歐沃瓦特回覆駐淡水下席商務員 Jacob Nolpé 的信，則提及大員方面參考 Jacob Nolpé 的意見後，同意將林仔與 Kabila（即 Kipas）兩社土著撮合在一起（*versamelinge en bijeencomste*），並對 Nolpé 的努力予以肯定感謝。[12]因此，同年5月的全臺村社戶口調查紀錄，僅剩林仔（Chenaer）社（人口294、戶數80），頭人為乃胭（Teman）與嘎奇臘（Kalilach）兩人。[13]

11　Leonard Blussé et al., eds., *Formosan Encounter*, Vol. II, pp. 123-124.

12　Leonard Blussé et al., eds., *Formosan Encounter*, Vol. II, pp. 170-171.

13　Leonard Blussé et al., eds., *Formosan Encounter*, Vol. II, p. 188.

　　再以屏東平原為例，前述 Nicolaas Couckebacker 於 1639 年底的視察報告中，曾將該地分成五塊：一是打狗南方，含有阿猴、萬丹（Pandandel）、Galirolurongh、麻里麻崙、Narariangh 等社，估計有 1,450 名左右的壯漢；二是靠近山脈的地方，含有力力、Sengwen、Tarakeij、Jamick、Keersangan 等 5 社，統稱 Dolotocq，估計有 1,200 名壯漢；三是位於大員南方約 2 天路程、依山傍海的地區，有放索、Salomo、Tangenij、Tavoulangh 等 4 社，約可集結 750 名壯漢；四是大員東邊約 1 天路程的丘陵處，為大木連、塔樓、Sourioriol；五是大澤機一帶，更靠近山區，並由 3、4 社組成。[14] 1641 年 4 月，新任長官陶德於赤崁舉辦地方會議時，南路村社有 20 名頭人與會，分別代表位屏東平原的 8 個村社——即放索、阿猴、Sorriau（即 Sourioriol）、力力、麻里麻崙、萬丹、大木連和茄藤；其中，並註明放索係由 6 社所組成。[15]

　　到了 1644 年，臺灣長官卡隆將地方會議分為南北兩路分開舉辦。3 月底北路地方會議時，從南路前來觀禮的村社長老，除了放索、阿猴、力力、麻里麻崙、大木連、茄藤等社外，還有塔樓、大澤機、Sarakarrakey 與 Dollatock（即前述的 Dolotocq）派代表。但 4 月以南路村社為主召開地方會議時，屏東平原與會的代表村社，則為放索、阿猴、力力、麻里麻崙、大木連、茄藤、塔樓、大澤機以及萬丹共 9 社。[16] 同年 10 月，卡隆給總督范迪門

14　Leonard Blussé et al., eds., *Formosan Encounter*, Vol. II, pp. 244, 246-247.

15　*DZII*, p. 2; Leonard Blussé et al., eds., *Formosan Encounter*, Vol. II, p. 265；江樹生（譯註），《熱蘭遮城日誌（二）》，頁 2-3。

16　*DZII*, pp. 241, 250；江樹生（譯註），《熱蘭遮城日誌（二）》，頁 251、261-262。

的書信，報告南北兩路地方會議的進度，即提到南路原有39社
（含山區部落代表，如士文、七家陳、草山、佳平等），已組成
18個大社。[17]到了年底，卡隆在給前往南路擔任政務官員Antony
Boey的命令中，提及分散四處的塔樓、Dolatock（即前述的
Dolotocq）和放索等社土著，曾於年前請求每一部落都能派駐一
名教師，以教導社眾基督教基礎教義。但因部落數太多，公司無
法派駐這麼多教師，在與部落首長商討後，決定將當地的28個
小社（如Sengwen、Tarakeij或Tarahey、Jamick、Keersangan或
奢連（Cerangangh）、Ariariangh、Sorriau、萬丹等小型部落）合
併為放索、阿猴、力力、麻里麻崙、大木連、Dolatock、塔樓、
大澤機等8社。Boey即奉命去查證整併的進度，並負責完成整併
的工作。[18]

　　隔年（1645年）4月南路地方會議召開時，屏東平原的與
會村社單位，與前一年度一樣，為「放索」、「阿猴」、「力力
與Tarahey」、「麻里麻崙與Ariariangh」、「大木連」、「茄藤、
Dolatocq與奢連」、「塔樓」、「大澤機」以及「萬丹」等9個單
位。[19]之後，除了從山區移住的小型部落外，南路地方會議基本

---

17 Leonard Blussé et al., eds., *Formosan Encounter*, Vol. II, pp. 481-482, 486.

18 Leonard Blussé et al., eds., *Formosan Encounter*, Vol. II, pp. 504, 509.

19 *DZII*, p. 373；江樹生（譯註），《熱蘭遮城日誌（二）》，頁393-395。
Ariariangh在1645年的紀錄中為社名，與麻里麻崙（Verovorongh）社並列為
一單位，獲頒公司藤杖的長老有Wissur、Ouvey、Sakodis、Dakomey等4
人，全為續任。1644年的地方會議紀錄裡，僅有麻里麻崙（Vorrevorongh）
社，無Ariariangh「社」的資料；但麻里麻崙社獲頒公司藤杖的長老有
Visschor（即Wissur）、Opey（即Ouvey）、Sakodijs（即Sakodis）、Takoney
（即Dakomey）、Arrearejang（即Ariariangh）等5人。1644年的長老名在

上一直維持這9個社，直到1648年萬丹於文獻中消逝不見，僅餘放索等8社。[20]

　　大員商館與南路部落首長商議後達成的部落整併結果，即為日後所稱的「鳳山八社」——放索、阿猴、力力、大木連（上淡水）、麻里麻崙（下淡水）、茄藤、塔樓、大澤機——前身。[21]不過，屏東平原的部落整併，並非只為了因應部落長老關於基督教義教導的期待；對東印度公司而言，早在1645年7月總督范德萊恩回覆長官卡隆的書信即已指出，部落整併後，配合人口、戶數普查的落實，除了讓公司易於收集貢稅外，更可藉此充分掌握壯漢人數與武力規模。[22]

四、實施過程與成效

　　不過，部落整併過程並不順利，成效也不一。以南路一帶為

　　1645年成了社名。

20　*DZII*, pp.480, 553-554; *DZIII*, pp. 15, 108-109；江樹生（譯註），《熱蘭遮城日誌（二）》，頁510-511、610-611；江樹生（譯註），《熱蘭遮城日誌（三）》，頁14、112-113。

21　〔清〕蔣毓英，《臺灣府志》（南投：臺灣省文獻委員會，1993），頁10；〔清〕高拱乾，《臺灣府志》（臺北：臺灣銀行經濟研究室，1960），頁36。有關清代文獻中的鳳山八社與荷蘭時代屏東平原的村社對應關係，請參考李國銘，〈屏東平原族群分類再議〉，潘英海、詹素娟（主編），《平埔研究論文集》（臺北：中研院臺灣史研究所籌備處，1995），頁368-371；收於李國銘，《族群、歷史與祭儀——平埔研究論文集》（臺北：稻鄉，2004），頁74-78。

22　Leonard Blussé et al., eds., *Formosan Encounter*, Vol. II, p. 552.

例，1642年初，原與荷蘭人結盟的瑯嶠人，與荷方關係轉劣，東印度公司乃於年底派Johannes Lamotius領軍，以放索、下淡水二社為盟軍出兵征討，馘首40顆，俘虜7名男女、小孩，瑯嶠君主一子陣亡，轄下5社被焚。瑯嶠君主本人，則傳說與其兄弟、隨從逃到知本社；公司繼而派兵懲罰知本社，並將該社遷往知本溪一帶的平地。[23]戰後，公司計畫讓親荷的瑯嶠人移至南路平原定居，而戰役中與瑯嶠人交戰的放索社頭人，則邀請對方移住放索社；但瑯嶠人不肯接受，寧願留在先前已居住一段時間的居地，原因是他們和放索人拜的神祇不同。[24]由此可見，瑯嶠人與放索社整併失利，除了原就處於敵對的狀態外，社會文化屬性的不同[25]，也是重要因素。

　　其他透過公司代表與部落首長商討後的整併，一開始也不

23　*DZII*, pp. 78, 82-85; Leonard Blussé et al., eds., *Formosan Encounter*, Vol. II, pp. 332-333, 335-337, 340, 342, 345-346, 357-358, 360-362；江樹生（譯註），《熱蘭遮城日誌（二）》，頁74-75、78-81。

24　*DZII*, p. 62-63; Leonard Blussé et al., eds., *Formosan Encounter*, Vol. II, pp. 353；江樹生（譯註），《熱蘭遮城日誌（二）》，頁59

25　費羅禮（Raleigh Ferrell）針對全臺南島語族的系統分類中，放索與瑯嶠的地理分布，文化屬性分屬濱海文化（littoral culture）與排灣文化，語言屬性分屬排灣第二群（Paiwanic II）與排灣第一群（Paiwanic I）。見Raleigh Ferrell, *Taiwan Aboriginal Groups: problems in cultural and linguistic classification* (Nankang: Institute of Ethnology, Academia Sinica, 1969), pp. 24-29. 王益壽的平埔族群（lowland aborigines）分布圖，亦將放索（Pangsola-Dolatok）與瑯嶠（Lungkiau）分為不同的兩群人。Wang I-shou, "Cultural Contact and the Migration of Taiwan's Aborigines: a historical perspective," in Ronald G. Knapp (ed.), *China's Island Frontier: studies in the historical geography of Taiwan* (Honolulu: University Press of Hawaii, 1980), p. 33.

順。1645 年 6 月，東印度公司派駐在大木連的商務員 Anthony
Boey 即說：他在數個場合力促（甚至稍微語帶威脅）放索附近
小社併到（'t combineren）較大主社，卻毫無用處，對方並不配
合要求。至於原本要從山上移住力力社定居、最終與放索社進一
步合併的勃朗、陳阿修二社，就更不用說了，整個計畫幾乎淪為
紙上談兵。[26]

　　再以公司在臺行政重心附近的大目降社為例，陶德任職臺灣
長官期間（ca. 1640-1643），新大目降一些家戶——總計 60 人，
為了接受基督教教育，要求遷至新港社定居，並獲同意。不久之
後，這些族人又請求遷回原居地，由於再三遭到拒絕，遂自行搬
出新港社，回到先前住處，搭蓋新房舍，並就地栽種稻作。續任
的臺灣長官卡隆，正處於合併諸小社的過程中，為防止類似的事
再次發生，乃下令時任代理政務官員（subsituyt politijck）的范勃
亨，在 200 名新港、大目降、目加溜灣社的戰士協助下，先是破
壞這些擅自搬離新港社的大目降社人房舍與田地，再將族人遷回
新港，嚴加告誡；最後，還將 7 名主事者移送大員接受處分，其
中 2 名帶頭族人則予以拘禁。[27]

　　至於北臺灣淡水一帶的林仔社（Chettaer），其在 1648 年的
全臺村社戶口調查紀錄中，帳面上的人口 280、戶數 84，仍為
整併後的狀態。不過，1650 年起的紀錄，所謂林仔社即不再是

---

26 *DZII*, p. 393-394; Leonard Blussé et al., eds., *Formosan Encounter*, Vol. II, pp.
　538-539；江樹生（譯註），《熱蘭遮城日誌（二）》，頁 417

27 *DZII*, pp. 247-248; Leonard Blussé et al., eds., *Formosan Encounter*, Vol. II, pp.
　481-482, 486; William M. Campbell, *Formosa under the Dutch*, pp. 205-206；江
　樹生（譯註），《熱蘭遮城日誌（二）》，頁 258。

一個村社單位，而成為林仔社（Chinar）、Kijpabe（即Kipas）二社，分別為160、193人，40、50戶。1654年的紀錄，竟進一步分成林仔（Chinar）、Kibbabe（即Kipas）、大屯（T...tona）三社，人口為130、153、82，戶數30、31、24。[28]翌年1655年，調查紀錄仍維持前一年的三社，人口依序分別為81、95、77，戶數22、25、23；不過，Kipas改以頭人姓名嘎奇臘為社名。[29]

　　林仔社自1650年代逐步分為數小社，反映的應是1630年代淡水一帶小社林立的狀態。當時，西班牙Jacinto Esquivel神父提到：林仔社人散居於8、9個小社，西班牙人為了佈道上的方便，乃仿效雞籠Kimaurij、北海岸Taparij等，將它們集中為一社。[30]其後接管的荷蘭東印度公司，雖曾一度嘗試整併，仍不敵原有的小社分立狀態。追究其因，可從「社名為頭人名」現象略窺端倪。

　　原住民「村社」係由數個共居的親屬群所組成，親屬群的地理空間分布若呈現集中趨勢，即成外人眼中的一社。反之，若呈散狀分布，就成了數個社。[31]若親屬群以其要人為名號，則

28　Leonard Blussé et al., eds., *Formosan Encounter*, Vol. III, pp. 235, 293, 501.

29　中村孝志，《荷蘭時代臺灣史研究下卷──社會・文化》（臺北：稻鄉，2002），頁22。

30　José Eugenio Borao, Pol Heyns, Carlos Gómez and Anna Maria Zandueta Nisce, eds., *Spaniards in Taiwan Vol. I: 1582-1641*（Taipei: SMC, 2001），pp. 166, 181-182, 184.

31　Peter Kang, "A brief note on the possible factors contributing to the large village size of the Siraya in the early seventeenth century," in Leonard Blussé（ed.）, *Around and About Formosa: essays in honor of Professor Ts'ao Yung-ho*（Taipei: Ts'ao Yung-ho Foundation for Culture and Education, 2003），pp. 120-121.

成了外人以為的社名。[32] 公司將散狀分布的親屬群集中安置，雖然形成帳面上的村社單位，充其量是不同親屬群的混合聚集（conglomeration），不必然能讓彼此整合（integration），此即林仔社整併過程曇花一現的可能原因。

如果部落整併涉及公司行政統治與宣教推展等考量，站在公司的立場，整併後的部落權力結構、村社規模等因素，即為荷蘭人關心的議題。以部落權力結構為例，既然1644年起公司建立了以村社為基礎的原住民統治策略，並依人口規模挑出一定人數的長老授予村社首長職位，讓他們在殖民地底層行政中扮演一定的角色，則部落整併必然會造成行政權力的再分配。而部落權力重分配的結果，亦可檢視部落整併的成效是表面上的混合聚集，還是真正朝整合的方向發展。

依邵式柏對臺南一帶土著社會的討論可知，原住民部落係由不同的親屬群組成，每一親屬群各有長老。[33] 東印度公司的村社首長職，基本上係從部落原有的長老中挑派配合度高者任命之，首長人數少於原代表親屬群的長老數。公司的理念，係希望擔任首長職的長老能打破原有的親屬群樊籬，成為整個部落的領導者。前述卡隆於1644年10月給總督迪門的信，提到公司底層的

---

32 翁佳音，《大臺北古地圖考釋》（臺北：臺北縣立文化中心，1998），頁74-77、86-87。

33 John R. Shepherd, *Marriage and Mandatory Abortion among the 17th-century Siraya* (Arlington, VA: American Anthropological Association, 1995), pp. 24-26；康培德，〈荷蘭東印度公司的統治對西拉雅人村社概念變遷的影響〉（中央研究院民族學研究所、臺灣史研究所籌備處主辦，「2000年平埔研究國際學術研討會」，2000年10月23－25日）。

行政權力分配時，認為只要依各社規模，由公司選派1至4名最有能力者擔任領導人，遵循荷蘭人的命令行事即可；至於指派的首長，應負責整個村社，而不只是一個區塊（*wijck*）而已。[34]卡隆所指的社中區塊，應該就是原部落長老所屬親屬群的居住空間。

五、部落權力結構與村社規模：大武郡社與打貓社的案例

我們可從文獻中找到大武郡社、打貓社兩個案例，略窺東印度公司在部落整併後的權力結構安排。前者位於濁水溪沖積扇北半部的二林地區，時間是1640年代下半；後者，則發生在1650年代上半的虎尾壠地區。

1645年1月，東印度公司決定打通大員至淡水、雞籠間的陸路，派商務員凱薩、Hendrik Steen與隊長彭恩等，率領210名士兵，沿途征討與公司敵對的村社。

征伐隊於1月22日出發，2月16日返抵大員；途中，除對敵社採焦土戰術外，並與臣服村社締結條約。[35]當時，二林地區有一個稱為Terriam的部落，經戰火衝擊後僅餘5戶人家，臺灣議會乃決議將其遷至東螺社（Groot Davole，又稱Abasche，之後更正為Dobale Bajen），但Terriam人要求遷往大突社（Turchara）。最後，公司於同年10月應北路牧師范布鍊（Simon van Breen）

---

34 Leonard Blussé et al., eds., *Formosan Encounter*, Vol. II, pp. 482, 486.

35 *DZII*, p. 360; Leonard Blussé et al., eds., *Formosan Encounter*, Vol. II, pp. 517, 519-521；江樹生（譯註），《熱蘭遮城日誌（二）》，頁380；郭輝（翻譯），《巴達維亞城日記》，頁459、464；村上直次郎（譯注）、中村孝志（校注），《バタヴィア城日誌（二）》，頁342、349。

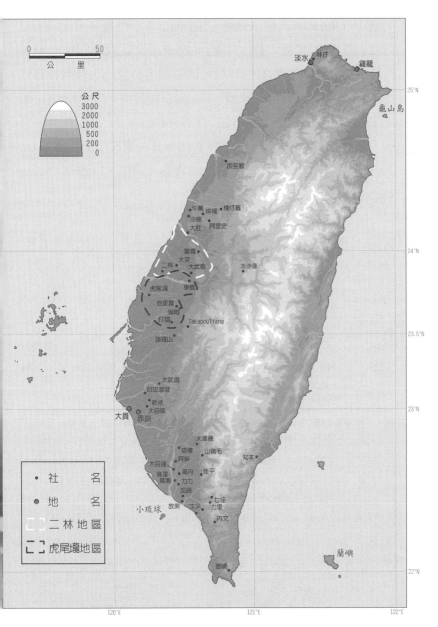

地圖四　二林地區與虎尾壠地區位置圖

所請，准Terriam人與東螺社、Saribalo等一併遷往虎尾壠，以方便范布鍊的宣教工作；不過，此一基於宣教便利性的整併考量，並不如臺南的案例順利。隔年地方會議時，臺灣長官宣布Terriam併入大武郡，東螺、Saribalo兩社則不動；Terriam長老Tabaroua（又記為Taboroal、Tavoro Al等），則成為合併後的大武郡社頭人代表之一。[36]到了1648年，東印度公司讓Kakar Tacheybau也併入大武郡社。[37]表3-1即為大武郡、Terriam、Kakar Tacheybau等三社歷任村社首長名單。

表3-1　大武郡、Terriam、Kakar Tacheybau社歷任村社首長名單

大武郡	H	B	B	B	B	B	B	B	B	B	B	B
Terriam		TA	TA	TA	TA	TA	TA	TA	TA	TA	TA	TA
Kakar Tacheybau	Tara	Tara	Tara	Tara	Tara							
年份	1644	1645	1646	1647	1648	1649	1650	1651	1653	1654	1655	1656
大事紀	大武郡與Terriam合併				大武郡與Kakar Tacheybau合併							

說　明：1. 1652年無資料，1649、1653年資料係分別推自下一年度。

2. 人名代號部分，H指Hedey、B指Botley（又拼為Tabotteley、Tabatteley、Tabottelij、Tabottaley、Tabotteyly）、TA指Taboro-Al（又拼為Tabaroua、Taboroal）、Tara指Tarabeiaula（又拼為Tarabei Aula、Tarabeyaula）。

資料出處：*DZII*, pp. 241, 471, 549; *DIII*, pp.10, 103, 184, 311, 474; *DZIV*, p.13.

36　*DZII*, pp. 362, 378, 442, 443, 471；江樹生（譯註），《熱蘭遮城日誌（二）》，頁382、401、469、471、500。

37　*DZIII*, p. 10；江樹生（譯註），《熱蘭遮城日誌（三）》，頁10。

　　大武郡社與Terriam社的人口規模其實相當懸殊，約10比1；但東印度公司的首長派任方式，對此採取彈性的權宜之計。大武郡社原有的派任首長，僅Hedey、Botley（代號分別為H、B）二人。公司在1646年將Terriam社併入後，原大武郡社首長Hedey去世留下職缺，公司即任命Terriam社首長Tabaroua（代號為TA）填補，並與Botley共同擔任大武郡社首長；並以村社規模為由，不再從原大武郡社挑派新首長。1648年，又有Kakar Tacheybau社併入大武郡社，公司任命原Kakar Tacheybau社首長Tarabeyaula（Tarabeiaula，代號為Tara），與大武郡出身的Botley（Tabotteley）、Terriam出身的Tabaroua（Taboroal）一同擔任新大武郡社首長。待1650年地方會議舉行時，公司以Tarabeyaula缺席為由，解除他的首長職，使大武郡社首長人數回歸2名。[38]換句話說，公司對整併後的村社內部權力分配，會權宜斟酌，讓首長人數保持彈性選擇空間，一方面讓新部落的原有「角頭」能維持一段時日，另一方面再藉機調整，以避免人數過於膨脹，在同規模村社中成為特例，破壞首長人數的原則。

　　至於虎尾壠地區的例證，早在1636年4月，在公司派遣的代表勸誘下，他里霧（Dalivo）、阿里山（Jarissang）[39]、猴悶（Tossavang）、打貓（Dovoha）及貓勝剌（Valaula）等五社，已

38　*DZII*, pp. 374, 471；*DZIII*, pp. 10, 103-104；江樹生（譯註），《熱蘭遮城日誌（二）》，頁396、500；《熱蘭遮城日誌（三）》，頁10、108。

39　「阿里山」社係擬其拼音的音譯，但此「阿里山」並非今日的阿里山山區，而是同十七世紀末清人的地名用法，指嘉義市東邊的淺山地帶。參考翁佳音，〈水沙連的早期史論：從荷蘭文獻中的水沙連談起〉，《臺灣風物》63卷1期（2013），頁37註14。

一同前來新港社，獻箭締和。[40]到了1650年，東印度公司讓僅有不足80人、約30戶不到的貓勝剌（Balabala），併入300多人、約100戶的打貓。[41]四年後，即1654年，先是應阿里山（Talac Bajar）社以教導基督教為由的要求，並參考議會代表的語言相近理由，將阿里山社納入諸羅山教區。[42]翌年1655年，再基於地方官Frederick Schedel的建議，在北路地方會議中，要求阿里山（Talacbayen）社也併入打貓或猴悶（Chaumul）。[43]翌年，即1656年，公司直接以打貓與阿里山兩社鄰近，居民也已混居為理由，將兩社合併為一。[44]

　　打貓與阿里山兩社在1640年代末期的人口數，其實不分軒輊；公司會整併兩社，有其背景。1654年9月，駐地教師（多為士兵轉任）與雲嘉一帶原住民衝突加劇。依政務官員David Hardhouwer的信件報告，起因於駐地教師的暴躁性格與酗酒習性，動輒對居民動粗，導致阿里山社（Talacbajar）居民反抗駐地教師，進而引起公司方面的關切。翌年3月，地方官Schedel率員至當地視察，阿里山社已人去樓空，留下的老者宣稱社眾外出打獵，公司遂興起毀社他遷的念頭，並在北路地方會議中訓

40　Leonard Blussé et al., eds., *Formosan Encounter*, Vol. II, pp. 62, 63; William M. Campbell, *Formosa under the Dutch*, p. 137.「貓勝剌」為擬其拼音的音譯，清人文獻中並無此社名。

41　*DZIII*, p. 103；江樹生（譯註），《熱蘭遮城日誌（三）》，頁107。

42　*DZIII*, pp. 377-378; Leonard Blussé et al., eds., *Formosan Encounter*, Vol. III, pp. 542-543；江樹生（譯註），《熱蘭遮城日誌（三）》，頁363。

43　*DZIII*, pp. 464, 473-474；江樹生（譯註），《熱蘭遮城日誌（三）》，頁441-442、451。

44　*DZIV*, p. 13；江樹生（譯註），《熱蘭遮城日誌（四）》，頁12。

斥阿里山社代表，要求他們遷居。5月，在諸羅山社政務官員的信件（阿里山社自1654年7月劃歸諸羅山教區）中，已提到阿里山社族人同意棄舊社他遷打猫社。到了8、9月間，公司除了再次確定阿里山社族人入遷打猫社地的決定外，並擴大計畫，將Emory、Pangalangh、Taringalangh等社下遷至小Takapoulangh社。[45]不過，後4社的下遷計畫並不順利，此由1656年3月的北路地方會議紀錄中仍為獨立4社，分別派有各自的首長，可以看出。但打猫、阿里山已合稱為一個單位，即「打猫與阿里山」（Dovoha *en* Talacbayen），雙方原有的首長都續任。[46]表3-2為1650年代整併的打猫等3社歷任村社首長名單。

表3-2　打猫、猫勝刺、阿里山社歷任村社首長名單

打猫	V	V	V				TB	TB	TB	TB	TB	TB
	R	R	R	B	B	B	B	B		B	Jacob	Jacob	Jacob
							Ta	Ta		Ta	Ta	Ta	Ta
猫勝刺	D	D	D	D	D	D	D	D				
阿里山	TT	TT	TT	TT	TT	TT	TT	Tab		Tab	Tab	TD	TD
	Tad	Tad	Tad	Tad	Tad							
										Beydo	P	P	P
年份	1644	1645	1646	1647	1648	1649	1650	1651		1653	1654	1655	1656
大事紀						猫勝刺與打猫合併					阿里山與打猫合併		

說　明：1. 1652年無資料，1649、1653年資料係分別推自下一年度。

45　*DZIII*, pp. 429-430, 464, 473-474, 507, 566；江樹生（譯註），《熱蘭遮城日誌（三）》，頁411、441-442、451、484、543。

46　*DZIV*, pp. 11-13；江樹生（譯註），《熱蘭遮城日誌（四）》，頁10-12。

2. 人名代號部分，V指Valoavangh（又拼為Tabellauboan）、R指 Redongdongh（又拼為Tarabeidondon）、TB指Ta Ballaboan（又拼為 Taballaboan、Taballaboangh、Taballaboar）、B指Beiboie（又拼為 Bayrolle、Bairolle、Ta Beirolle、Tabay Maray）、Ta指Tabaibailiba （又拼為Tabaibaillaba）、Jacob指Jacob Bellelouw（又拼為Jacob Bellelau）、D指Daderouw（又拼為Dhadorau、Hadorau、 Dadorou、Ta Hadurro）、TT指Tacabba Tarababayres（又拼為 Rabeboas、Tacabba Tarabajus、Taccaba Tarababajus、Tarabeius）、 Tab指Ta Balloboan（又拼為Taballaboan）、TD指Tabarey Doradon （又拼為Tarabey Doondoin）、Tad指Taddoa Dhadippan（又拼為 Dadipangh）、P指Poustey（又拼為Poustay、Poutstay）。

3. 置於同一行，但人名代號不同者，指首長職的替代關係。如Tab 替代TT成為1651年公司指派的阿里山社首長。

資料出處：*DZII*, pp. 241, 469, 547; *DIII*, pp. 8, 103, 183, 310, 473; *DZIV*, p 13.

　　如同二林地區以大武郡為核心的案例，東印度公司在打猫、猫勝刺、阿里山等3社的整併工作中，對村社底層行政權力的分配相當謹慎。從表二列出的歷任村社首長派任名單，可看出公司讓雙方都有族人擔任整併後村社首長一段時日的做法，以謀求原籍的代表性。不過，這二個案例在整併原則上仍略有差異。

　　打猫、猫勝刺、阿里山的整併，除了有其地緣基礎外，還牽涉部落間原有社際網絡關係。表二裡，打猫社原有的公司派任首長Tabay Maray（代號B），在1654年遭公司免除職務，理由是私下移住阿里山社。[47] Tabay Maray的個人行為，應該不是偶發現

---

47 *DZIII*, p. 310；江樹生（譯註），《熱蘭遮城日誌（三）》，頁300。文獻中 Tabay Maray移住阿里山社的原因不詳。類似的例子有些則敘明遷居原因， 如牛罵社頭人Camachat Iboelich於1656年地方會議時，送回象徵權力的藤

象。1640年代東印度公司紀錄中的打猫社，除了Dovaha/Dovoha/Douvaha一稱外，又稱Talack（斗六？）[48]；而阿里山社，除稱為Arissangh外，也稱作Talack Bajen（另有Talacbayen、Talacbajar等拼法），意譯即「東Talack」。[49]打猫、阿里山兩社以Talack為集稱，關係應該非比尋常，甚至超越一般同語族（虎尾壠語）社群。[50]這或許解釋了Tabay Maray為何會移住阿里山社，以及阿里山社人在荷蘭人建議與打猫或猴悶併社之時，選擇前者之故。

相較之下，大武郡、Terriam、Kakar Tacheybau等社的整併原則，略有不同。Kakar Tacheybau，本與Kakar Sackalij、猫羅

杖，理由是他已隨沙轆籍妻子遷住沙轆社。*DZIV*, p. 14；江樹生（譯註），《熱蘭遮城日誌（四）》，頁15。

48　*DZII*, pp. 323, 469, 547；江樹生（譯註），《熱蘭遮城日誌（二）》，頁340、498、605。

49　payan或bayan意譯為「東」，係依1936、1937年採自埔里社仔城猫霧揀（Babuza）後裔、與Happart於1650年編的虎尾壠語典。參考Tsuchida Shigeru, *A Comparative Vocabulary of Austronesian Language of Sinicized Ethnic Groups in Taiwan Part I: West Taiwan*（Memoirs of the Faculty of Letters, University of Tokyo No. 7, 1982), p. 118.

50　類似的例子文獻中並不少，如苗栗縣一帶的加至閣群，即以Kalika為集稱，下有Kalika Rusudt（Kalika Roudout、Kalika Rousout）、Calicautomael、Calicaroutschiou等社；南投縣一帶的水沙連群，即以Serrien為集稱，下有Serrien Souluan、Serrien Momoesa、Serrien Tackijkoas（Serrien Tallau）、Serrien Takamoessa等社；臺中縣一帶，之後稱為巴宰（Pazeh）族、清代以岸裡聞名，當時則以Aboan為集稱，有Aboan Tananoggan（Abouangh Oost，即岸裡）、Aboan Auran（Abouangh West，即烏牛欄）、Aboan Balis（阿里史）、Aboan Poali（樸仔籬）等；或所謂的大肚王（Quatoangh），其核心勢力係以Darida為集稱，下有Darida Amicien（大肚北社）、Darida Babat（大肚中社）、Darida Mat（Dorrida Camachat，大肚南社）等。

（Kakar Baroch 或 Kackarbararongh）等社以 Kakar 為集稱，與「猫羅」關係較近；卻因人數偏少，而遭荷蘭人併入八卦臺地西南緣的大武郡社。至於 Terriam，在近乎滅社的情況下，先後應公司要求併入東螺社、虎尾壟社，或自己要求的大突社，最後卻併入大武郡社。由此可見，公司的主導力量，強過住民本身的社際網絡關係或主體意願。

至於村社規模方面，整併後的大武郡，規模始達200餘人，與大突、馬芝遴、阿束、半線、甚至南投等社相近，亦與八卦臺地西側的村社平均規模較趨一致。另一方面，打猫社藉由帳面上的合併，跳脫他里霧、猴悶、西螺等社原有的300多人、100戶水平，成為500多人、160戶的規模，係虎尾壟地區中規模僅次於虎尾壟社的村社。表3-3為北路虎尾壟、二林一帶的人口、家戶數變化。

六、部落整併的尾聲

對遭到整併的部落而言，實質影響為何？限於文獻史料，我們難以替當事人發聲，惟有併入大武郡社的 Terriam 社，在文獻中呈現少許土地資源紛爭的訊息。

Terriam 社因人口銳減，原有獵場為周遭部落所覬覦。東印度公司乃在1646年的北路地方會議中，宣告 Terriam 的獵場歸其所有，外人不得干擾。[51] 不過，此時 Terriam 社已併入大武郡社，東印度公司雖判定 Terriam 社原有的獵場歸族人所用，但實際

51　*DZII*, pp. 473；江樹生（譯註），《熱蘭遮城日誌（二）》，頁502。

表 3-3　北路虎尾壠、二林區歷年村社人口、戶數值

村社	1647	1648	1650	1654	1655	1656
虎尾壠地區						
他里霧	288 / 59 (4.9)	325 / 61 (5.3)	317 / 71 (4.5)	380 / 94 (4.0)	371 / 90 (4.1)	359 / 87 (4.1)
猴悶	317 / 64 (5.0)	312 / 59 (5.3)	312 / 68 (4.6)	231 / 56 (4.1)	238 / 56 (4.3)	235 / 57 (4.1)
猫撈刺	82 / 27 (3.0)	72 / 27 (2.7)				
打猫	317 / 93 (3.4)	305 / 100 (3.1)	379 / 122 (3.1)	323 / 113 (2.9)	369 / 120 (3.1)	512 / 161 (3.2)
阿里山	316 / 108 (2.9)	280 / 88 (3.2)	249 / 72 (3.5)	175 / 66 (2.7)	142 / 40 (3.6)	
猫兒干	422 / 79 (5.3)	408 / 77 (5.3)	422 / 81 (5.2)	401 / 90 (4.5)	396 / 87 (4.6)	403 / 90 (4.5)
虎尾壠	513 / 85 (6.0)	543 / 97 (5.6)	586 / 103 (5.7)	597 / 106 (5.6)	623 / 111 (5.6)	649 / 114 (5.7)
西螺	358 / 89 (4.0)	366 / 88 (4.2)	386 / 92 (4.2)	299 / 92 (3.3)	339 / 89 (3.8)	351 / 91 (3.9)
東螺	153 / 59 (2.6)	203 / 60 (3.4)	245 / 63 (3.9)	231 / 72 (3.2)	225 / 72 (3.1)	250 / 72 (3.5)
眉裡	135 / 35 (3.9)	157 / 38 (4.1)	203 / 57 (3.6)	195 / 52 (3.8)	196 / 59 (3.3)	207 / 61 (3.4)
二林地區						
二林	331 / 62 (5.3)	438 / 88 (5.0)	419 / 85 (4.9)	308 / 77 (4.0)	342 / 75 (4.6)	347 / 75 (4.6)
Saribalo	--- / --- (---)	106 / 22 (4.8)	106 / 22 (4.8)			
大突	--- / --- (---)	271 / 53 (5.1)	267 / 60 (4.5)	245 / 60 (4.1)	235 / 55 (4.3)	230 / 53 (4.3)
大武郡	149 / 47 (3.2)	246 / 70 (3.5)	260 / 76 (3.4)	240 / 83 (2.9)	236 / 78 (3.0)	247 / 73 (3.4)
馬芝遴	208 / 66 (3.2)	275 / 65 (4.2)	289 / 55 (5.3)	262 / 64 (4.1)	264 / 62 (4.3)	258 / 60 (4.3)
阿束	237 / 51 (4.6)	282 / 53 (5.3)	263 / 55 (4.8)	275 / 58 (4.7)	283 / 59 (4.8)	287 / 59 (4.9)
半線	297 / 57 (5.2)	288 / 59 (4.9)	291 / 62 (4.7)	267 / 59 (4.5)	281 / 60 (4.7)	296 / 62 (4.8)
Tausabata	66 / 16 (4.1)	63 / 12 (5.3)	57 / 13 (4.4)	37 / 12 (3.1)	46 / 11 (4.2)	70 / 19 (3.7)
猫羅	112 / 33 (3.4)	147 / 31 (4.7)	148 / 39 (3.8)	187 / 41 (4.6)	186 / 43 (4.3)	191 / 41 (4.7)
Kakar Kachabouw	64 / 17 (3.8)					
Taijivangh						95 / 17 (5.6)
Kakar Sackalij	159 / 25 (6.4)	164 / 24 (6.8)	160 / 33 (4.8)	151 / 32 (4.7)	147 / 32 (4.6)	160 / 35 (4.6)
南投	149 / 59 (2.5)	265 / 75 (3.5)	271 / 73 (3.7)	275 / 76 (3.6)	284 / 77 (3.7)	253 / 61 (4.1)
北投	189 / 63 (3.0)	197 / 64 (3.1)	194 / 61 (3.2)	183 / 56 (3.3)	187 / 55 (3.4)	155 / 44 (3.5)

說　明：1. 虎尾壠、二林區（district）的劃分係依 1655 年 3 月北路地方會議的劃分。

2. 各年度村社統計資料部分以 A／B(C) 方式呈現，A 表示人口數，B 表示家戶數，C 表示平均戶口數。

資料出處：中村孝志，《荷蘭時代臺灣史研究下卷》，頁 12-13。

上大武郡社人也一併得能使用，而與已移入 Terriam 社舊地的大突社人起了土地糾紛。據載，因大突社人打算獨享土地，而於1655年鬧到正在當地訪視的地方官 Fredrick Schedel 與下席商務員 Pieter Elsevier 處。[52]

至於整併成功的案例，是否如東印度公司所願，達到傳教與統治的雙重目的？答案其實是見仁見智。對荷蘭人的行政治理而言，北路一帶打猫、大武郡社的整併，確實讓各部落達到一定程度的規模。不過，公司派駐北路的政務官員、牧師，一向以諸羅山、虎尾壠、二林等社為主。1650年，公司在確定大員至淡水之間的10天半陸路行程時，沿途落腳村社也僅見麻豆、諸羅山、他里霧、大突等社，不見打猫或大武郡扮演的角色。[53]若拉長時間軸，在十七世紀末清帝國接掌臺灣後，依高拱乾《臺灣府志》的記載，打猫、猫勝剌、阿里山的整併案例僅部分成功；《府志》中雖不見猫勝剌，但在規制與賦役的分類下，打猫與阿里山仍為各自獨立的單位[54]，看來前述1656年東印度公司地方會議的記載——「打猫與阿里山」僅是帳面上的合稱。不過，官方郵傳據點，過了諸羅山舖後，往北10里即打猫舖，再往北行90里抵他里霧舖，之後每加5里、10里、10里、15里、30里、20里、30里，依序可抵猴悶、柴裏、草埔、西螺、埔薑林、小岡、大武郡等舖，然後再加40里、20里，先後可抵大肚溪與半

---

52 *DZIII*, pp. 464, 467-468；江樹生（譯註），《熱蘭遮城日誌（三）》，頁442、445。

53 Leonard Blussé et al., eds., *Formosan Encounter*, Vol. III, p. 281.

54 〔清〕高拱乾，《臺灣府志》，頁37、158。

線等舖。[55] 此時，荷蘭時代的大突、二林不再雀屏中選。至於為採硫來臺的郁永河，自南臺灣沿陸路北上淡水時，過諸羅山社（4月8日），經打貓社、他里霧社後，宿於柴里社（4月9日），隔日過虎尾、西螺、東螺等溪，宿於大武郡社（4月10日），翌日抵半線社。[56] 看來到了十七世紀末，在官方統治者眼中，大武郡社已不輸給大突、二林等社了。

　　東印度公司的部落整併政策，是否持續不變到統治末期？我們可從1650年代後半的例子略窺端倪。以北路為例，1648年，Terragorrogo社首次派員參加地方會議，獲公司首肯，之後即成為北路地方會議的成員。[57] 1655年，Tarrogorrogo（即Terragorrogo）社因苦於農地常遭水患，向地方官Frederick Schedel要求遷至貓霧捒。[58] 雖然如此，1656年3月公司召開年北路地方會議時，Tarrogorrogo（即Terragorroys）社仍是獨立的村

---

55 〔清〕高拱乾，《臺灣府志》，頁50。此段郵傳路線，諸羅山、打貓、他里霧、猴悶、柴裏、西螺、大武郡、半線等是原住民村社。對照《府志》記載的坊里，諸羅山、打貓、他里霧、半線等在當時已有莊、社之分，代表漢人已成聚集成民莊，但沿線的猴悶、柴裏、西螺、大武郡等則有社無莊。同前註，頁27-28。不過，郵傳路線大多依賴途中的原住民村社。編於十九世紀初的《彰化縣志》，即明載他里霧、猴悶、柴裏、西螺、大武郡、半線等舖都位於番社，僅打貓舖位打貓街，埔舖（即埔薑林舖）與小岡舖分別位東螺社南、北，大肚舖則在大肚溪墘。〔清〕周璽，《彰化縣志》（臺北：臺灣銀行經濟研究室，1962），頁43-44。

56 〔清〕郁永河，《裨海紀遊》（臺北：臺灣銀行經濟研究室，1959），頁18-19。

57 *DZIII*, pp. 10, 105, 185, 312, 475；江樹生（譯註），《熱蘭遮城日誌（三）》，頁10、110、189、302、453。

58 *DZIII*, p. 464；江樹生（譯註），《熱蘭遮城日誌（三）》，頁442。

社單位，有指派的頭人。[59]至於臺南一帶，位於目加溜灣與大武壠兩社之間的大離蚌（Terrijverrrijvagangh）社，是個約20戶人家的小社，與噍吧哖社同為自大武壠社下遷的人群，以參與荷蘭人在目加溜灣社的學校教育。[60] 1656年3月，藉由通譯Tabare的穿針引線，大離蚌社參加北路地方會議；東印度公司以其村社規模持續擴大為由，任命部落長老Dorap Covol為該社頭人，卻未聞公司要求該部落併入鄰近的目加溜灣社，反而讓其與大武壠社一起成為收容南路塔樓社移出社民之處，人口因而得以繼續增長。翌年6月，公司讓大離蚌社與大武壠社一起出贌，但未將其併回大武壠社，也未併入目加溜灣社。[61]到了1661年，有不少大離蚌人和噍吧哖人（Tameniër）因地震避難，私下遷往大龜佛（Tackepoulangh）社，傳聞加入叛離荷蘭人的勢力。[62]

七、小結

臺灣作為荷蘭東印度公司轄下第一個大型殖民地[63]，或後世

---

59 *DZIV*, p. 15；江樹生（譯註），《熱蘭遮城日誌（四）》，頁15。

60 Leonard Blussé et al., eds., *Formosan Encounter*, Vol. IV, 430. 另請參考翁佳音對荷蘭時期大離蚌社、噍吧哖社的考證與討論。翁佳音，〈初次噍吧哖事件——文獻再解析的必要〉，《原住民族文獻》22（2015），頁42-43。

61 *DZIV*, pp. 11, 168, 170, 176；江樹生（譯註），《熱蘭遮城日誌（四）》，頁9、198、201、209。

62 *DZIV*, pp. 325, 326, 329；江樹生（譯註），《熱蘭遮城日誌（四）》，頁385、387、390。

63 Jur van Goor, *De Nederlandse koloniën*, pp. 108-109.

荷蘭史家所說的海外地域型國家（territorial republic）之企圖[64]，在缺乏「藍圖」可依循的前提下，荷蘭人的空間治理（spatial governance）不一定能全盤事前規畫，而多少有且戰且走、甚至誤打誤撞的性質在內。東印度公司對散住本島各地的原住民村社，係將其分為山區、平地兩大區塊，以放置在領地控管脈絡下統治；山區部分——特別是位於南路、影響前後山交通往來的村社，係採半強制、半鼓勵的策略將之下遷平地。平地方面，公司則維持較嚴屬的控管，所以從1648年南路地方會議開始，公司每年都在會議上向全體代表訓示：山區民眾可自由遷徙至平地居住，但平地居民未獲許可，不能任意搬遷。[65]當部落搬遷係移入其他村社時，則牽涉到部落的整併。

　　站在公司的立場，部落整併不外乎宗教與行政統治兩個因素。宗教方面，主要顧及宣教工作的成本，讓公司有限的神職人員或學校教師能盡量照顧到眾人，其中隱藏有上帝旨意下的福音傳播需有經濟考量的思維。行政統治方面，是在1644年東印度公司奠定以村社為基礎的殖民地統治理念後，為顧及貢稅徵收、人力掌握等因素，而調整村社規模，以利荷蘭人控管。整併多以併入親荷部落為前提，新港與放索即為例證；但整併的方向，多會參酌土著長老的意見或原有的跨部落關係，但仍可見少數例外，以大武郡社為核心的整併即為例證。

64　Ernst van Veen, "How the Dutch Ran a Seventeenth-Century Colony," pp. 70-71, 77n57.

65　*DZIII*, pp. 20, 106, 115, 186, 313, 476；江樹生（譯註），《熱蘭遮城日誌（三）》，頁20、110-111、119、190、303、454；*DZIV*, pp. 15-16；江樹生（譯註），《熱蘭遮城日誌（四）》，頁16。

　　部落整併後的村社首長職，涉及原有部落的權力分配問題，亦即牽動了荷蘭人的殖民地底層結構。以北路大武郡社或打猫社為核心的部落整併為例，東印度公司傾向於讓整併雙方都有族人擔任新部落首長一段時日，以謀求原籍的代表性，維持以村社為基礎的原住民統治。荷蘭人的做法相當彈性，甚至可以讓人口懸殊的雙方，都各有一名代表，大武郡的整併即為一例。另一方面，部落整併也讓殖民地底層的村社達到一定規模；仍以大武郡為例，村社規模的擴大，雖無法立即改變其在周遭部落中的地位，長期來看卻發生了一定的影響。

　　整體而言，荷蘭東印度公司的部落整併，縱使在做法上依循原有社會網絡與族人的意願，也僅在南北路的平原地區有較顯著的進展。除了前述的大武郡等社外，最著名的案例應為屏東平原的「鳳山八社」，以及臺南一帶的大目降社併入新港社。不過，隨著荷蘭人的統治步入尾聲，1650年代後半已形同蛇尾。此時，規模大小不一的部落仍能維持主體，甚至傳聞加入叛離荷蘭人的勢力，臺南一帶的Terrijverrrijvagangh社即為顯例。

第四章

親王旗與藤杖
——殖民統治與土著挪用

一、前言

　　殖民地或殖民政權的建立，一般多依循異文化接觸、武力征伐與權力鞏固等不同階段；其中，殖民者往往憑藉其優勢科技、相對團結的社會組織運作，及對文化符號的優勢操控等因素，擊敗殖民地人民的初期反抗，達成殖民地統治的目的。[1]之後，殖民者即透過統治制度的設立，鞏固殖民地政權。因此，統治制度係如何運作，即為討論、研究殖民統治的一核心議題。[2]

　　十七世紀荷蘭東印度公司對臺灣原住民統治方式的研究中，從制度面角度切入者，常碰觸的議題有地方會議、村社首長制、村社戶口調查、年貢制度及贌社制度等。[3]以地方會議為例，有從

1　Jürgen Osterhammel, *Colonialism*, pp. 42, 45.

2　Partha Chatterjee, *The Nation and Its Fragments*, pp. 14-16.

3　康培德，《臺灣原住民史》，頁113-218。其他泛論性著作，也請參考村上直次郎，〈荷蘭人的番社教化〉，頁23-39；曹永和，《臺灣早期歷史研究》，頁

公司於 1644 年舉辦的北路地方會議為例，討論公司如何透過公眾展演（public performance）方式，進行近世初期社會的殖民統治[4]；及此一制度的來龍去脈和演變。[5]村社首長制部分，有討論臺灣長官在地方會議中派任原住民村社首長的原則，及此一職掌在公司統治中扮演的角色。繼而探索首長一職對原住民村社層級政治體制的權力組成，兩性社會權力地位的起落，及跨村社政治精英集體經驗的形塑等三方面的影響[6]；相關研究並以此為例，進一步從歐洲文明化演進過程此一歷史脈絡詮釋公司的殖民統治。[7]村社戶口調查部分，則從公司現存 6 個年度對原住民村社進行的戶口調查資料，討論村社戶口調查與殖民統治間的關聯[8]；或以 1655 年東部地方會議資料，討論公司針對原住民統治而舉辦的年度地方會議。[9]年貢制度部分，以討論公司在承認原住民村社所轄領地的基礎上，如何透過制度本身建立起如歐洲封建體系下的屬民、藩屬統治關係。[10]贌社制度部分，以討論制度本身的成立過程及

37-38、41-42、60-62。

4　Tonio Andrade, "Political Spectacle and Colonial Rule," pp. 57-93.

5　翁佳音，〈地方會議、贌社與王田〉，頁 263-265；康培德，〈荷蘭時代村落頭人制的設立與西拉雅社會權力結構的轉變〉，《臺灣史蹟》36（2000），頁 119-122；鄭維中，《荷蘭時代的臺灣社會》，頁 24-32。

6　康培德，〈荷蘭時代村落頭人制的設立與西拉雅社會權力結構的轉變〉，頁 118-135。

7　鄭維中，《荷蘭時代的臺灣社會》，頁 75-131。

8　中村孝志，〈村落戶口調查所見的荷蘭之臺灣原住民族統治〉，收於氏著《荷蘭時代臺灣史研究下卷》，頁 39-55。

9　中村孝志，〈一六五五年的臺灣東部地方集會〉，收於氏著《荷蘭時代臺灣史研究下卷》，頁 57-70。

10　韓家寶，《荷蘭時代臺灣的經濟、土地與稅務》（臺北：播種者文化，

實施經驗為主。[11]

　　但制度的運作，需上位統治者與被統治者間的互動、搭配，方能落實殖民統治；其中，具體現象如來自殖民或被殖民人群的中介者角色，抽象者如文化符號係如何解讀、操控，則為進一步了解、分析殖民統治時需討論的議題。[12]前述十七世紀相關研究部分，前者如處理荷蘭改革宗宣教師在東印度公司殖民統治中扮演的角色[13]；後者如討論荷蘭人如何透過地方會議中進行的儀式、排場等文化象徵的展演，塑造臺灣長官及所屬人員的權威，並強調其高於一般原住民與唐人的位階關係。[14]及荷蘭人如何以貨品實物，透過供應、交換與贈予的互動過程，對政治結盟立場不同的原住民村社展現彼此在權力位階及親疏關係上的差異。[15]

　　本章即立足於此一研究脈絡，以東印度公司頒授予歸順原住民的親王旗、藤杖，討論荷蘭人如何藉由象徵物對原住民進行殖民統治，以及在此一異文化互動過程中，位於底層的被統治者，如何以自身主體的立場，挪用（appropriate）荷蘭統治者象徵物的原意。

2002），頁77-82、184、186。

11　翁佳音，〈地方會議、贌社與王田〉，頁266-269。

12　Jean Comaroff and John Comaroff, *Of Revelation and Revolution*, pp. 19-32; Jürgen Osterhammel, *Colonialism*, pp. 64-65, 95-104.

13　Leonard Blussé, "Retribution and Remorse," pp. 153-182.

14　Tonio Andrade, "Political Spectacle and Colonial Rule," pp. 57-93.

15　康培德，《殖民接觸與帝國邊陲》，頁116-127。

二、親王旗與原住民統治

親王旗（*prinsvlag*），係由橙、白、藍等三色橫條組成的旗幟，代表在威廉親王（*Willem II van Oranje*）領導下的「低地國聯省共和國」（*Republiek der Zeven Verenigde Nederlanden*）——即荷蘭此一國家的象徵。換句話說，親王旗豎立之處，代表荷蘭國家主權的所在。

1602年，荷蘭東印度公司正式成立，在荷蘭國家議會授權下，除了享有獨占好望角以東、麥哲倫海峽以西地區貿易活動的權利外，並可以代表荷蘭政府在當地宣戰、媾和、訂約、占地、築堡等。親王旗，即於1620年代隨公司足跡漂洋過海來到臺灣。

對荷蘭人而言，親王旗在臺灣，除了作為標示東印度公司船艦、建築、雇員所在地的主權象徵外，亦可視為在此一新近獲得之殖民地上辨識敵我的標示。早期，親王旗主要用於船隻的標幟；1620年代，在東印度公司尚未打開對華貿易管道時，臺灣長官宋克（Martinus Sonck）、司令官 Gerrit Fredericksen de Witt 等，已曾先後雇用顏思齊（Pedro China）、鄭芝龍（Iquan）的唐船，懸掛著親王旗，替公司搶掠唐商船隻。之後，隨著公司對華貿易的穩定，此時來往大員或航行於臺灣沿海、不屬公司財產所有的船隻——特別是前來貿易的唐船，如果懸掛親王旗，則代表對公司的歸順、服從公司的規定，並繳納一定的賦稅。[16] 不過，

---

16 *DZI*, p. 99；*DZII*, pp. 264-266, 279, 284, 390；江樹生（譯註），《熱蘭遮城日誌（一）》，頁96；《熱蘭遮城日誌（二）》，頁279-280、294、299、414；曹永和，《臺灣早期歷史研究》，頁33-37、178、219-220。

親王旗作為公司的主權象徵，亦曾被他人冒名使用，圖謀其利；1647年5月，當公司在臺勢力逐漸達到顛峰之際，即發生五艘掛親王旗的海盜船前往澎湖群島搶掠20頭牛隻的事件。[17]

在東印度公司逐漸涉入島上事務、與原住民的接觸亦日益頻繁之際，公司開始以親王旗作為辨識敵友、和談交涉之用。1636年6月，公司出兵征伐小琉球原住民，帶隊士官Cornelis van Daelen即以是否攜帶親王旗辨識隨隊的原住民，以免與敵對的小琉球原住民混淆。[18] 1638年12月，公司發動第二次虎尾壠征伐戰役，兵臨城下的虎尾壠社，即由長老的兒子手執親王旗，在公司先前派往虎尾壠社的唐人及下席商務員Johannes van den Eynden陪同下，前往荷方陣營交涉。[19] 1642年9月，戰地指揮官Johannes Lamotius率軍自雞籠要塞出發，探察前往蘭陽平原的路徑。當部隊來到澳底（Batang）時，居民即帶著從三貂社拿來的親王旗表示歡迎，並提供飯與鹹魚；而剛歸順公司的三貂人，之所以能提供荷蘭人有關蘭陽平原Tarochian河最下游村社係荷蘭人盟友的情報，即因當地原住民持有親王旗。[20]

當東印度公司的統治地域日漸擴張，且將原住民村社一一納入轄下時，親王旗也隨著公司的影響力而擴散到島內各地。親王旗的持有，象徵原住民村社對公司的臣屬。透過親王旗的使用，公司藉以規範歸順原住民村社的互動方式；其要項，原住民村社與公司簽訂的條約記載最為清楚。

17　*DZII*, p. 573；江樹生（譯註），《熱蘭遮城日誌（二）》，頁639。

18　Leonard Blussé et al., eds., *Formosan Encounter*, Vol. II, pp. 81, 82.

19　*DZI*, p. 445；江樹生（譯註），《熱蘭遮城日誌（一）》，頁418。

20　*DZII*, pp. 26, 27；江樹生（譯註），《熱蘭遮城日誌（二）》，頁26、28。

　　1635年12月3日，臺灣長官普特曼與麻豆社人簽訂停戰和約；此一麻豆條約，成為日後東印度公司與歸順原住民村社訂約的範本。[21]約中，明載村社的四處主要集會所，需每3個月輪流一次張掛親王旗，並作為該社首長、長老集合的地方。[22]

　　對原住民村社而言，集會所原本就是成年男性的聚集處，村中的公共議題、武力操練等，也多在集會所前舉行；另一方面，一個村社係由數個共居親屬群組成，每個集會所則由關係親近的群體共享。[23]對荷蘭人來說，原住民村社張掛親王旗，代表該社已在公司統轄下，隸屬荷蘭國家主權所有。此一運作方式，除了代表公司嘗試吸納村社的公共政治領域空間成為統治的底層結構，也一併嘗試打破原以關係親近群體為主的集會所歸屬，而將同一村社、但分屬不同關係群體的頭人、長老，轉化為對公司主權象徵的認同。

21　Tonio Andrade, *Commerce, Culture, and Conflict.* Ph.D. Dissertation（Yale University, 2000）, p. 144；鄭維中，《荷蘭時代的臺灣社會》，頁87-88。

22　William M. Campbell, *Formosa under the Dutch*, pp. 119-120；郭輝（翻譯），《巴達維亞城日記》，頁151-152；村上直次郎（譯注）、中村孝志（校注），《バタヴィア城日誌（二）》，頁236-238；John R. Shepherd, *Statecraft and Political Economy on the Taiwan Frontier*, p. 54；鄭維中，《荷蘭時代的臺灣社會》，頁88-90。

23　William M. Campbell, *Formosa under the Dutch*, p. 20；G.C. Molewijk, ed., *'t Verwaerloosde Formosa: ofwaerachtig verhael, hoedanigh door verwaerloosinge der Nederlanders in Oost-Indien, het Eylant Formosa, van den Chinesen Mandorijn, ende Zeeroover Coxinja, overrompelt, vermeestert ende ontweldight is geworden*（Zutphen: Walburg Pres, 1991）, p. 53; Peter Kang, "A brief note on the possible factors contributing to the large village size of the Siraya in the early seventeenth century," pp. 120-122.

　　公司除了透過親王旗強調主權象徵，也藉由行動實踐其至高無上的權力，如麻豆條約即要求歸順的村社，一旦公司派遣攜帶親王旗的使者來通知出席，長老即應迅速前往新港或熱蘭遮城集合待命。[24] 1642年11月，原為支援Hendrick Harroussé征討雞籠要塞西班牙人而率軍北上的戰地指揮官Johannes Lamotius，在與歸順原住民訂定的合約第三條中，曾明載：當有人拿一面加蓋印章、記號的親王旗（*een prince vlagge met een siap ofte merck*）來到村社時，長老（*outsten*）必須迅速前往雞籠要塞聆聽命令。[25] 1643年1月，留駐北臺灣的Thomas Pedel中尉，也在淡水要塞日誌中提到：通譯Cornelis de Smith來淡水要塞報告，已要求雞籠

24　William M. Campbell, *Formosa under the Dutch*, pp. 119-120；郭輝（翻譯），《巴達維亞城日記》，頁151-152；村上直次郎（譯注）、中村孝志（校注），《バタヴィア城日誌（二）》，頁236-238；John R. Shepherd, *Statecraft and Political Economy on the Taiwan Frontier*, p. 54；鄭維中，《荷蘭時代的臺灣社會》，頁88-90。

25　Leonard Blussé et al., eds., *Formosan Encounter*, Vol. II, pp. 325, 326. 因東印度公司對原住民社會組織掌握程度不一，原住民頭銜稱謂較易造成混亂，而難有適切的翻譯。本文係參照鄭維中的界定，再依相關著作的慣用譯法略作修正。見鄭維中，《荷蘭時代的臺灣社會》，頁77-79、88-89、93、104、104註43、110、114-116。如以1635年12月東印度公司與麻豆社締結條約的文字內容判斷，村社內部原本就有一群約定俗成的「長老」（*outsten*）；約定俗成的長老群，稱為「長者」（*ouden*），以強調其非正式的性質；未正式與東印度公司締約前的村社統治者（*overste*），稱「頭人」（*hoofden*）或「要人」（*principaelste*）。締約後，公司由村社推選名單中遴選「首長」（*hoofden、overhoofden、opperhoofden、oppersten*）；但是，公司還是會稱「首長」為「長老」（*outste*）、「首領」（*bevelhebber*）或統治者（*overste*）。其中，*hoofd(en)*譯為「頭人」或「首長」，端視當事人是否為公司遴選、派任。

附近四社頭目（*principaelste hoofden*）攜帶親王旗前往雞籠要塞的 Hendrick Harroussé 處，並依條款每 3 個月報到一次[26]；淡水要塞對岸的八里坌（Kipandan）社首長（*opperhooft*），在獲贈一艘獨木舟後，甚至答應只要一看見淡水要塞的親王旗招呼，即渡河報到。[27] 1666 年，重返北臺灣駐地的東印度公司，與東寧國在雞籠開戰前的外交談判斡旋中，即以北臺灣住民長老一直保有著象徵東印度公司權威的親王旗，代表住民主動歸順公司並受其保護，認為當地屬於其領域。[28]

三、原住民眼中的親王旗

原住民與東印度公司接觸的初期，對親王旗的反應為何？以北臺灣為例，1642 年 8 月，公司攻克西班牙人駐防的雞籠要塞後；10 月，鄰近的 Kimaurij 社、三貂社；11 月，淡水要塞對岸的 5 社、淡水河沿岸的武勝灣（Ponorouan）社，北海岸的林仔社（Senaer）人；12 月，基隆河上游的里族等社，都先後歸順公司，並獲授親王旗。不過，公司隨即發現有些村社的頭目僅熱中於領取親王旗，卻未依約前往要塞獻地，完成歸順儀式。[29]

---

26 *DZII*, p. 113；江樹生（譯註），《熱蘭遮城日誌（二）》，頁 110。

27 *DZII*, p. 114；江樹生（譯註），《熱蘭遮城日誌（二）》，頁 111。

28 康培德，〈北臺雙東（東寧與東印度公司）對峙下的臺灣原住民〉，《季風亞洲研究》1 卷 1 期（2015），頁 43。

29 *DZII*, pp. 33-34, 43, 95, 97, 100-102, 108; Leonard Blussé et al., eds., *Formosan Encounter*, Vol. II, p. 309；江樹生（譯註），《熱蘭遮城日誌（二）》，頁 34, 43, 91-92, 94, 98-99, 104-105。

Johannes Lamotius 在 9 月的淡水、雞籠日誌即提到：Kimaurij、Tapparij、三貂、哆囉美遠、Torockjam 等社統治者（*oversten*）前來獻地，並接受宣讀的歸順條款。但之後，Lamotius 必須滿足訪客的要求——即每人發給一面親王旗，不然無法遣送他們回去。[30] 同年 11 月，當荷蘭人缺乏縫製親王旗的紅色布料時，位於基隆河岸的麻里即吼（Madamadou）社人甚至於要求以小張執照（*brieffjens*）代替一面親王旗。[31]

原住民為何如此熱中於取得象徵東印度公司殖民統治的親王旗？是心悅誠服於武力強大的荷蘭人？還是也把親王旗當作與荷蘭人結盟的象徵？Thomas Pedel 中尉於 1642 年 12 月的基隆河上游巡視日誌中，倒是提供一點線索。當時，Pedel 中尉基於淡水要塞的竹材、駐防人員的糧秣，及鞏固歸順村社勢力等目的，親自上溯基隆河，探訪沿岸的原住民村社，並召見村社要人以傳達公司政令。途中，搭搭攸（Cattia）社統治者（*oversten*）Ilis、Irappa，Cibocan 社統治者 Perremoch、Tamsuy，甚至基隆河沿岸的強人——里族社冰冷（Penap）[32]，都表示先前是因為害怕荷蘭人對他們發怒，才前往雞籠要塞領取親王旗；其中，麻里即吼

30　*DZII*, p. 23；江樹生（譯註），《熱蘭遮城日誌（二）》，頁 23。

31　*DZII*, p. 97；江樹生（譯註），《熱蘭遮城日誌（二）》，頁 94-95。

32　翁佳音，《大臺北古地圖考釋》，頁 37 註 31；康培德，〈十七世紀上半的馬賽人〉，頁 23 註 118。另，Penap 譯作「冰冷」，與《重修福建臺灣府志》記錄中 1699 年（康熙三十八年）年提及淡水內北投社的土官「冰冷」同名，係巧妙比附，兩者之間並無直接關聯。參考〔清〕劉良璧，《重修福建臺灣府志》，1740，臺灣文獻叢刊第 74 種（臺北：臺灣銀行經濟研究室，1961），頁 472-473。

（Malotserouan）社的統治者Tackaway，還因害怕雨水淋壞親王旗，而將它放置在袋子裡隨身攜帶。[33]換句話說，原住民在面臨公司突如其來的武力衝擊時，係採取持有親王旗的策略，以避開兵災。這種做法，反映原住民已將殖民統治的象徵，轉化為救贖避難的工具、圖騰。[34]

四、藤杖與與原住民統治

如同親王旗正式進入原住民村社的公共政治領域空間，是1635年底公司對臺灣西南平原原住民村社的武力征伐之後；藤杖，此一與原住民村社首長的派任息息相關的權力信物，也是在同一時期進入原住民社會。

1636年2月22日，公司針對甫歸順原住民召開首屆村社會議。臺灣長官普特曼在會中規定，每社需依人口多寡推選1至3

---

33 *DZII*, pp. 102-103, 105-107; Leonard Blussé et al., eds., *Formosan Encounter*, Vol. II, p. 343；江樹生（譯註），《熱蘭遮城日誌（二）》，頁99-103。

34 殖民地住民把荷蘭旗幟作為提供保護的圖騰，在之後的荷屬東印度群島亦有案例。十九世紀中葉，蘇門答臘北部的Deli蘇丹，為了爭脫來自亞齊（Aceh）的統治，向荷蘭殖民地官員尋求保護；此時，雙方主要係透過簽約儀式即算達成協議。不過，簽完約後，Deli蘇丹向荷蘭殖民地官員要求一面荷蘭旗，讓他可向敵人展示他已有荷蘭人的保護。殖民地官員給Deli蘇丹荷蘭旗的同時，告誡他得擔保不可讓旗幟受辱。蘇丹即大聲回覆：他終其一生都不會和這面旗幟分離，會將它插在自己的座船上。Deli蘇丹離去時，該荷蘭旗即高掛在其座船的主桅頂端。Tine G. Ruiter, "Dutch and Indigenous Images in Colonial North Sumatra," in Michael Hitchcock and Victor T. King (eds.), *Images of Malay-Indonesian Identity* (Kuala Lumpur: Oxford University Press, 1997), pp. 127-128.

名的頭人（hooffden）與首領（bevelhebbers）。獲選的人，每位可以得到一襲遮身用的黑絨布袍（swarten fluwelen rock）及一根藤杖[35]，這就是村社首長制的濫觴。[36]

公司派令下的村社首長，主要任務是協助公司的統治。在公司統治力最為強盛的1650年前後，首長的工作項目包括維持所屬村社的秩序與和平、督促族人上教會與接受學校教育、向族人徵收米糧以供給公司派令的原住民教師生活所需、誘導尚未歸順的村社與公司締約，及逮捕未帶贌商銀牌從事村社貿易的唐商，或舉發未具人頭稅單的唐人等。[37]藤杖，則是村社首長的地位象徵。

對荷蘭人來說，布袍的發放，帶有希望原住民──特別是握有村社行政權的人──在身體衣著外觀上，能夠朝向或仿效歐洲文明樣式的味道。[38]不過，將布袍的發放，作為任命村社首長配

35　Leonard Blussé et al., eds., *Formosan Encounter*, Vol. II, pp. 36, 37; William M. Campbell, *Formosa under the Dutch*, p. 122.

36　William M. Campbell, *Formosa under the Dutch*, pp. 130-131. 有關村社會議如何演變成一年一度的地方會議，及其與村社首長派任間的關係，請參考其他相關研究。見翁佳音，〈地方會議、贌社與王田〉，頁263-266；康培德，〈荷蘭時代村落頭人制的設立與西拉雅社會權力結構的轉變〉，頁121-128；鄭維中，《荷蘭時代的臺灣社會》，頁24-32。

37　*DZIII*, pp. 105-106；江樹生（譯註），《熱蘭遮城日誌（三）》，頁110。1644至1648年間，村社首長尚需協助公司向該社族人徵收年貢；隨著年貢制度於1648年廢止，該工作亦隨之結束。

38　文明型式與殖民統治之另一例，可在1640年代末期，當荷蘭人在臺殖民勢力逐漸邁向巔峰之際，接觸新教教義最久的新港人，即以週日作禮拜時穿著荷蘭式服裝為時尚，自發性地將歐洲文明型式逐步內化至其生活領域一窺究竟。見William M. Campbell, *Formosa under the Dutch*, p. 232. 有關原住民服

套要件的實施時間並不長。1636年，首屆村社會議實施之際，公司即因絨袍需用紅絨布（*root flueel*）製作的緣故而有所拖延，而於會後一個月才將絨袍送到新港社給尤紐斯（Robertus Junius）牧師代為轉發村社首長。[39] 遮身用布袍與藤杖的第二次公開發放，係1641年11月6日公司於赤崁辦理第二屆村社會議時；當時，42社派代表參加，每人得一根藤杖（*Japanse rotting*）及一襲遮身用的黑緞布袍（*zwart satijnen rok*）。[40] 1644年3月15日，第三屆村社會議召開，公司將會議分為北路、南路二地方會議，分別由赤崁以北、赤崁以南的村社與會；會中決議不再發放遮身用的布袍，僅給村社首長藤杖。[41] 自此，藤杖成為村社首長的唯一物質象徵。

　　就東印度公司的立場來看，如果親王旗代表公司對歸順原住民村社的統治象徵，遮身用的布袍，則帶有對原住民身體外觀文明化規訓的味道。至於藤杖，除了作為個人歸順東印度公司的臣服象徵外，尚代表公司交付村社行政權的意義。1643年初，基隆河沿岸的里族社頭目冰冷率眾前往淡水要塞、會見中尉 Thomas Pedel 時，親王旗即為其隨身信物，代表歸順公司主權之

裝變化、身體裝扮與殖民情境下社經位階、權力運作關係的討論，見 Henrietta Harrison, "Clothing and Power on the Periphery of Empire: The Costumes of the Indigenous People of Taiwan," *Positions* 11.2（2003）, pp. 331-360。

39　Leonard Blussé et al., eds., *Formosan Encounter*, Vol. II, pp. 41, 42.

40　*DZII*, p. 6; Leonard Blussé et al., eds., *Formosan Encounter*, Vol. II, p. 273；江樹生（譯註），《熱蘭遮城日誌（二）》，頁6。

41　*DZII*, p. 235；江樹生（譯註），《熱蘭遮城日誌（二）》，頁245。

意;而冰冷在處理村社內部事務時,則以持握藤杖,代表行使行政權力的正當性。[42]

　　除了在地方會議中由臺灣長官發放藤杖外,東印度公司也會基於政治考量,而在與原住民村社結盟時直接頒授,或透過駐地人員發給當地要人,甚至在地方會議結束後補發給缺席的村社代表,以鞏固公司的在地影響力。1644年5月底,放索社東南方的Touckassiley社頭人(hooft)Caroboangh向公司表示歸順之意;因該年度的南路地方會議已於4月19日舉行,Caroboangh遂立即得到一根飾有銀扣的藤杖。[43]同年5月,公司為進行東臺灣後山的探金活動,從Kimaurij社頭人Theodoor Hermano處探得噶瑪蘭村社的訊息——如蘭陽平原沿海地區的淇武蘭(Kibanorra)、奇武荖(Kimabolauw)、奇立板(Kakitapaen)等社的武力與長老(outsten)名單[44];為此,臺灣議會臨時議長麥爾在大員親自款待Theodoor,並授予藤杖,作為肯定其首領地位(bevelhebberschap)的象徵。[45] 1646年5月,下士Natan van den Bergen率12名士兵北上竹塹地區,以處理加至閣(Kalican)社案件時,奉命在途經虎尾壠社時,將10根藤杖交給范布鍊牧

---

42 *DZII*, pp. 117, 119-120;江樹生(譯註),《熱蘭遮城日誌(二)》,頁114、118。

43 *DZII*, p. 266; Leonard Blussé et al., eds., *Formosan Encounter*, Vol. II, p. 451;江樹生(譯註),《熱蘭遮城日誌(二)》,頁280。

44 *DZII*, pp. 260-261;江樹生(譯註),《熱蘭遮城日誌(二)》,頁273-275;郭輝(翻譯),《巴達維亞城日記》,頁415-416;村上直次郎(譯注)、中村孝志(校注),《バタヴィア城日誌(二)》,頁282-283。

45 Leonard Blussé et al., eds., *Formosan Encounter*, Vol. II, pp. 438, 439.

師，讓其以公司名義交給在2月底北路地方會議開會時缺席、但理由充足的長老。[46] 月底，公司又送4根有銀飾的藤杖給後山卑南駐地的下士Jan Jansz. van den Bergh；一根以公司名義交給來結盟的Sipien社，其他則預留在需要時使用。其後，當大南（Terroma）社來卑南向公司駐地人員繳納22張水鹿皮，並承諾和平時，駐地人員頒予其長老一根藤杖。[47] 1648年5月中，大武山區的力里（Tarrididick）、士文（Suffungh）、大狗（Tuacau）、董滴（Sangdi）等社頭人來大員，向公司解釋先前與公司盟社為敵的原因，並請求與公司和好；事後，公司除餽贈棉布（cangan）給4位長老外，還發給每人一根藤杖，並另補一根給董滴社長老帶回給另一名長老，因為後者的藤杖已於意外中燒毀。[48]

由於藤杖係個人持有，且伴隨公司賦予的權力與交付的任務，所以比起親王旗更為原住民長老重視。1643年1月，中尉Thomas Pedel的淡水要塞日誌提到：八里坌社的首長總是隨身攜帶贈自Johannes Lamotius的一根藤杖，且視之如寶。[49] 從殖民統治的角度而言，親王旗的功能既傾向於辨識敵我，因此多用於判定當事人是否歸順公司；藤杖，則因長老重視它的附加意義，反而使荷蘭人的勢力更易於滲入當地社會，這一點可以由獲頒藤

46　*DZII*, pp. 493, 494-495；江樹生（譯註），《熱蘭遮城日誌（二）》，頁530、533。

47　*DZII*, pp. 501-502, 511；江樹生（譯註），《熱蘭遮城日誌（二）》，頁542、557。

48　*DZIII*, p. 42；江樹生（譯註），《熱蘭遮城日誌（三）》，頁44。

49　*DZII*, p. 114；江樹生（譯註），《熱蘭遮城日誌（二）》，頁111。

杖的村社首長如何賣力執行公司交付任務一事窺知究竟。1647
年，蘭陽平原的噶瑪蘭村社發生內戰，當時除了持有藤杖的八
個村社依規定向雞籠要塞納貢外，其餘村社對繳納年貢一事皆
不予理會。[50]也因為如此，當原住民與公司反目時，藤杖也往往
成為原住民與荷蘭人關係的聚焦點，如1646年，位於花蓮立霧
溪口，先前已歸順公司的哆囉滿（Torrobouan）社傳出抗貢，長
老Terribo因此退還公司頒授的藤杖，公司派駐的士兵也只能無
奈離去。[51]1648年初，位於秀姑巒溪口的芝舞蘭（Soupra）社加
入荷蘭人的敵對勢力，族人因此砍斷公司藤杖，威脅駐在掃叭
（Sapat）社的荷蘭人；為此，士官Jan Jansz還帶10名士兵、250
名卑南人去掃叭社調查。[52]

　　由於藤杖具有上述的附加意義，因此東印度公司對藤杖有特
定的規範。公司於每年一度的地方會議中派任村社首長時，都會
一再強調藤杖的使用規則，同時提醒與會代表：藤杖的持有年限
與村社首長任期一樣，都是一年，必須於下次地方會議舉行時繳
回；若因故無法出席，也必須派人帶藤杖前來與會，並解釋缺席
的理由。此外，藤杖不得轉借他人，也不能讓他人用來處理事
務，或拿來展示威風。首長本人必須親自持有藤杖，不可遺失或
失竊，因為公司頒予的藤杖代表威望，不該流為粗俗。首長若於
任期中生病、去世，必須將藤杖還給荷蘭人。[53]透過藤杖的使用

50　*DZII*, p. 572；江樹生（譯註），《熱蘭遮城日誌（二）》，頁637。

51　Leonard Blussé et al., eds., *Formosan Encounter*, Vol. III, pp. 101-104.

52　*DZIII*, p. 2；江樹生（譯註），《熱蘭遮城日誌（三）》，頁2。

53　*DZII*, pp. 469-472; *DZIII*, pp. 105-106；江樹生（譯註），《熱蘭遮城日誌
　　（二）》，頁497-500；江樹生（譯註），《熱蘭遮城日誌（三）》，頁110。

規範，東印度公司強調村社首長一職的正式性，及其權力係來自公司的授予。

五、原住民眼中的藤杖

對原住民來說，藤杖除了代表取自東印度公司的權力，或象徵族人和荷蘭人的關係外，是否還有其他的意義、詮釋或運用？針對這一點，我們可以從下列幾個分散於不同地區的案例一探究竟。

1636年2月，東印度公司召開首屆村社會議，雲嘉地區的Tarokij、諸羅山等社率先歸順[54]；同年4月，又有他里霧（Dalivo）、阿里山（Jarissang）、猴悶（Tossavang）、打猫（Dovoha），及1650年併入打猫社的猫勝刺（Valaula）[55]等社，偕同到新港社向公司獻箭締和。[56]此時，雲嘉地區僅剩虎尾壠社及盟社西螺（Dovale）社與荷蘭人敵對。公司乃在1637年10月、1638年11月及1641年11月先後發動3次虎尾壠征伐戰役，重創他們的力量[57]；特別是1641年11月的戰役，公司動用了400名士兵、150名唐人、1,400名歸順原住民戰士，攻下西螺社，擊斃

---

54 William M. Campbell, *Formosa under the Dutch*, pp. 130-135.

55 猫勝刺社於1650年併入打猫社，應為於嘉義一帶。參閱康培德，《臺灣原住民史》，頁66。

56 William M. Campbell, *Formosa under the Dutch*, p. 137；郭輝（翻譯），《巴達維亞城日記》，頁180；村上直次郎（譯注）、中村孝志（校注），《バタヴィア城日誌（一）》，頁278-279。

57 Tonio Andrade, *Commerce, Culture, and Conflict*, pp. 174-183.

30 人。到了 12 月，西螺社人透過唐人代表該社，前往蕭壠社向駐地宣教師尤紐斯求和，並希望公司給予藤杖，以避免 Tarokij、諸羅山社人的迫害。[58]

　　面對同屬歸順村社的騷擾，藤杖作為族人自保的工具，特別為小村社所重視。畢竟親王旗主要代表東印度公司與村社的臣屬關係，擁有藤杖則多了一層行政權威得到確定的意義。藤杖的持有，對個人而言，代表掌握的權力高於同社其他族人；對其他村社來說，則象徵與荷蘭人的結盟關係已達到權力共享的地步。1644 年，鄒族 Lewangh 社參與北路地方會議，與會代表 Lessele、Loumas 成為該社首長。1646 年 3 月，Lewangh 附近的小社 Maurits 及轄下小社 Lijssingangh，即主動向公司要求領取藤杖。[59] 換句話說，如果代表臣服公司的親王旗已成為原住民眼中避開荷蘭人兵災的圖騰，原為公司殖民地統治底層權力象徵的藤杖，則成為原住民眼中避免社際暴力的保障。這也難怪 1646 年時，一向與公司關係友好的 Kimaurij 社頭人 Lucas Kilas，並不急於取得藤杖，而希望在舉辦地方會議時才領取；因為 Lucas 認為在其他頭人面前獲頒藤杖時，將贏得更多的尊敬與信譽（*dat het hem meerder aensiens, eere, en geloof verwecken sal*）。[60]

　　藤杖帶來的權力，不僅保護族人的社際地位，還有其他的意義。1645 年 4 月，代理地方官范勃亨途經彰化平原的大突（Dorcora）社時，由於該社長老在貓羅溪流域的貓羅（Karkar）

58　Leonard Blussé et al., eds., *Formosan Encounter*, Vol. II, pp. 275-276.

59　*DZII*, p. 550；江樹生（譯註），《熱蘭遮城日誌（二）》，頁 607-608。

60　Leonard Blussé et al., eds., *Formosan Encounter*, Vol. III, pp. 117-118.

社作惡，范勃亨乃取走該長老的藤杖，長老因此心身畏懼逃亡；為此，留駐虎尾壠社的范布鍊牧師，曾一度建議將藤杖發還當事人，以避免節外生枝造成當地動亂。5月，這位大突（Turchara）社長老Tarabaische，因貓羅社作惡事及勒索案被捕，9月判刑，10月起在虎尾壠社帶鍊服勞役。[61]

同年6月，位彰化平原海岸的馬芝遴（Dorenap）社，有2名首長以荷蘭人名義強奪大肚溪出海口南岸阿束（Asock）社的日本銀錠，同時還向其他村社強徵鹿皮。其後，一聽說范布鍊牧師將前往當地，便立即將搶奪的物資歸還原主。范布鍊牧師抵達後，以此事訓誡社眾，處理結果為大肚溪北岸大肚王與相關人員認可。事後，其中一名首長於交出藤杖後自行逃逸，聲稱不再擔任馬芝遴社首長。[62]

這二件發生在1645年上半年度的事件，可以追溯自3年來地方政治勢力的變動。1642年11月，東印度公司發動第四次虎尾壠社征伐戰役，為虎尾壠社的對抗畫下句點；該社並在翌年3月參加北路地方會議，表示歸順之意。同年，范布鍊牧師進駐虎尾壠社，打擊唐人在當地經營的貿易網絡，並將雲嘉地區納入公司的掌控。[63]

1644年9月，隊長彭恩結束對蘭陽平原噶瑪蘭村社的征伐戰役後，即於10月率軍沿今桃竹苗地區南下，征伐隊越過大甲溪、大安溪，進入以大肚臺地南麓為活動範圍的大肚王領域。

61　*DZII*, pp. 377, 385, 387, 395, 397, 422, 444；江樹生（譯註），《熱蘭遮城日誌（二）》，頁399, 408-409, 411, 419, 421, 469, 471。

62　*DZII*, p. 395；江樹生（譯註），《熱蘭遮城日誌（二）》，頁419。

63　Tonio Andrade, *Commerce, Culture, and Conflict*, pp. 185-190.

途中，公司征伐隊與原住民交火後，攻入水裡（Bodor）社，並在施行焦土攻勢後，越過大肚溪前往馬芝遴（Taurinap）社，夜宿當地。其後，征伐隊派兵對窩藏唐人私販的半線（Pasua）社施行焦土攻勢，但戰果有限。最後，征伐隊經大突（Torchia）、Sarboloo、二林、虎尾壟等社，再從笨港（Poncan）溪改循水路返抵大員。[64]

　　1645年1月，東印度公司決定打通大員至淡水、雞籠間的道路，派遣商務員凱薩、Hendrik Steen，與隊長彭恩等率領210名士兵，沿途征討與公司敵對的村社。此役，征伐隊一共摧毀13個村社，擊斃126人，活捉16名未滿十歲的兒童，原以大肚溪流域沿岸村社為主的大肚王勢力降服荷蘭人。[65]同年4月，大肚王甘仔轄（Takamacha）Aslamies與轄下的北投（Tosacq）、猫霧捒（Babosacq）、斗尾龍岸（Abouang Oost）、烏牛欄（Abouangh

---

64 *DZII*, pp. 336, 349-351; Leonard Blussé et al., eds., *Formosan Encounter*, Vol. II, pp. 478-479, 497；江樹生（譯註），《熱蘭遮城日誌（二）》，頁355、368-369；郭輝（翻譯），《巴達維亞城日記》，頁417；村上直次郎（譯注）、中村孝志（校注），《バタヴィア城日誌（二）》，頁310-311；翁佳音，〈被遺忘的臺灣原住民史——Quata（大肚番）王初考〉，收於氏著《異論臺灣史》（臺北：稻鄉，2001），頁68-69；中村孝志，〈荷蘭統治下位於臺灣中西部的QUATAONG村落〉，收於氏著《荷蘭時代臺灣史研究下卷》，頁75-77。Sarboloo為位二林、西螺間的村社。

65 *DZII*, p. 360; Leonard Blussé et al., eds., *Formosan Encounter*, Vol. II, pp. 517, 519-521；江樹生（譯註），《熱蘭遮城日誌（二）》，頁380；郭輝（翻譯），《巴達維亞城日記》，頁459、464；村上直次郎（譯注）、中村孝志（校注），《バタヴィア城日誌（二）》，頁342、349；翁佳音，〈被遺忘的臺灣原住民史〉，頁69；中村孝志，〈荷蘭統治下位於臺灣中西部的QUATAONG村落〉，頁77-78。

West）等社，及原屬轄下、後來脫離的大武郡（Tavacul），及之後併入大武郡的Terriam等社，一同參加南路地方會議，表示歸順之意。[66]至此，大肚溪流域以南的平原地區，也大多納入公司的控制。

大突與馬芝遴等2社在1645年引發的藤杖事件，若放在1642年以來地方政治變動脈絡中觀察的話，可能比較容易掌握其來龍去脈。1640年代初期，彰化平原南鄰的濁水溪南岸，是以虎尾壠社為首要地方政治勢力[67]；彰化平原北半部沿大肚溪流域的阿束、半線／柴坑仔（Baberiangh），及八卦臺地東側貓羅溪流域的南投（Tausa Talakey）、北投（Tausa Mato）和貓羅社群，則為大肚王勢力範圍。[68] 1643年，東印度公司進駐虎尾壠社；1645年初，大肚王勢力亦歸順公司，原有的地方政治勢力呈現中空狀態，僅以遠在大員要塞的公司總部馬首是瞻。此時，藤杖在手的大突、馬芝遴二社首長，趁公司擊潰大肚王勢力之

---

66 *DZII*, pp. 367-369, 374; Leonard Blussé et al., eds., *Formosan Encounter*, Vol. II, p. 530；江樹生（譯註），《熱蘭遮城日誌（二）》，頁388-390、396；郭輝（翻譯），《巴達維亞城日記》，頁466；村上直次郎（譯注）、中村孝志（校注），《バタヴィア城日誌（二）》，頁352；翁佳音，〈被遺忘的臺灣原住民史〉，頁69；中村孝志，〈荷蘭統治下位於臺灣中西部的QUATAONG村落〉，頁78-79；康培德，〈環境、空間與區域——地理學觀點下十七世紀中葉「大肚王」統治的消長〉，《臺大文史哲學報》59（2003），頁107。Tosacq為位南投、北投社一帶的村社。

67 Tonio Andrade, *Commerce, Culture, and Conflict*, pp. 147-191.

68 翁佳音，〈被遺忘的臺灣原住民史——Quata（大肚番）王初考〉，頁59-64；中村孝志，〈荷蘭統治下位於臺灣中西部的QUATAONG村落〉，頁81-86；康培德，〈環境、空間與區域〉，頁105。

際，侵擾貓羅社群與阿束社。但荷蘭人係以維持公司轄境各村社的和平共處，及獨尊公司主權為其統治理念。握有藤杖的首長，權力既來自公司，因此也需聽命於公司，權力的行使不得超過所屬村社。因此，東窗事發後，大突社首長Tarabaische因公司拿回藤杖而驚慌失措，馬芝遴社首長則乾脆棄杖逃逸。

原住民除了視藤杖為社際權力角逐的工具，村社內部的人際關係也對個人是否持有藤杖形成一股張力。藤杖原是東印度公司交付的物件，為外來的權力象徵，從族人角度而言，某一程度上即代表持有藤杖的人掌握了對外關係。此即1641、1644年公司開辦地方會議、頒授村社首長藤杖時，臺灣長官必須細心解釋藤杖是年年繳回、重新頒授，以強調藤杖持有的短促性（transience），安撫未得藤杖的與會長老。1644年6月，三貂社統治者（overste）Bolij與12名長老前來雞籠要塞，向負責人掌旗官（ensign）Hendrick Jacob Baers c.s.要求再給予一根藤杖；但因Bolij已從戰地指揮官Johannes Lamotius處獲頒藤杖，Hendrick Jacob Baers只得靜候大員的指示，婉拒其要求。[69]

藤杖作為外來權力的象徵，另有一個極端的例子，來自又稱Nakanawangh的布農族村社——大龜佛（Tackapoulangh）社。[70]大龜佛社於1644年3月21日首次派員參加地方會議；會中，Lavocaer與Tamoe獲派為該社首長。1645年起，Tamoe的首長職位改由Lacko擔任。1647年，公司發現Lacko竟然是一名在當地

69　Leonard Blussé et al., eds., *Formosan Encounter*, Vol. II, p. 441-443.

70　移川子之藏、馬淵東一，《臺灣高砂族系統所屬の研究》（臺北：臺北帝國大學土俗、人種研究室，1935），頁179。

從事買賣的唐商，但因其相當稱職，公司乃繼續派他擔任首長，直到1651年因年老而由其子Lackoma繼任首長。期間，Lacko、Lackoma父子二人因病無法參加地方會議時，竟不肯依公司規定將藤杖交由他人代拿赴會。[71]這種態度應該和公司勢力進入大龜佛社前，Lacko即負責該社對外的貿易網絡，並逐漸成為該社代表有關。當荷蘭人實施村社首長派令，並以贌社制掌握村社貿易後，公司的加持更增Lacko的影響力；因此，Lacko、Lackoma父子害怕若委託他人持藤杖赴會，一旦公司改派他人擔任首長，將失去他們在該社的影響力與地位，因而自然視藤杖如己物。

因為村社首長與荷蘭人對藤杖的規範立場不同，東印度公司立下的使用原則，即可能遭到當事人多多少少的挪作他用。Lacko父子的案例，代表外來唐商如何藉由同為外部力量象徵物的藤杖，尋求地位的加持。另一方面，原住民文化價值觀的考量，也會破壞公司的規範。

1648年，大肚王甘仔轄Aslamies去世後，依舊俗改由其姊妹之子甘仔轄Maloe繼承。但因甘仔轄Maloe年幼，大小事務皆由旁人代管。直到1655年，諸羅山（Tilaocen）地方首長Fredrick Schedel的巡視報告仍提及：Maloe的外祖母是當地握有最終實權者。[72]至於Maloe本人在1656年親自出席地方會議前，

---

71 *DZIII*, pp. 7, 181, 309；江樹生（譯註），《熱蘭遮城日誌（三）》，頁7、186、299。

72 *DZIII*, p. 463；江樹生（譯註），《熱蘭遮城日誌（三）》，頁441；康培德，〈荷蘭時代大肚王的統治與拍瀑拉族族群關係再思考〉，臺中縣文化局（編），《臺中縣開發史學術研討會論文集》（臺中：臺中縣文化局，2003），頁94。

歷屆會議多由其繼父Tarraboe代表；理應由Maloe繼承的藤杖，也由Tarraboe代為持用，並負責與公司交涉；為此，公司在每年的地方會議紀錄中都視同特例提起。[73]此為大肚社以女性為核心維持家系運作的習俗，凌駕於公司藤杖使用規範的少數特例。

六、小結

　　近世初期的原住民，係在權力不平等的架構下面對歐洲人的殖民統治，發生異文化接觸經驗。歐洲人帶來的物質文化，也反映此一不平等的互動關係。1524年，紐約港南方的法國水手為了示好，在來訪的原住民面前鳴槍致意，結果原住民訪客如遭雷擊，驚恐到全身發抖，一邊手指天空，一邊念念有詞地祈禱；1535年，來自法國St. Malo的探險家Jacques Cartier一行人在北美的Stadaconans族人面前鳴砲時，族人驚嚇到大聲嘶嚎，宛如天崩地裂[74]；十七世紀初，維吉尼亞州海岸一帶的Powhatans族人，在初訪英人舟艇時聽見火繩槍聲，立即跳船躍入水中避難。

73　*DZII*, pp. 471, 547; *DZIII*, pp. 104, 185, 312, 475；江樹生（譯註），《熱蘭遮城日誌（二）》，頁499、604；江樹生（譯註），《熱蘭遮城日誌（三）》，頁109、189、302、452。

74　Lawrence C. Wroth, *The Voyages of Giovanni da Verrazzano, 1524-1528*（New Haven: Yale University Press, 1970）, p. 137; Henry P. Biggar, *The Voyages of Jacques Cartier*（Toronto: University of Toronto Press, 1993）, pp. 134-135; Louise P. Kellogg, ed., *Early Narratives of the Northwest, 1634-1699*（New York: Charles Scribner's Sons, 1917）, pp. 46, 50, 73, 75, 77, 243; James Axtell, *Natives and Newcomers: the cultural origins of North America*（Oxford: Oxford University Press, 2001）, pp. 33-34.

而在Powhatans族人獲得足夠槍枝前，戰士出征前巫師的新任務是作法祈雨，祈望上蒼弄濕英國人的槍砲與火藥。[75] 葡萄牙人面對摩鹿加（Maluku）群島住民時，則因其金屬頭盔贏得「鐵頭」的稱謂；當地人初見其火繩槍開火的威力時，一度認為葡萄牙人能口吐烈焰置人於死。[76] 臺灣的原住民——如阿美族首次與荷蘭人接觸時，並無法相信荷蘭人對火繩槍能置人於死的宣稱；在他們來看，火繩槍充其量不過是荷蘭人行進時托置於頸肩之際的「棍棒」（...de stocken die op hals ende schouders droegen...）而已。直到彼此交戰，原住民體驗到荷蘭人的「棍棒」威力後，態度才大幅改變；此一接觸的影響之大，改變了初逢歐洲文明後，後山原住民的地域性村社集團勢力分布。[77] 1635年底，東印度公司征伐戰役成功，並擴大戰果至屏東平原等地；這些勝利，與荷蘭人在戰場上運用火繩槍、軍馬、軍鼓等物，對原住民造成鉅大的心理震撼不無關連。[78]

75　Philip L. Barbour, ed., *The Jamestown Voyages Under the First Charter, 1606-1609* (Cambridge: Hakluyt Spc. Pubs., 1969), p. 91; James Axtell, *Natives and Newcomers*, p. 241.

76　Anthony Reid, *Charting the Shape of Early Modern Southeast Asia* (Chiang Mai: Silkworm, 1999), pp. 164-165.

77　康培德，《殖民接觸與帝國邊陲》，頁109-115、126-127。

78　William M. Campbell, *Formosa under the Dutch*, pp. 123-124；John R. Shepherd, *Statecraft and Political Economy on the Taiwan Frontie*, p. 53. , *1600-1800*, p. 53. 如1641年東印度公司征討西螺社時，出動15了名騎兵，初見馬匹的西螺人誤以荷蘭人出動掠食猛獸（*verslindende dieren*），嚇得魂不附體。見Leonard Blussé et al., eds., *Formosan Encounter*, Vol. II, pp. 275-277, 179. 相關研究亦指出，近世初期歐洲人在軍事科技與作戰方式的相對優勢，係荷蘭東印度公司在東南亞勢力擴張成功的要素之一。Anthony Reid,

　　原住民以自身的經驗、價值去詮釋歐洲人的物質文化後，可能進一步了解、形塑彼此的關係。外來者帶來新奇、震撼的物質文化，代表其製作、使用者具有高過於族人的特殊之處；歐洲器物與人，頓時成為原住民崇拜的對象。[79]此一基於共通價值及經驗的懸殊所造成的誤讀，往往又隨著歷史發展宰制關係，進而形成權力不平等的架構。

　　不論是發展宰制關係或營造權力不平等架構，上位的統治者往往透過儀式或日常生活展示此一權力關係。不同的主體也會在互動過程中，在事件、議題、甚至器物上，藉由權力的實踐、展示，輔以所屬或所欲傳達的價值觀，巧妙達到文化霸權的境界。東印度公司的排場儀式或實物贈予過程，所展示出荷蘭人高於原住民與唐人的權力位階，即為一例。[80]

　　在器物方面，親王旗作為東印度公司的主權象徵，則表現在視親王旗為權力的中心性（centrality of power）。一方面透過歸順村社在集會所輪流張掛親王旗，並規定懸旗處為全社集會場所後，將村社各不同關係群體整合於公司權力之下；另一方面，透過公司派出的親王旗，作為召集各社代表至公司指定處集合待命的信物，而這些指定集合處多為公司雇員的地區性駐地中心。於

　　　Southeast Asia in the Age of Commerce, 1450-1680: volume two expansion and crisis（New Heaven: Yale University Press, 1993）, p. 271.

79　James Axtell, After Columbus: essays in the ethnohistory of colonial North America（Oxford: Oxford University Press, 1988）, pp. 132-233; Natives and Newcomers, p. 296.

80　Tonio Andrade, "Political Spectacle and Colonial Rule," pp. 57-93；康培德，《殖民接觸與帝國邊陲》，頁 116-126。

此，荷蘭人運用親王旗建立了統治權力的中心性。

至於藤杖，一方面作為東印度公司賞賜歸順村社與會代表的物件，另一方面則代表持有者亦獲得公司交付的村社行政權。不過，相對於親王旗的「集體性」（collectivity）及歸順等面向，公司頒授的藤杖，則在歸順涵義外，更強調其「個別性」（individuality）。弔詭的是，由藤杖延伸而出的底層行政權分享，及其對族人持有與否的差異性影響，往往使荷蘭人的政治力更易於滲入原住民村社。

不過，近世初期的殖民統治，存在著近世初期社會所不及規範、鬆動及易於為底層人群操作、挪用的空間。1648年地方會議召開時，東印度公司得知臺南一帶原住民私下向違反公司規定的唐人收取金錢、物品後，釋放這些唐人而未呈報公司，長官因此向與會代表三令五申，即為一例。[81] 1635年底，在公司以武力瓦解臺南原住民村社的反抗前，各社原住民對荷蘭人的統治其實各懷鬼胎，彼此明爭暗鬥，甚至試圖操弄荷蘭人的力量以趁己之私，更是底層人群主體意圖呈現的例證。[82] 親王旗與藤杖，在底層人群操作、挪用下，能從殖民地統治象徵，轉化為救贖避難圖騰，或規避社際暴力、加強個人權位的工具，也就不足為奇了。

81　*DZIII*, p. 12；江樹生（譯註），《熱蘭遮城日誌（三）》，頁12。

82　Peter Kang, "Encounter, Suspicion and Submission: the experiences of the Siraya with the Dutch from 1623 to 1636," *Taiwan Historical Research* 3.2（1998), pp. 195-216；康培德，〈遭逢、忌疑與臣服——西拉雅族與荷蘭人的關係（1624-1636）〉，《臺灣風物》50.1（2000），頁107-128；《臺灣原住民史》，頁231-237。

第五章

殖民與牽手
——荷蘭東印度公司治下的歐亞跨族群婚姻

一、前言

　　站在個人的立場，婚姻代表兩個情投意合的當事人彼此社會
關係的宣示與連結；站在社會群體的觀點，婚姻往往代表兩個不
同的家族、宗系或氏族的結合。[1]而殖民地的跨族群婚姻，除了加
上異文化的想像與連結外，亦多了層殖民地社會特有的權力關
係。隸屬南島文化的十七世紀臺灣，面對荷蘭東印度公司的統治
之際，其婚姻型態亦不脫同期東南亞殖民地社會的模式。[2]本章主
要即以臺南一帶的案例討論原住民與歐洲人之間的跨族群婚姻。
文章先整理荷蘭東印度公司的殖民地婚姻政策以及其與臺灣案例

1　Patricia Crone, *Pre-industrial Societies* (Cambridge: Basil Blackwell, 1989), pp. 110-111.

2　Anthony Reid, *Southeast Asia in the Age of Commerce, 1450-1680. Vol. I: The Lands below the Winds* (New Haven: Yale University Press, 1988), pp. 153-155.

之間的關係，討論公司如何規範其轄下原住民與參與配偶競爭的
唐人。接著從教會洗禮婚姻登記簿的資料討論臺南一帶的跨族群
婚姻型態。最後，在東印度公司殖民地婚姻的脈絡下，整理出一
對臺歐夫妻的分合案例。

二、荷蘭東印度公司的殖民地婚姻政策

荷蘭東印度公司在東印度群島的霸業，首推1619年初任總
督一職的昆恩所奠下的基礎。昆恩認為要在亞洲擊敗其他商業對
手並維持公司穩定的政經地位，需建立以荷蘭式家庭為骨幹的殖
民地作為貿易活動的後盾；因而提議在荷蘭夫妻的伴隨下，將孤
兒或未婚荷蘭女性送來東印度，作為繁衍殖民地人口的種子。[3]只
不過事與願違，按此計畫前來爪哇的荷蘭女性，其言行舉止大多
不符合改革宗教派的道德要求，且荷蘭家庭在熱帶亞洲繁衍後代
時，流產或嬰兒死亡率都偏高；因此，當1632年東印度公司不
再資助單身荷蘭女性漂洋過海來到東印度群島，昆恩的構想即宣
告流產。[4]

當時，面對殖民地缺乏歐洲女性的局面，荷蘭東印度公司的

3　Jur van Goor, *De Nederlandse koloniën*, p. 125.

4　Leonard Blussé, *Strange Company*, pp. 159-161; Ulbe Bosma and Remco Raben,
Being "Dutch" in the Indies: A History of Creolisation and Empire, 1500-1920.
Translated by Wendie Shaffer（Singapore: National University of Singapore
Press, 2008）, pp. 34-35; Jean Gelman Taylor, *The Social World of Batavia:
Europeans and Eurasians in Colonial Indonesia*, 2nd edition（Madison:
University of Wisconsin Press, 2009）, p. 29.

雇員、士兵、水手多與當地婦女、女性奴隸[5]同居或視對方為姘婦，縱情酒色時有所聞。[6]昆恩雖然曾嚴加禁止，不過效果有限。以1640年成為公司據點的錫蘭為例，為了杜絕婚姻關係外的通姦與同居，東印度公司設下的刑罰有罰款、勞役、甚至割耳等，至於累犯者則加重其刑罰。[7]不過，公司最後發現解決此問題的方式，是採取先前葡萄牙人在亞洲據點的做法，讓其下屬人員與當地亞洲女性的關係合法化，鼓勵兩者間的通婚。[8]

　　由昆恩一手破格提拔而升任總督一職的市長之子——范迪門，在亞洲建立荷蘭殖民地的目標雖與昆恩類似，但做法略微不同。范迪門於1636年升任巴達維亞總督一職後，做法改成以受過基督教教化的在地女性，來擔任荷蘭殖民地計畫中的妻子、母親等重責大任。此策略早在1625年即於爪哇施行：即把將成為荷蘭人妻子的土著女性，包含公司買來預備作為雇員妻子的土著女孩，施予基督教教育以「導正」其思想與行為，待合格後方具

5　荷蘭東印度公司的東南亞據點、殖民地面臨缺乏底層勞動力時，奴隸即成為此人力缺口的重要解決方式。一般從事家務性工作的奴僕含市場採購、薪柴砍伐、烹飪打掃等，或是男女主人外出時負責撐傘的幫手。此外，男性奴隸會從事磚窯、瓦窯、釀酒工作，甚至在主人的店家擔任工匠等；女性奴隸則有一定的比例成為主人的姘婦。Gerrit J. Knaap, "Slavery and the Dutch in Southeast Asia," in Gert Oostindie (ed.), *Fifty Years Later: Antislavery, Capitalism and Modernity in the Dutch Orbit* (Leiden: Koninklijk Instituut voor Taal-, Land-en Volkenkunde, 1995), pp. 195-197.

6　Jean Gelman Taylor, *The Social World of Batavia*, p. 15.

7　Ulbe Bosma and Remco Raben, *Being "Dutch" in the Indies*, p. 28.

8　Eric Jones, *Wives, Slaves and Concubines*, pp. 71-72.

備婚嫁資格;此一做法在巴達維亞已有成功的經驗。[9]當時,巴達維亞官方為了鼓勵殖民地的歐亞婚姻,急於結婚但缺錢的公司員工,可先向東印度公司預支替準新娘「贖身」的現金,之後再從其月薪中扣除。原本單身的員工在殖民地只能支領部分薪水,剩下部分待回國後支領;但娶了土著女性後,即可支領全薪。至於支持歐亞通婚的官方說法,則包含了當地亞洲女性的物質慾望,比渡洋遠來的歐洲女性低,丈夫因而不需從事違背公司利益的私下貿易,有利於公司業務。1620年代中期接任總督職的Pieter de Carpentier,甚至一度將荷蘭家庭與歐亞家庭後代死亡率的差異,歸咎於亞洲女性的相對優勢。[10]

范迪門的理念落實到臺灣最明顯的案例,為分散至本島居住的小琉球後裔——特別是年輕女性。先前,荷蘭東印度公司為了報復金獅號(Gouden Leeuw)船員為小琉球(Lamey)島民殺害之仇,乃於1633年11月,派Claen Bruyn率領一支由公司士兵、新港與蕭壠社戰士組成的部隊登陸小琉球。日後陸續登陸的部隊,除了將島上村社施以焦土攻勢外,僥倖存活的人口——大部分為婦孺——則史無前例地徙民墟地,依據總督范德萊恩事後向總公司十七董事的報告:1636至1639年間,被送至爪哇的小琉球人計191名,分散至新港社者482名,荷蘭家庭收養的兒童計24名,亡於征伐戰役者計405名。

臺灣議會將小琉球人安置於新港人之中,係因應新港人要求增加其人口,大體而言此一安置措施還算成功。不過,東印度公

9　Leonard Blussé, *Strange Company*, pp. 170-171.

10　Jean Gelman Taylor, *The Social World of Batavia*, pp. 16-17.

司高層也想從其數年後的安置作業成果分一杯羹。1643年6月，總督范迪門給臺灣議會議長麥爾的信中，表明與新港人混居的小琉球人，受洗皈依基督教的女孩達到適婚年齡時，應嫁給荷蘭人而不是新港人。范迪門的如意算盤是：如果公司雇員娶了臺灣女子，站在公司的立場等於與殖民地共結連理，與公司約滿後必須打消返回荷蘭的念頭。至於小琉球男孩和青年則得獲得許可後方能結婚，且必須當學徒學習貿易，並為公司服務，就像遣送至巴達維亞的其他族人一樣。[11]

　　1644年7月，總督范迪門的如意算盤馬上有了成效，中尉Thomas Pedel為了其小琉球女僕Monica與來自荷蘭侯寧亨（Groningen）的中士Reynier Ibels間之婚事，致函給臺灣議會議長麥爾，表明兩人希望共結連理，要求議長閣下同意，讓雙方得以盡快完婚。[12]

　　除了東印度公司的高階官員，荷蘭改革宗教會也不落人後，對歐亞跨族群婚姻與殖民地經營亦有其想像；不過，公司官員的想法不脫殖民地商業利益，牧師的想法則是擴大基督子民的版圖。早在1620年代，首位來臺的牧師干治士即力主派駐在原住民村社的牧師至少應待上10年，且最好能娶一名當地女人為妻，以建立一種接近當地文化的基督教家庭生活模範。干治士認為若有篤信基督、品性良好的荷蘭人來當地定居、通婚，加上公司善待原住民，假以時日，所有原住民將改宗基督教。[13]臺灣長

---

11 Leonard Blussé et al., eds., *Formosan Encounter*, Vol. II, pp. 391, 410.

12 Leonard Blussé et al., eds., *Formosan Encounter*, Vol. II, pp. 449, 450.

13 William M. Campbell, *Formosa under the Dutch*, pp. 89-93; J.J.A.M. Kuepers, *The Dutch Reformed Church in Formosa*, pp. 12-13.

官普特曼於1630年給總督昆恩的信中，一度表示若非前任長官納茨將干治士逐出新港社，說不定干治士早已娶名當地女性為妻，而大大加速當地人的改宗進度。[14]

　　干治士想法的實踐，較為我們熟知的例子，即為曾擔任荷蘭改革宗教會探訪傳道范勃亨與其新港社的牽手Tagutel。[15]

三、唐人與原住民牽手

　　除了遠渡重洋來到臺灣的歐洲人對在地女性有所冀求外，在荷蘭東印度公司之前即已來到臺灣活動的唐人早已捷足先登。當東印度公司開始正式掌控臺南一帶原住民村社後，1636年夏，尤紐斯牧師即對不符改革宗教義的男女關係頗有意見，不論當事人是新港社人，還是唐人與改宗基督教的新港社女性。[16] 1642年底，臺灣議會鑑於許多唐人與原住民女性結婚，藉她們生小孩。結婚生子後，又往往比荷蘭人更能影響原住民村社——特別是對公司最為關心的貿易利益——乃著手進行規範唐人在原住民村社的活動。[17]但沒多久即發現總督范迪門如意算盤的對象——因滅

14　William M. Campbell, *Formosa under the Dutch*, pp. 100-101.

15　Natalie Everts, "Indigenous Concepts of Marriage in 17th Century Sincan（Hsin-kang）: impressions gathered from the letters of the Dutch Ministers Georgius Candidius and Robertus Junius," Yeh Chuen-rong（ed.）, *History, Culture and Ethnicity: selected papers from the international conference on the Formosan Indigenous Peoples*（Taipei: Shung Ye Museum of Formosan Aborigines, 2006）, pp. 99-100.

16　Leonard Blussé et al., eds., *Formosan Encounter*, Vol. II, p. 85.

17　Leonard Blussé et al., eds., *Formosan Encounter*, Vol. II, pp. 334-335, 337-339.

社而四散的小琉球女性，唐人也分了一杯羹。同年年底，臺灣議會因在南路下淡水唐人的房子裡發現一名來自小琉球女孩，該女孩已在那住了兩年，並成了唐人的牽手，乃要求這位小琉球女孩的丈夫同意讓她前來大員，好讓長官閣下對此事進行判決。[18]

　　1644年9月，臺灣議會與教會終於聯手對競爭殖民地女性的對手——唐人——訂下了規範。鑑於一名叫Tiotouwa、住在大目降的年長唐人和其原住民基督教妻子已婚的事實，以及男方願意學習基督教信條，且最後皈依基督教，公司乃決議此男人是否能繼續和其妻子同居，將取決於他的基督教信仰是否被確認，與是否締結合法的婚姻——即符合改革宗教會的婚姻規範。Tiotouwa的案例由教會議會管理，並特別交由負責大目降的牧師依指示來處理。臺灣議會以此類推，所有和基督徒女性同居的唐人，必須告知教會議會他們是否願意皈依基督教。不願意皈依基督教者將受命離開其牽手，但仍有責任扶養其子女。[19]荷蘭人與唐人之間的原住民女性爭奪戰，前者先暫時在帳面上奪得上風。

　　1644年以Tiotouwa為判例訂下的通則，雖成了日後唐人與土著通婚的規範，不過文獻資料中仍可見違背通則的唐人案例。如1654年4月30日的臺灣議會決議，即針對一名毀約未皈依基督教的唐人頭人兼生意人Zaqua。住在蕭壠的Zaqua與尤紐斯牧師的小琉球女僕有著合法的基督徒婚姻關係，且生下數名小孩，婚後所有小孩於年幼便皈依基督教。但Zaqua並未依婚約所承諾的條件改宗，也不太照料妻小的生活所需，本人還四處拈花惹

18　Leonard Blussé et al., eds., *Formosan Encounter*, Vol. II, pp. 342-343.

19　Leonard Blussé et al., eds., *Formosan Encounter*, Vol. II, pp. 465-467.

草,最後讓自己成為公司、遺產管理機構與其他人的債務人。公司擔心Zaqua會把財產移轉出境,本人最後債留臺灣避居中國,乃將他拘留於城堡一段時間,以調查其財產並清償其債務,並計畫將剩餘的財產用於照料其妻小。[20]

不過,Zaqua的婚姻狀況仍繼續讓東印度公司頭痛。3年後,派駐蕭壠社的牧師武小和(Harmanus Buschhoff)報告:Zaqua對待其小琉球裔的妻子和4名受洗為基督教徒的婚生子女非常差;此時其妻子和其中2名孩子已歿於天花,遺留2名叫Anna和Junius孩子。Zaqua在沒有人注意下從蕭壠社偷偷帶走2名孩子去含西港(Hamzaccam)給其新歡,將兒子Junius剃了頭,把已滿18歲的成年女兒Anna以唐人方式打扮,並裹小腳。據武小和的描述:「Anna眼中帶著淚水抱怨無法忍受卑躬屈膝,以及她父親的姘頭,甚至是她父親本人的輕蔑和殘酷對待,希望能從這解脫並在基督徒中被教養為一教徒。」武小和乃要求大員方面的臺灣長官與議會採取如同其母親教養般的措施讓Anna和Junius成為基督徒。不過,長官與議會的決議相當消極:建議在找到一勞永逸的解決方法前,Anna可先住在武小和牧師的家,在這期間可去學校和教堂,要求牧師以基督徒所具備的好客精神讓她在其餐桌就食。[21]

另一方面,離開了東印度公司最能掌握的大員一帶後,似乎仍是一切依循「舊俗」;1645年,派駐北路雲林一帶的范布鍊牧師即察覺,在當地從事貿易活動的唐人頭目與原住民女性不但一

---

20 Leonard Blussé et al., eds., *Formosan Encounter*, Vol. III, pp. 511-512.

21 Leonard Blussé et al., eds., *Formosan Encounter*, Vol. IV, pp. 255-256.

道生活，還受到當地人民的尊敬。[22] 1649年，遠在荷蘭的十七董事針對臺灣殖民地指出三項改革方案，其中一項為唐人贌商。巴達維亞方面認為將原住民村社貿易開放給所有唐人後，可避免贌商壟斷，對原住民有利。不過，十七董事基於害怕開放後會吸引唐人聚集，讓公司無法維持秩序。加上唐人會「將當地人的妻女引入歧途，導致通姦與賣淫」，造成道德墮落，成為傳播基督教的阻礙，因而不採開放貿易政策。[23]

　　東印度公司雖然對唐人與原住民女性間的關係時而感到不安，但對不同地區又有著不同的看法與作為。像遠在北臺灣的淡水、雞籠地區，1649年5月才有探訪傳道Cornelis Jacobsz來到當地[24]；至於牧師，則需等到1655年東印度公司才首度派馬修司（Marcus Masius）來到北臺灣；教會規範因而更有所不及。1648年初，傳出有一唐人讓淡水河岸麻里即吼社的少女懷孕，本人向公司提出與此女孩結婚的要求。[25]另一方面，淡水的東印度公司駐地人員為了糧食問題，鼓勵唐人前來移民從事農耕，不過也間接促成唐人與在地原住民女性通婚。[26]臺灣議會議長歐沃瓦特還

22 *DZII*, pp. 361-362; Leonard Blussé et al., eds., *Formosan Encounter*, Vol. II, pp. 523-524；江樹生（譯註），《熱蘭遮城日誌（二）》，頁382。

23 *Formosan Encounter*, Vol. III, pp. 255-256; Chen Shaogang, *De VOC en Formosa 1624-1662*, pp. 252-253；程紹剛（譯註），《荷蘭人在福爾摩莎》，頁299-300。

24 查忻，〈荷蘭改革宗教會在十七世紀臺灣的發展〉，頁163。

25 下席商務員 Antonij Plockhoy 給議長歐沃瓦特的信件，1648年2月12日，淡水。Leonard Blussé et al., eds., *Formosan Encounter*, Vol. III, pp. 213-214.

26 下席商務員 Antonij Plockhoy 給議長歐沃瓦特的信件，1648年4月29日，淡水。Leonard Blussé et al., eds., *Formosan Encounter*, Vol. III, pp. 229-230.

認為唐人農民與當地非基督徒的女性成婚並不是一件壞事，因為這有助於招來其他農民，並因其結婚成家而免除其人頭稅。[27]

四、1650年代以降臺南一帶的臺歐婚姻

已出版的教會洗禮婚姻登記簿（*Trouwboek*）中，保留了1650至1661年間大員市鎮基督徒、公司員工、奴隸的婚姻記錄，可看出基督徒的通婚狀況。

這11年間，登記的婚姻有190件，可判定當事人其一為臺灣原住民者62件；其中1筆，女方為再婚的新港社Margrita Littouw，男方為再婚的小琉球後裔Paulus de Klock，男女雙方都是原住民，其餘都只有一方為原住民。登記結婚的人，僅3件為男性，全為小琉球人，扣除前述男女同為原住民的其中1件，女性總共有60件。換句話說，當時大員市鎮登記的婚姻件數中，一方為臺灣原住民、另一方為公司雇員或自由市民的婚姻約占三分之一。

若再扣除這11年間登記婚姻超過乙次者（即配偶亡故再婚），則計有48名原住民登記婚姻；其中，除了2名小琉球後裔為男性外，其餘46名都是女性。這46名女性中，15名於1650年前曾登記過婚姻；因此，這11年間的初婚女性僅有30名。圖表一為當時臺灣原住民女性婚出件數、人數、初婚數的各社比較。

---

27 議長歐沃瓦特給下席商務員Antonij Plockhoy的信件，1648年6月15日，大員。Leonard Blussé et al., eds., *Formosan Encounter*, Vol. III, pp. 238-239.

圖表一　南島語族女性婚出數

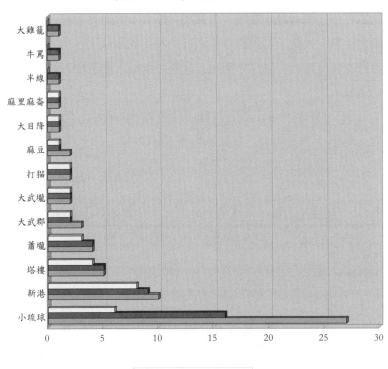

圖表一可看出散居在大員市鎮與新港社的小琉球女性，其婚出件數、人數都拔得頭籌，但初婚人數則沒有新港社多，且小琉球的初婚人數與自己的婚出件數、人數比值，和島上其他村社相比都懸殊得多。合理的解釋應是其1630年代即已滅社，已無法像一般部落般維持自身的後代繁衍，故到了1650年代初婚人口已不多；另外，高比例的再婚，反映出受荷蘭式基督教教育長大的小琉球女性，成了殖民地低階歐洲男性通婚的主要對象，故其

女性婚出型態與其他村社頗有差異。至於原先即居住在臺南一帶的原住民，像新港、蕭壠、大武壠、麻豆、大目降等社，其女性婚出件數、人數、初婚數資料則彼此間比較類似，但仍可看出新港社在島上村社中仍相當突顯，此係新港社人與荷蘭人關係較密切之故。[28]

表5-1係整理自出現在教會婚姻登記簿的新港、蕭壠、大武壠、麻豆、大目降等5社女性與其婚出對象，加上未見於婚姻簿、但可從嬰兒受洗記錄中判斷出婚嫁關係者。[29]

表5-1　新港、蕭壠、大武壠、麻豆、大目降等社的婚出紀錄

婚出者名	丈夫職業、姓名、婚姻公告日期	備註
新港社		
Vaka Tama Tidama	助理 Joris Dircxs Pontanus 1652.05.05	
Eva Vaga-vagagh	師 Jan Warnarth 1656.11.19	
Maria Stroes	師 Arnolt Mesthooven 1657.08.12	
Judith	製鞍匠 Nicolaes Roies 1658.04.21	
Hester Tama Tackareij	市民 Pieter Casier 1658.09.01 ⇨1660 年 Hendrik 出生受洗	
Maria Tama Telalou	1. 通譯 Pieter Martens Meijer 1658.10.08 2. 小琉球籍士兵 Paulus de Klock 1661.01.09	Paulus de Klock 前妻為 Losia
Margareta Tama Telalou	師 Joannes Monk 1660.02.29	
Sara Tama Tepajou	Willem Jacobs 1660.02.29	
Hester	（1）. 下士 Jan Hannes 1661.02.20	原 Jan Lammerts 遺孀
Maria	Jan Scoire（日期不詳） ⇨1658 年 Joannes 出生受洗	

28 另參考本書第七章：紅毛先祖？新港社、荷蘭人的互動歷史與記憶。

29 如新港社婦女 Maria 與 Jan Scoire 並未見於婚姻簿上，其夫妻關係推自其子

蕭壠社		
Susanna Talackaij	師 David Aubert 1653.09.12	
Geertruid	師 Steven Jansen 1653.12.21	S. Jansen 前妻為小琉球籍的 Sarival
Sara Tabaija	(1). 師 Dirk Jans Bouwman 1656.04.16	原為寡婦再婚
Anna	探訪傳道 Dirk Dirksoon Vulter 1658.06.02	
大武壠		
Jantjen Lapoij	師 Gerrit Eelkes 1650.01.16	
Martha Thareh	師 Cornelis Jacobs 1655.05.30	
麻豆		
Helena Tama Jlong	兵 Barent Jacobs 1654.06.28	
Helena	(1). 兵 Issak Sibrants 1659.12.14	原中士 Willem Boerman 遺孀
大目降		
Herter Tama Vavavagagh	砲手 Jan Lamberts Visch 1652.03.31	

說明1：丈夫名銜前的數字，2.表示第二任配偶，(1).表示係1650年以來登記簿上的第一任配偶。

說明2：⇨ 表示所生的子女。

出現在教會婚姻登記簿上的臺歐夫妻，除新港社的 Vaka Tama Tidama 外，女方大多以荷蘭名登記（像 Anna、Eva、Geertruid、Helena、Hester、Magareta、Maria、Martha、Sara、Susanna 等），或荷蘭名與原住民名並用（如 Susanna Talackaij），代表東印度公司荷蘭化的基督教改宗政策，在這些涉及臺歐婚姻的原住民女性

Joannes 在1658年的受洗紀錄，故其婚姻公告日期不詳。韓家寶、鄭維中（譯著），《荷蘭時代臺灣告令集、婚姻與洗禮登記簿》，頁344、345、379。

身上之成效。[30]雖然我們對女方的生平所知有限；不過，男方會因其職務而在其他文獻資料留下事蹟，可供我們拼湊進一步的圖像。這些夫妻當中，新港社人的 Vaka Tama Tidama，其牽手為稅務助理 Joris Dircxs Pontanus，婚後兩年 Pontanus 因涉嫌鹿肉走私而入獄，獲釋後以自由商人（*vrijkoopman*）身分留在臺灣從事買賣。1661年，國姓爺部隊來襲時，還曾在5月1日公司守將鬼拔仔（Thomas Pedel）於北線尾反擊國姓爺部隊慘敗之際，幫受困赤崁的地方官貓難實叮送信至熱蘭遮城。[31]同樣也是新港社人，1661年2月20日與下士 Jan Hannes 登記婚姻的 Hester，其前夫為 Jan Lammerts。熟悉荷蘭時代的讀者，或許會認為這位 Lammerts 就是1655年晉升掌旗官、1657年底成為赤崁市鎮的地方法庭法官、鄭成功來襲時於1661年9月被下令處死的 Jan Lammerts；不過，Hester 以遺孀名義改嫁下士 Jan Hannes 時，掌旗官 Jan Lammerts 仍在世，若資料登錄無誤，兩人應該只是同名。[32]

---

30 東印度公司要求在巴達維亞的公司雇員與非自由身分的亞洲女性結婚時，男方有義務替女方贖身、以新的基督教名受洗，甚至要求女方得熟悉荷蘭語。若女方係婚前沒多久前才受洗，受洗的名字有部分會取自準新郎名字的一部分。見 Jean Gelman Taylor, *The Social World of Batavia*, pp. 16, 17.

31 *DZIII*, p. 352n80; *DZIV*, p. 356；江樹生（譯註），《熱蘭遮城日誌（三）》，頁340n102；江樹生（譯註），《熱蘭遮城日誌（四）》，頁421。

32 *DZIII*, p. 554n72; *DZIV*, pp. 369n59, 569；江樹生（譯註），《熱蘭遮城日誌（三）》，頁531n92；江樹生（譯註），《熱蘭遮城日誌（四）》，頁435n479（59）、674。

五、小琉球後裔的婚姻

　　針對遭到滅族後的小琉球後裔的婚姻，1649年，荷蘭的十七董事針對臺灣殖民地所指出三項改革方案，其中一項就是小琉球人議題。此時，距離1636年小琉球人遭滅族已有13年，當時東印度公司分送到公司雇員家中用荷蘭習俗寄養的24名小琉球孩童多已長大，許多人成為公司眼中的傑出的市民。至於大部分嫁給荷蘭人的女孩，最後都成為公司計畫中的良婦。[33]對荷蘭人而言，此為殖民地婚姻的成就。爪哇總督范德萊恩進一步規定由2名分別住在熱蘭遮城與新港社的牧師，以及2名娶小琉球女性的主管，負責照料在寄養家庭的小琉球孩童，以及從事家庭幫傭的小琉球人，讓小琉球後裔生活在規規矩矩的荷蘭人家中，以開明的方式養育，接受文明與教育，且從現在開始這些女兒將與荷蘭人通婚。[34]表5-2為整理自教會婚姻登記簿內的小琉球女性與其婚出對象。

表5-2　小琉球女性後裔的婚出紀錄

婚出者名	丈夫職業、姓名、婚姻公告日期	備註
Anniken	1. Hendrick Crambeer 1650.02.20 　　⇨1655年Maria出生受洗 2. 園丁 Anthonij de Buck 1658.04.28	

33　Leonard Blussé et al., eds., *Formosan Encounter*, Vol. III, p. 255; Chen Shaogang, *De VOC en Formosa 1624-1662*, pp. 252；程紹剛（譯註），《荷蘭人在福爾摩莎》，頁298。

34　總督范德萊恩給議長歐沃瓦特與臺灣議會的書信，1649年8月5日，巴達維亞。Leonard Blussé et al., eds., *Formosan Encounter*, Vol. III, pp. 262-263, 265.

Monica Taguatel	1. 馬廄管理員 Claes Theunissen 1650.04.10 2. 政務官員 Joannes Olario 1652.03.31 3. 師 Anthonij van Aeckel 1657.11.11 　　⇨1658 年 Anthonij 出生受洗 4. 助理 Joannes Renaldus 1658.10.13	
Catarina	（1）. 助理 Harmen Willems Eickmans 1651.04.16 　　⇨1655 年 Benedictus 出生受洗 （2）. 師 Christoffel Oliviers 1660.01.04	原通譯 Williem Gerrits 遺孀
Sara Vongareij	領航員 Sicke Pieters 1652.02.03 　　⇨ 1656 年 Dieventjen 出生受洗	
Sara Tivorach Tivarach	1. 兵 Marinus Hendrick 1652.09.08 2. 兵 Jasper Simons 1657.06.17 3. 兵 Jan Juriaans 1660.06.06	
Maria	（1）. Schieman Juriaen Scholten 1653.02.16 （2）. 執事 Gerbrant Jans（de Costa）1655.05.30 ⇨ 1656 年 Susanna 出生受洗 ⇨ 1658 年 Sara 出生受洗	原探訪傳道 H. Hamton 遺孀
Anna	（1）. 兵 Albert Volckers 1653.07.20 　　⇨1656 年 Hendrik 出生受洗	原市民 Jan Hendricxa 遺孀
Maria	1. 市民 Jacob Meijer 1653.07.20 2. 軍紀官 Egbert Jans de Haes 1658.04.28	Meijer 前妻為小琉 球人 Hester de Haes 前妻為 Elisabeth Goosens
Anna Carrij	（1）. 員工 Thomas Jans 1653.12.21	原市民 Anthonij Six 遺孀
Sara	市民 Salvador de Costa 1654.01.25	de Costa 前妻為小 琉球人 Anna
Teijsou	（1）. 師 Barend Stuurman 1655.08.08	兩人都為鯤身再婚
Hester	Pieter Jans 1656.01.16 　　⇨1657 年 Anna 出生受洗 　　⇨1658 年 Sara 出生受洗 　　⇨1660 年 Abigael 出生受洗	
Elisabeth	（1）. 中士 Jacob Adix 1656.09.03 （2）. 製舵匠 Francois Melcherts 1658.06.09	原士兵 Pieter Preekstoel 遺孀 Melcherts 前妻為 Maria Johanna

Maria	(1).肉市管理員 Adriaen Lamberth 1658.03.17 (2).中士 David Cotenburch 1659.12.07 　⇨1660年 Stefanus 出生受洗	原掌旗官 Jan Hendrixen 遺孀
Catharine	(1).軍械庫管理 Hans Balthazar Wolf 1659.05.11	原 Leendert 遺孀
Catharina	(1).兵 Jacob Jans Keijser 1660.01.25	原中士 Gabriel Vivan 遺孀
Maria	Adriaen de Heems（日期不詳） 　⇨1657年 Pleuna 出生受洗	
Catrina	中士 Adam Henningh（日期不詳） 　⇨1657年 Maria 出生受洗	

說明：同表一。

　　小琉球女性的婚姻紀錄，最為特別之處即改嫁數次係常態，10年左右的婚姻簿紀錄中先後有3、4任丈夫者並不少，像 Monica Taguatel、Catarina、Sara Tivorach Tivarach，以及兩名叫 Maria 的小琉球女性即如此。至於丈夫因職務關係而留下事蹟，可供我們拼湊進一步圖像者亦不少；像前述 Catarina 的第一任丈夫助理 Harmen Willems Eickmans，原籍阿姆斯特丹，婚後於1654年晉升下席商務員，並兼任負責進出口商品的司磅員（waagmeester），1657年成為派駐在新港社的政務官員。[35] 資料中只有一次婚姻紀錄的 Sara Vongareij，丈夫 Sicke Pieters 也是阿姆斯特丹人，擔任大員港的領航員（loots），除負責臺灣西南沿海水道的船隻領航、牽引、救援工作外，亦曾奉令隨船載運糧食至

35　DZIII, p. 342n62, 352, 540; DZIV, pp. 145, 149-150, 176, 290；江樹生（譯註），《熱蘭遮城日誌（三）》，頁330n78、339、517；江樹生（譯註），《熱蘭遮城日誌（四）》，頁171、177、209、347-348。

卑南。[36]至於8年內即先後出嫁4次的Monica Taguatel，其第二任丈夫政務官員Johannes Olario，更是文獻中赫赫有名的人物。出身荷蘭德芬特（Deventer）的Olario，原為麻里麻崙社的教師，1651年探訪傳道阿勒豪夫去世後，他即代理南路政務官員的工作，1653年正式成為南路政務官員，直到1657年6月去世為止。[37]Olario生前，獲巴達維亞當局許可而在其轄區擁有私人土地。[38]

　　婚姻登記簿另一有關小琉球後裔特殊之處，為記載了少數男性後裔的資料。不過，臺歐婚姻並未發生在他們身上，像在公司擔任士兵的小琉球後裔Anthonij即娶同族的Anna為妻，育有Mattijs、Gijsbert、Willem等3子。[39]至於同樣也是任士兵職的Vagiauw，1658年的初婚對象為下士Reijnier Jans的遺孀，來自印度科羅曼德（Coromandel）海岸的Catharina，3年後因元配去世娶第二任妻子，為Pieter la Dale的遺孀，來自孟加拉（Bengal）灣的Annica。[40]對原住民男性而言，這大概是殖民地跨族群婚姻的極限了。看來，除非是像在阿姆斯特丹檔案（*Gemeentearchief Amsterdam, GAA*）資料留名的小琉球後裔Jacob Lamey van Taywan般，長大後隨船離開殖民地臺灣，方能在1656年、1667

---

36 *DZIII*, p. 276n61, 492, 501；江樹生（譯註），《熱蘭遮城日誌（三）》，頁273n60、470、479。

37 *DZIII*, p. 208n12; *DZIV*, p. 173；江樹生（譯註），《熱蘭遮城日誌（三）》，頁212n14；江樹生（譯註），《熱蘭遮城日誌（四）》，頁205。

38 *DZIV*, p. 282；江樹生（譯註），《熱蘭遮城日誌（四）》，頁337。

39 韓家寶、鄭維中（譯著），《荷蘭時代臺灣告令集、婚姻與洗禮登記簿》，頁328、329、348、349、354、355、370、381、385。

40 韓家寶、鄭維中（譯著），《荷蘭時代臺灣告令集、婚姻與洗禮登記簿》，頁234、235、262、263、299、313-314。

年先後與來自 East Frisia 地區 Kniphuysen 鎮的 Annetje Hendricx Struys、阿姆斯特丹市的 Claartje Ariaensz 結為夫妻，成為一向以歐洲男性搭配原住民女性的殖民地婚姻之反例。[41]

　　至於婚姻登記簿以外的小琉球後裔婚姻，較著名的是嫁給掌旗官 Johan Hendricksen 的 Maria van Lamey。Johan Hendricksen 出身荷蘭哈倫（Haarlem），1629 年以水手身分來到臺灣，1636 年成為船艦的見習生，之後循下士、士官階一路於 1652 年升任掌旗官。二年後奉派為普羅文遮城新完工的圓堡指揮官，1656 年成為熱蘭遮城廣場的掌旗官。[42] Hendricksen 之後於 1657 年臥病去世，遺孀 Maria 向臺灣議會請願，要求公司能將其丈夫健在時給付的薪資再給一段時間。議會考慮 Maria 丈夫生病期間積欠的債務，以及他曾為公司服務很長一段時間等因素，同意再撥 5 個月的掌旗官一般薪資與配給的酒給 Maria。[43]

　　婚姻登記簿留下的資料雖不完全，但前述的臺歐婚姻形式應是殖民地婚姻的常態。像出身漢堡（Hamburg），於 1657 年繼 Johannes Olario 擔任南路政務官員職位的諾登（Hendrik Noorden），其妻子即是來自放索社一帶的 Maria。諾登於國姓爺勢力來襲時率轄下公司雇員與唐人佃戶避居後山卑南，隨行除了其妻兒外，還有丈母娘。熱蘭遮城降鄭後，才搭乘爪哇來的救援船前往巴達維亞。[44] 但諾登與其妻子，以及跟隨諾登避居後山，

41　Natalie Everts, "Jacob Lamey van Taywan," pp. 151-156.

42　*DZIII*, pp. 343, 343n68；江樹生（譯註），《熱蘭遮城日誌（三）》，頁 331、331n85。

43　Leonard Blussé et al., eds., *Formosan Encounter*, Vol. IV, pp. 307-308.

44　*DZIII*, p. 432n191; *DZIV*, pp. 211, 231；江樹生（譯註），《熱蘭遮城日誌

同樣也是娶放索社女人Sara為妻的通譯Willem Paulus，都未記載於婚姻簿上[45]，但男女搭配的模式與婚姻簿一樣。顯然，一開始即男女性別比例失衡的殖民地社會，其婚配結局可想而知。

六、教會、官方與獵財

　　東印度公司治下殖民地社會的婚姻，當然不是單純的男歡女愛而已。包樂史（Leonard Blussé）針對巴達維亞的討論告訴我們：殖民地教會與官方不僅對男女關係，對婚姻規範亦扮演重要的角色。[46]除了要求女方得改宗為荷蘭改革宗教會的信徒外，對違背教會信念之規範者，亦有所懲戒；最為人知的例子係首位來臺的改革宗牧師干治士的妻子Sara Specx。[47] Sara的父親是商務員Jacques Specx，母親為日籍，為一日荷混血兒。嫁為牧師娘前，年幼的Sara與其父親待在巴達維亞時，有次Jacques Specx在

（三）》，頁414n231；《熱蘭遮城日誌（四）》，頁250、275。Natalie Everts and Wouter Milde, "'We Thanked God for Submitting Us to Such Sore But Supportable Trials,' Hendrick Noorden and His Long Road to Freedom," in Leonard Blussé（ed.）, *Around and About Formosa: Essays in honor of Ts'ao Yung-ho*（Taipei: Ts'ao Yung-ho Foundation for Culture and Education, 2003）, pp. 244-249, 251, 263.

45 Willem與Sara的夫妻關係係透過其子於1660年的洗禮資料方確認。韓家寶、鄭維中（譯著），《荷蘭時代臺灣告令集、婚姻與洗禮登記簿》，頁352、353、384。

46 Leonard Blussé, *Strange Company*, pp. 162-163.

47 岩生成一，〈在臺灣的日本人〉，收於村上直次郎、岩生成一、中村孝志、永積洋子（著），許賢瑤（譯），《荷蘭時代臺灣史論文集》（宜蘭：佛光人文社會學院，2001），頁170。

因公返國時將年僅12歲的Sara交由總督昆恩夫婦監護，希望她成為殖民地的待嫁良婦。但Sara有日遭撞見與其年輕的中尉戀人在昆恩的大廳親熱，昆恩一怒之下即將男方斬首，Sara則在大庭廣眾之下處以鞭刑。[48]至於婚外情，逮到後情形更不會好到哪去。1639年在巴達維亞即有筆判案，女方Annika da Silva是當地人，丈夫是公司士兵Leendert Jacobs。Annika被控在丈夫生前即與數人有染並企圖毒害丈夫；婚外情部分，據說她係用魔法與藥物「誘使」對方與其發生關係，並提供其「愛情祕方」給其他婦女，包括自由市民Nicolaes Casembroot的遺孀Catrina，讓她們見到中意的對象後可隨心所欲。官方對Annika與其同夥的判決可想而知，除臉上烙印外，並判將Catrina置於水桶溺斃，Annika等人則逐一絞死，財產充公。[49]

　　除了教會與官方的規範外，殖民地婚姻的另一特色是所謂的獵財婚。獵財婚的背景，一方面係因公司高階雇員遺孀所繼承的財產──特別是改嫁數次後的寡婦，往往擁有一定的財富；另一方面，公司雇員運用職位在殖民地非法賺取的金錢，往往是由其殖民地的配偶所經手，女方在丈夫去世後握有的財產因而相當可觀；因此，鑑於當時的法律條文係明訂丈夫握有夫妻財產的實際支配權，野心勃勃、一心想在殖民地致富的年輕人，寧可捨殖民地花樣年華的名門閨秀而追求有錢的寡婦。[50]其中最為人知的例子，係其戲劇性的故事改寫成書後，於1998年獲Flemish語文學

48　Jur van Goor, *De Nederlandse koloniën*, p. 125.

49　Leonard Blussé, *Strange Company*, pp. 166-167.

50　Leonard Blussé, *Strange Company*, p. 174.

獎的女主角Cornelia van Nijenroode。[51]

荷日混血的Cornelia van Nijenroode，1630年出生，父親係東印度公司於1623至1633年之間派駐在日本平戶商館的負責人Cornelis van Nijenroode，Cornelis有兩名日本情婦，其中一名叫Surishia，為Cornelia的母親。Cornelia在1652年下嫁首任丈夫，即來自荷蘭德夫特（Delft）的下席商務員Pieter Cnoll，婚後生了6女3男，但僅有與父親Cornelis同名的三子長大成人。Pieter Cnoll在殖民地的事業相當順利，加上為人精明，1663年即當上巴達維亞的首席商務員，該職位所累積的財富，讓Cnoll一家漸漸成了有錢人。1672年Pieter Cnoll去世，Cornelia繼承丈夫龐大的財產。4年後，46歲的Cornelia與來自阿姆斯特丹、38歲（其實已近當時在殖民地淘金者的退休年齡）的律師Johan Bitter共結連理，兩人都是梅開二度。兩人的婚姻其實是現實所需（*marriage de raison*）；現行法律下，Cornelia需要Johan的地位與社交圈來保障其商業利益，Johan則有財務需求，但兩人的婚姻契約無法讓Johan立即取得大筆現金，Johan乃透過法律施展其丈夫在財產上的權限，這段婚姻沒多久即成為漫長且痛苦的訴訟。[52]

至於來自歐洲社會中下層的男子，娶臺灣殖民地原住民女性為妻後是否有實質上的獲益？我們不得而知；但以出身西班牙，2歲時抵達墨西哥，之後因犯下殺人罪而解往馬尼拉，在那受判為士兵並在大船上服役5年，隨後於1625年抵雞籠的Domingo

---

51 Leonard Blussé, *Bitters Bruid: een koloniaal huwelijksdrama in de gouden eeuw.* (Amsterdam: Balan, 1998); Bitter bonds. Translated by Diana Webb（Princeton: Markus Wiener, 2002）.

52 Leonard Blussé, *Strange Company*, pp. 176-251.

Aguilar為例。從那時以來，Domingo Aguilar即以自由民身分在當地生活，並娶三貂社女人為妻。因為其丈人為Tapparij社頭人Kilas sa Romana的兄弟，透過姻親家族網絡，Domingo Aguilar因而持有硫磺丘和一個擁有優質硫磺泉峽谷的所有權。[53]再以來自荷蘭崁彭（Campen）、1650年代初期即為東印度公司派到北臺灣的范裴達（Thijmon van Breda）為例：其本人即常與當地住民接觸，通曉當地語言，淡水駐地首長商務員Thomas van Iperen因而派他擔任臨時通譯。1655年4月，范裴達本人正式為長官凱薩升為通譯；之後，本人在Tappari社和信奉基督教的三貂社少女貓眉（Maria Babaij）[54]同居事實，也為公司官員承認為合法婚姻。不過，范裴達旋及遭到淡水與武勝灣河沿岸住民指控，說他運用處理當地村社住民的一般事務時，以恐嚇等方式勒索錢財、珠子等。經偵訊調查後，東印度公司司法法庭最後判處范裴達得償還強取的財物，長官凱薩並因而下令駐地人員不得濫用職權過分涉入當地人民的財產紛爭。[55]換句話說，歐洲男人與臺灣原住民女性的婚姻，實質上的獲利恐怕僅止於此。

　　雖然十七世紀的臺歐跨族群婚姻，夫妻關係留下較多資料的個案並不多；不過，我們仍可從文獻中留下的蛛絲馬跡，去拼湊其圖像。其中，最值得注意的，係前述的范勃亨與其新港社的牽

53　Leonard Blussé et al., eds., *Formosan Encounter*, Vol. II, pp. 314, 319, 324.

54　貓眉（Babaij）與之後的貓加（Vacca）、豬知璘（Tidirin）、夏眉（Gavail）、加貓（Kava）、貓如卓（Valutoch）等南島族人名音譯，係模仿清人志書或古契約文書中對南島語族人名的音譯用字。

55　Leonard Blussé et al., eds., *Formosan Encounter*, Vol. IV, pp. 2, 6, 27, 31, 71, 79, 93, 100, 111-117, 166, 170.

手Tagutel。

七、鶼鰈情深？

　　Tagutel本身雖說是新港社人，但其實是併入新港社的
Tapatoroan社人。Tapatoroan社在哪，已不可考，當時有5戶人家
在新港，但是據載他們在新港社的地位並不高。[56]范勃亨來自但
澤（Danzig），為東印度公司派駐在新港社的士兵。東印度公司
旗下的士兵薪資微薄，多為荷蘭下階層或當時經濟條件比荷蘭
差的外邦人士擔任。[57] 1635年底，當臺灣長官普特曼計畫征討麻
豆社時，派駐在新港社的尤紐斯牧師即奉命與駐地的士兵一同
前往，當時長官即要求范勃亨也在列。麻豆社人投降後，普特
曼要求對方前來完成歸順儀式，但麻豆社人心懷恐懼，尤紐斯
即建議由范勃亨與數名荷蘭人一同前去麻豆社，陪對方前來，
好讓他們安心。[58]之後，在東印度公司於1636年上半的領地擴張
過程中，范勃亨因其熟悉新港語、又是在地人的女婿，扮演了相

56　Leonard Blussé et al., eds., *Formosan Encounter*, Vol. II, pp. 92, 94-95.

57　荷蘭東印度公司船醫（*chirurgijn*）Nicolaas de Graaff（1619-1688）有關東印
　　度殖民地的著作《東印度之鏡》（*Oost-Indise Spiegel*），提及當時東印度群
　　島係各類外邦人士、因戰亂流離失所的難民尋求庇護之處；像波蘭人、瑞典
　　人、丹麥人、挪威人，或是來自日德蘭半島、漢堡、不萊梅（Bremen）、盧
　　貝克（Lubeck）、但澤、普魯士的哥尼斯堡（Koningberg）、威斯特伐利亞
　　（Westphalians）等，甚至於「齒縫間還殘存著參稈的形形色色鄉巴佬」。
　　Femme S. Gaastra, *The Dutch East India Company: Expansion and Decline*
　　（Zutphen: Walburg Pers, 2003）, p. 88.

58　Leonard Blussé et al., eds., *Formosan Encounter*, Vol. I, pp. 295-296, 298-299.

當關鍵的底層中介角色，舉凡位於今日雲林、嘉義的虎武壠、他里霧（Dalivo）、阿里山（Jarissang）、貓勝剌（Valaula）、打貓（Dovoha）和猴悶（Tossavang），或屏東的瑯嶠等社，東印度公司幾乎都依賴他打前鋒，負責代表荷蘭人與對方協商。其代表性，可從協助公司協商的原住民，像蕭壠人理臘（Tilach），即主動要求范勃亨一同前往他事先拜訪過的村社，以完成協商任務略見端倪。[59] 由此看來，范勃亨在在地人眼中，可說是除了干治士、尤紐斯等直接出身為神職背景者之外，也是名代表荷蘭人的「臺灣通」，典型的文化中介者（cultural broker）。

　　不過，范勃亨與 Tagutel 的婚姻，在1636年夏天出了問題，Tagutel 的婚外情曝了光，范勃亨要求解除婚約。

　　Tagutel 紅杏出牆的對象，是新港社教會學校一名叫 Packoy 的學生。Packoy 也不是新港社人，他的族人為新港社人驅離原居地後，之後為新港社人接納，所以和母親搬來新港社定居，就像是移入新港社居住的小琉球人一樣。據說，Packoy 在新港社或其族人間，擁有些微地位。Tagutel 本來認為其婚外情相當隱密，不會曝光。不過，基於根除荷蘭改革宗教會眼中的「劣習」，一向都對當地原有的男女關係相當不以為然的神職人員，扮起了徵信的工作。尤紐斯牧師即從當地人的習俗和性情等蛛絲馬跡，探得足夠資訊後，逮捕 Packoy，把他拘禁，透過審訊讓他在尤紐斯與新港社頭人理加（Dicka）面前俯首認罪。

59　*DZI*, pp. 245, 249, 255; Leonard Blussé et al., eds., *Formosan Encounter*, Vol. II, pp. 31, 49-50, 62-63, 65-69; William M. Campbell, *Formosa under the Dutch*, pp. 115, 138；江樹生（譯註），《熱蘭遮城日誌（一）》，頁233、236、241。

Packoy承認他本人和Tagutel一共發生5次關係：一次在屋外；兩次在范勃亨的眠床（kooy）；另外兩次在她的床上；全都發生在范勃亨去瑯嶠出任務，趁他出差會有一段時間不在之時。獲得口供之後，尤紐斯立即召喚Tagutel，命令將她帶到其房舍，將Packoy所承認的事情質詢對方。Tagutel一開始否認，不相信才3個月的婚外情曝了光，但在牧師將細節一一對質後，最後終於承認Packoy招供的事，不過聲稱是對方引誘她這麼做，但Packoy則斥責她的說法。

案情發生到此，教會發現已不是如先前處理在地人之間的男女關係般單純。依新港社習俗，長老本身是不審判婚外情的，丈夫發現妻子紅杏出牆，一般是暗中找機會拿斧頭或砍刀砍傷婚外情的對象，藉此得到滿足後，再拿走所有先前給他出軌妻子的財產，並離她而去。Tagutel的婚外情，因為其牽手是范勃亨，成了牧師眼中對荷蘭國民的公然侮辱，乃決定在公開場合將婚外情雙方當事人綁在柱子上處以鞭刑，甚至一度思考將這對男女與其族人逐出新港社。

Tagutel的婚外情，或許並不完全是起因於異文化在習俗背景認知上的差異，對出身微寒的Tagutel而言，與范勃亨的婚姻，或許是過度建立在物質基礎之上。如果參與調查、審判的尤紐斯牧師所留下的紀錄可靠的話：那麼范勃亨顯然相當溺愛妻子，給牽手很多錢，並買給對方所要求的每樣東西。Tagutel對此似乎一度大受感動，而對范勃亨表示，假如她有所不忠，范勃亨可以「根據荷蘭的習俗，直接把她宰了！」[60]

60　Leonard Blussé et al., eds., *Formosan Encounter*, Vol. II, pp. 91-95.

　　另一方面，Tagutel的出軌，讓教會有機會開始介入當地人的婚姻關係。早在教會偵辦Tagutel的婚外情時，新港社人貓加（Vacca）與其丈夫豬知璘（Tidirin）的婚姻起了紛爭，鬧到教會的全體集會上。一開始是貓加嫌丈夫給她的財物太少，經過尤紐斯牧師調解後雙方暫時和好。之後，貓加與已婚的夏眉（Gavail）私通，並告訴旁人她愛上了夏眉，與丈夫已無感情，丈夫可隨時取走之前給她的財物，並帶回他家。貓加確定她愛著夏眉，並已與他同床，且說她不害怕荷蘭人的懲罰。貓加還找她父親向尤紐斯商談適當的處分方式，以及她將會遭判處繳交多少衣物等事。尤紐斯當然不接受此一違背教義的做法，乃派人去抓貓加和豬知璘，準備將他們拘禁，不過這兩人似乎早就料到尤紐斯會如此，事先躲起來，讓荷蘭人撲空，拿他們沒辦法。[61]顯然貓加打算依循新港社人原有的風俗處理自己的情慾問題與婚姻關係，教會的規範擺一邊。[62]

61　Leonard Blussé et al., eds., *Formosan Encounter*, Vol. II, pp. 90-91, 92-93.

62　臺南一帶原住民面對教會的婚姻規範時，有時會巧妙地運用殖民地的權力關係在新規範與舊俗間尋求其情慾與婚姻的解決方式。1656年，當時已任東印度公司村社頭人達數十年的目加溜灣社長老厘掃（Arrissouw），數次向新港社的政務官員彭實（Pieter Boons）為其因通姦而遭判刑的女兒Susanna提出獲得再婚許可的要求，再婚對象是Susanna背叛先前婚姻的當事人Paulus Rickil；Susanna的前夫已因此而合法地與她離婚並再婚。針對此要求，臺灣議會最後的決議是：因為那將是一段由姦情造成的婚姻，因此只能視為持續私通，故絕不同意此婚姻，或對它縱容。要是允許這種婚姻，過去所犯的通姦看來將公開宣布為合法，齷齪且逆天的罪行將為之鬆綁。不過，議會或許因為Susanna本人許無法克制自己，即使她不和先前的姦夫Paulus Rickil，也會和其他男人發生關係為理由；因此，為了避免她「再犯姦淫」，同意過段時間後，等到適當的時機時可讓Susanna再婚。Leonard

　　教會介入當地人婚姻關係的實際案例，發生在Tagutel的婚外情事發兩個月後；當中范勃亨從事主變成公親，和尤紐斯牧師一同審理新港社人加貓（Kava）的牽手貓如卓（Valutoch）紅杏出牆的案件。加貓希望透過調查與判決和他牽手離婚，拿回其財產。對方是名叫杉仔（Sampa）的年輕人，因為偷情時當場為加貓逮個正著，在牧師、范勃亨與當地頭人面前即爽快承認，同樣也是現場逮獲的貓如卓，面對牧師時卻堅決否認，直到與小情夫對質後才鬆口。針對案情，尤紐斯牧師即在鞭刑外，趁機提議沒收當事人財產。至於離婚後的范勃亨，事後則繼續其工作，為公司出訪大武壠社。[63]

　　對當事人而言，范勃亨與Tagutel的婚姻，也許畫下了句點；不過，兩人的關係並未就此落幕。已是探訪傳道的范勃亨，繼續駐在新港社擔任尤紐斯牧師的助手。[64] 1644年，范勃亨在東印度公司殖民地的職位已升至代理政務官員，此時的范勃亨，不但是首位代表公司官員進入屬今日鄒族領域的簡仔霧（Kannekanevo）、達邦（Tapangh）、知母勝（Tivora）、阿拔泉（Apaswangh）等社，還成功調解了鄒族部落之間的紛爭，也負責監督將殘餘的小琉球島民移送新港社暫居，而隨著公司轄境的擴大，其足跡遍及今日的桃竹苗地區，除曾負責護送當地長老前往淡水要塞，也一度負責魍港以北地區與南崁溪的唐人商船查緝工作與調查。[65] 1645年，有中畫帝王（*keizer van middag*）之稱的

Blussé et al., eds., *Formosan Encounter*, Vol. IV, pp. 179-180, 182.

63　Leonard Blussé et al., eds., *Formosan Encounter*, Vol. II, pp. 126-127.

64　William M. Campbell, *Formosa under the Dutch*, p. 179.

65　*DZII*, pp. 237, 245, 253, 263-264, 291, 293, 416, 432, 442; Leonard Blussé et al.,

大肚王甘仔轄，與其所屬的部落頭目前來參加地方會議時，也是由范勃亨前往延請與送返。[66]至於1644年起，東印度公司開辦一年一度的南北兩路地方會議（landdagh），召集所有轄境內的村社代表與會，當長官閣下致詞發言後，范勃亨即在一旁用新港語大聲翻譯給聽得懂的代表們，之後再由幾名部落長老用其他原住民語言依序翻譯給其他聽眾。[67]隔年10月當北部的淡水要塞依樣畫葫蘆地開辦淡水地方會議時，范勃亨亦趁在當地之便，負責事後向臺灣長官及議會報告會議過程。[68]換句話說，對公司而言，范勃亨儼然成為東印度公司殖民地中聯繫荷蘭人與在地人之間的關鍵人物；至於對原住民而言，范勃亨似乎即代表著公司與他們之間的重要窗口。

　　事業正值如此高峰的范勃亨，卻在1646年10月起了巨變。於臺灣長官一職在位不長的卡隆，解除了范勃亨的職務，理由是他行為不當且無法勝任服務於公司之職。卡隆只讓范勃亨待在大員擔任通譯，且規定不論他有什麼理由，都不准造訪任何村社，也不准他在赤崁一帶再度取得耕地，以避免他在附近村社引起騷動。至於1644年起開始實施的年貢制度，改要求牧師去負責其轄區的繳納進度，若有問題，則向通譯密德（Lambert

　　　eds., *Formosan Encounter*, Vol. II, pp. 4501-451, 522-523, 533-535, 548-549,
　　　557-558, 561, 564-565；江樹生（譯註），《熱蘭遮城日誌（二）》，頁247、
　　　256、265、277-279、307、308、441、459、469。

66　*DZII*, pp. 367-368；江樹生（譯註），《熱蘭遮城日誌（二）》，頁388-389。

67　*DZII*, pp. 238, 249；江樹生（譯註），《熱蘭遮城日誌（二）》，頁248、261。

68　*DZII*, pp. 448, 450；江樹生（譯註），《熱蘭遮城日誌（二）》，頁476、478;
　　　Leonard Blussé et al., eds., *Formosan Encounter*, Vol. III, pp. 50-51.

Meynderts）與掌旗官卡斯曼（Carsman）求援。[69] 范勃亨剎那間遭到冷凍。

范勃亨到底犯了什麼錯遭到降職？總督范德萊恩給臺灣議會議長歐沃瓦特的信中明白指出：范勃亨是名酗酒，且回頭找其紅杏出牆的前妻相好，為一道德敗壞的傢伙。范德萊恩顯然接受此時已轉職至爪哇的卡隆之意見[70]，在其眼中，范勃亨的前妻Tagutel犯下通姦罪，已讓公司在殖民地土著面前蒙羞，而范勃亨在離開公開在支架上丟臉地受到鞭刑的前妻後，又把她帶回來，簡直是讓公司在殖民地土著面前二度蒙羞。范德萊恩認為范勃亨這個人不夠資格擔任市鎮司法官（*schepen vande stadt*），並要求歐沃瓦特把范勃亨與Tagutel遣送來巴達維亞，讓大員官方那因此將得以清除此「下流的人渣」（*vuylnisnesten*），避免在那丟東印度公司的臉。[71]

雖然巴達維亞高層持續催促，但大員官方這邊顯然沒遵從總督范德萊恩的指示。[72] 1646年10月起在公司已無任何職務、薪給的范勃亨，因其能力與經驗，繼續受託為大員官方平定及解決幾個山區村社之間的爭執與不和，協助收集1647年的貢稅，

---

69 Leonard Blussé et al., eds., *Formosan Encounter*, Vol. III, pp. 126, 129.

70 在東印度公司的歷任臺灣長官中，卡隆在政令推展上有其道德潔癖的一面；像對在地人葬俗、夫妻規範，卡隆本人都有其個人一定的意見。婚姻規範方面，早在1644年卡隆即進一步訓令南路轄區的政務官員得要求原住民履行基督教婚約責任，哪怕對方是異教徒還是未受過「教化」的老年人。參考 Leonard Blussé et al., eds., *Formosan Encounter*, Vol. II, pp. 498-500, 505, 509.

71 Leonard Blussé et al., eds., *Formosan Encounter*, Vol. III, pp. 198-199.

72 Leonard Blussé et al., eds., *Formosan Encounter*, Vol. III, pp. 227-228.

帶來12個山區村社代表參加地方會議，以自由市民（*vrijburger*）身分代替生病的阿勒豪夫繼續擔任兩屆的地方會議翻譯。[73] 1647年6月，當大員市鎮遺產管理委員會（*boedelmeesteren*）因故缺人手時，范勃亨為推派人選之一，並為主席彭恩挑選為替代人選。[74]臺灣長官及議會這一年半來察覺范勃亨對在地人非常受用，協助他們解決各種司法事務與其他問題，並沒有因其服務接受任何酬勞或報償。加上也依賴范勃亨到幾乎完全無法沒有他的地步，歐沃瓦特與臺灣議會乃在1648年4月決議贈送范勃亨獎金150里爾為酬，與巴達維亞高層意見相左。[75]

范勃亨獲大員方面同僚的情義相挺，持續到1650年代。曾在臺灣帶領部隊參加過探金、征討等任務的凱撒擔任臺灣長官一職後，1653年，決定應地方官（*landdrost*）侯蘭（Albert Hoogland）的請求，於赤崁開設司法法庭，指派2名來自市議會（*schepenen*）的議員與2名唐人頭家，於每個禮拜三開庭審案。也決定雇用6名政務官員或地方官助理處理原住民的行政管理，范勃亨則受雇負責赤崁一帶，同時也擔任通譯。[76]翌年5月，凱撒與上席商務員揆一前往大目降視察該社田地後，臺灣議會決議准許時任政務官員的范勃亨與學校教師Jan Druyvendaal兩人可擁有

---

73 *DZII*, p. 546; Leonard Blussé et al., eds., *Formosan Encounter*, Vol. III, pp. 225-228；江樹生（譯註），《熱蘭遮城日誌（二）》，頁603。

74 *DZII*, p. 561；江樹生（譯註），《熱蘭遮城日誌（二）》，頁619。boedelmeester，荷屬巴達維亞的唐人音譯為「武直迷」、「撫直迷」（*bú-tek-bê*），或稱為「大點」。

75 Leonard Blussé et al., eds., *Formosan Encounter*, Vol. III, pp. 263, 266.

76 Leonard Blussé et al., eds., *Formosan Encounter*, Vol. III, pp. 467, 469.

大目降南部與西部160甲（*morgen*）的土地為財產，以供養其家人；因為他們兩人的牽手分別是新港與大目降的在地人，且他們的孩子也在那出生。[77]

范勃亨與Tagutel的故事中，也許我們永遠都無法知道真正讓范勃亨回頭與紅杏出牆的Tagutel破鏡重圓的原因是什麼。在遠渡重洋的歐洲人中，獵財婚姻並非不罕見，但面對出身卑微的Tagutel，比起生意人的遺孀，范勃亨委實無什麼財產可貪。[78]謎底或許永遠無解，但可以確定的是，范勃亨與Tagutel婚姻，前後摑了教會、公司高層官員兩巴掌：Tagutel的婚外情，在1636年東印度公司正忙於建立殖民地統治威信的時代，成了牧師眼中對荷蘭國民的公然侮辱；范勃亨的事後返頭尋其前妻，讓公司高層官員覺得在面對殖民地土著時威信掃地，不惜以處理罪犯的方式要求遣送。只是當事人與生活周遭長期建立起友誼、互利關係的公司雇員，不這麼想罷了。

---

77 *DZIII*, pp. 341; Leonard Blussé et al., eds., *Formosan Encounter*, Vol. III, p. 513；江樹生（譯註），《熱蘭遮城日誌（三）》，頁329。教會洗禮婚姻登記簿資料中記載了范勃亨出生在新港社的女兒Susanna van Bergen，於1655年11月嫁給來自荷蘭Enkhuizen的公司員工Paulus Ossewaijer。見韓家寶、鄭維中（譯著），《荷蘭時代臺灣告令集、婚姻與洗禮登記簿》，頁218-221。

78 前述1653年臺灣議會決議范勃亨與Jan Druyvendaal可擁有土地，係因當事人的妻子為原住民。荷蘭東印度公司在臺灣除了會將土地轉與高階公司雇員外，偶爾也會將土地給與娶臺灣原住民為妻的中低階雇員，像學校教師、軍職人員等；如1666年2月23日，士官Cornelis de Boode和Cornelis Clop即因兩人都臺灣原住民女子為妻，與中尉Hendrick Noorden、指揮官Herman de Bitter同在雞籠獲得大小不同的土地。見Leonard Blussé et al., eds., *Formosan Encounter*, Vol. IV, pp. 516, 527, 546-547.

八、小結

荷蘭東印度公司統治下的臺歐跨族群婚姻，反映了殖民地的權力角逐。站在東印度公司的立場，其跨族群婚姻政策基本上是延續巴達維亞高層的想法，將之視為殖民地治理的一環；其中，公司高層官員的考量，為透過建立荷蘭式家庭來穩固殖民地的商業利益，神職人員則冀望於擴大基督子民的版圖。在此政策下，故土為公司征服，皈依基督教的小琉球女子，一旦達適婚年齡，適婚對象並不是寄養的新港社人，而是來臺的歐洲男性。唐人男性與原住民女性之間的男女關係，因慮及其對公司統治的影響，亦成為公司關切的重點。甚至已結為連理的臺歐夫妻，其婚姻關係的維繫與否，亦因公司高層對道德規範的秉持而有所介入。不過，東印度公司的規範亦有其地域性的限制，影響所及之處以臺南一帶為主。

依教會洗禮婚姻登記簿的資料，檢證東印度公司在臺最後10年來的臺歐跨族群婚姻，臺歐婚姻件數約占登記的總件數三分之一；其中，原住民女性即占了其族人總數的九成五以上。原住民男女性別比的失衡，係當時殖民地社會的常態。移居臺南一帶、受荷蘭式基督教教育長大的小琉球女性，其再婚比例之高，代表她們成了殖民地低階歐洲男性通婚的主要對象。至於原先即居住在臺南一帶的原住民，像新港、蕭壠、大武壠、麻豆、大目降等社，以新港社女性婚出件數、人數、初婚數最為突顯，係因新港社人與荷蘭人關係較密切之故。

不過，跨族群婚姻在實踐上，並不一定完全依循東印度公司高層所設想的結果。來自新港社的Tagutel與以士兵身分抵臺的

但澤人范勃亨，其婚姻一度因女方的外遇曝光而觸礁。事後，公司高層雖以道德理由來制止其破鏡重圓，但殖民地的人事氛圍與當事人的意志，仍讓結局有違於東印度公司的理念。

第六章

歪哥兼帶衰

——北臺灣雞籠Kimaurij社頭人Theodore

一、前言

隨著國內學術界日益重視早期臺灣史議題，屬荷蘭、西班牙等歐洲系人群活躍的荷西時代研究，其主題亦從先前的政治、經濟等重心擴及社會與文化面，如社會文明化[1]、儀式與權力[2]、文化變遷[3]、甚至歷史記憶[4]等議題；其中，貫穿這些不同研究主題的靈魂，則是活躍於當時舞臺上的歷史人物。

至於近年來早期臺灣史中有關人物史的研究，討論的對象與

---

1 鄭維中，《荷蘭時代的臺灣社會》；Chiu Hsin-hui, *The colonial civilizing process in the Dutch Formosa, 1624-1662.*

2 Tonio Andrade, "A Political Spectacle and Colonial Rule," pp. 57-93.

3 John Robert Shepherd, *Marriage and Mandatory Abortion among the Seventeenth-century Siraya.*

4 翁佳音，〈歷史記憶與歷史經驗〉，頁5-30；又收於氏著，《荷蘭時代：臺灣史的連續性問題》，頁15-41。

議題也日趨多元。從人物的族群或文化背景來劃分：歐洲人部分，如荷蘭東印度公司第三任駐臺長官納茨，這位眾所周知的濱田彌兵衛事件主角之一，在歷任公司職員中屬罕見的「高學歷」背景，但也留下了60餘名部屬慘遭原住民屠殺的空前絕後紀錄；其生平，從出生、受教萊登大學、出使日本、任職臺灣、拘留日本，到返回荷蘭、擔任熱蘭（Zeeland）省Hulst市長的一生，有了完整的介紹與評價。[5]唐人部分，除了鄭芝龍、鄭成功、郭懷一等曾出現於戰後國內歷史教育中的人物外[6]，亦有針對往來臺海兩岸的貿易商亨萬（Hambuan）進行考證與討論。[7]至於原住民人物方面，有對1630年代中葉遭東印度公司大肆清鄉後，殘存的小琉球人遺族Jacob Lamey的生平報導，特別是Jacob在荷蘭的婚姻[8]；以及曾隨日本生意人遠赴扶桑、並成為濱田彌兵衛事件導火線之一的新港社要人理加（Dicka），或1630年代上半與東印度公司對抗的麻豆社要人大加弄（Takaran）等。[9]這些歷史人物

5　Leonard Blussé, "Pieter Nuyts（1598-1655）," pp. 234-241.

6　如Leonard Blussé, "Minnan-jen or Cosmopolitan? the rise of Cheng Chihlung alias Nicolas Iquan," in E.B. Vermeer, ed., *Development and Decline of Fukien Province in the seventeenth and eighteenth centuries*（Leiden: Brill, 1990）, pp. 245-269; Johannes Huber, "Chinese Settlers against the Dutch East India Company: the rebellion led by Kuo Huai-i on Taiwan in 1652," in E.B. Vermeer, ed., *op. cit.*, pp. 265-296.

7　楊國楨，〈十七世紀海峽兩岸貿易的大商人──商人Hambuan文書試探〉，《中國史研究》2003年第2期（2003）：145-172；翁佳音，〈十七世紀東亞大海商亨萬（Hambuan）事蹟初考〉，《故宮學術季刊》22.4（2005）：83-102，又收於氏著，《荷蘭時代：臺灣史的連續性問題》，頁172-173、181-205。

8　Natalie Everts, "Jacob Lamey van Taywan," pp. 151-156.

9　翁佳音，〈新港有個臺灣王〉，頁1-36；康培德，〈理加與大加弄〉，頁81-96。

的「再出土」，除了豐富我們對早期臺灣史的理解與詮釋外，也為原本距我們遙遠的歷史舞臺加注了鮮活的生命。

　　本章即基於早期臺灣史研究中有關人物史的研究脈絡，嘗試以北臺灣雞籠Kimaurij社人Theodore為例，處理當時殖民地底層的原住民人物史。並進一步將其略帶戲劇性的生平起伏，置於「臺灣島史」的概念下進行討論與理解。[10]

二、從通譯到頭人

　　Theodore（Theodoor）這源自希臘的名字，意思是上帝的贈禮，係基督徒慣用的人名，很顯然這不是北臺灣原住民的自稱，而是來自歐洲人的稱呼。如同位東北角的三貂（St. Jago）社，係源自西班牙人的他稱，當地人則自稱為Kiwannoan；眾所周知熱蘭遮城一帶的新港（Sinckan）社，係福建唐人的稱法，當地住民則稱為Tagloulou（Tachloeloe）。我們的故事主角Theodore，應當是當時在北臺灣傳教的西班牙神父給的名字，至於其本名是什麼，如同文獻中許多冠上歐洲人名的原住民，對三、四百年後的我們而言，則不得而知了。

10　曹永和所提出的臺灣島史概念，認為研究臺灣歷史應超越當時臺灣學術界主
　　流的政治史的限制，跳脫漢人觀點、國家單位，朝人民的、區域的歷史發
　　展，以提升研究境界。其方法是讓臺灣透過海洋連結周邊世界的各種關係，
　　並將臺灣置於東亞、世界的範疇，討論臺灣在不同時期的世界潮流、國際情
　　勢中的位置和角色，以國際的角度來看臺灣史。有關「臺灣島史」的概念，
　　請參考曹永和，〈臺灣史研究的另一個途徑——「臺灣島史」概念〉，收於氏
　　著，《臺灣早期歷史研究續集》，頁445-449。

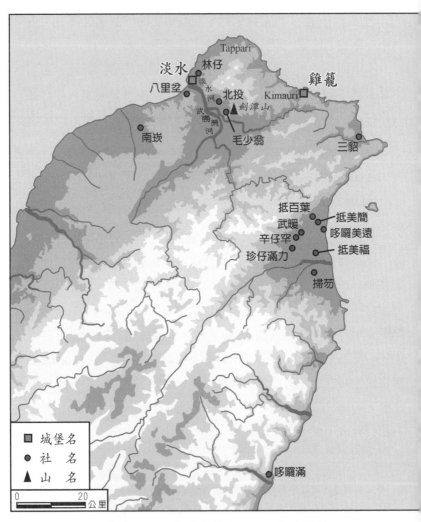

地圖五　北臺灣雞籠Kimaurij社位置圖

　　文獻中首度出現 Theodore，係在1642年10月荷蘭東印度公司戰地指揮官 Johannes Lamotius 的雞籠和淡水征伐日誌中；當時，荷蘭人剛剛戰勝北臺灣的西班牙人，為了在雞籠城寨（San Salvador）一帶立下威信，將自隊長 Hendrick Harroussé 處逃跑的奴隸 Jan Pilet 處死，並監禁12名牽連的三貂社人。隔天，Lamotius 派員到 Kimaurij 社延請些主要的頭人前來城寨，但對方卻躲入山中；Lamotius 乃派隊長彭恩前去追捕對方。之後，Lamotius 從這些捕獲的人當中挑出6人，於10月10日公開處以吊刑以為威嚇。這6人是：三貂社長老的兒子 Pantochan、Kimaurij 和 Tappari 的頭人 Sisinjan、三貂社人 Tamorij Alonce，以及3名未留下名字，只知係用抽籤的方式，從3名 Kimaurij 社人中挑2名，9名三貂社人中挑1名。至於其他的俘虜，在判決執行後獲准回到其村社。Theodore 即在這 Kimaurij 和 Tappari 頭人出缺之際，由指揮官 Lamotius 在雞籠公開宣告，身分由公司「忠誠的」通譯轉成替代 Sisinjan、代表 Kimaurij 和 Tappari 兩地的頭人。[11]

　　擔任驚魂甫定的北臺原住民村社的頭人 Theodore，一開始似乎是 Lamotius 眼前的紅人。荷蘭人攻克西班牙人的雞籠城寨後，俘虜了115名西班牙人、62名呂宋島的邦板牙基督徒傭兵（Pampanger）、93名卡加揚（Cagajaner）勞工、42名婦女、116名男女奴隸，以及18名兒童，共446人。[12] 原服侍西班牙人的僕

11　*DZII,* pp. 33-34; Leonard Blussé et al., eds., *Formosan Encounter*, Vol. II, pp. 308-309；江樹生（譯註），《熱蘭遮城日誌（二）》，頁33-34。

12　W. Ph. Coolhaas, *Generale Missiven, deel II*, p. 174；Chen Shaogang, *De VOC en Formosa 1624-1662*, p. 206；程紹剛（譯註），《荷蘭人在福爾摩莎》，頁238。

役，此時即成為荷蘭征服者的財產。不過，政權交接之際的兵荒馬亂，奴僕趁機脫逃之事時有所聞，前述自隊長Harroussé處脫逃的奴隸即為一例。Theodore在公告為頭人之日，即替公司帶回一名脫逃的林仔社（Cenaer）少年僕役。這位林仔社少年郎，確實身分不詳，係荷蘭人在攻下雞籠城寨時當場擄獲，成了少尉（*vaendrich*）Lantsknecht的戰利品，即成為其僕役。少年郎趁機逃回其雙親所在的林仔社，但為熟悉北海岸的Theodore不知用什麼方式揪了出來，帶回雞籠城寨交給荷蘭人，之後即被囚禁起來。[13]之後，戰地指揮官Lamotius和其一部分部隊離開雞籠，前去占領淡水。並在遭破壞的西班牙人城寨基礎上，建立一個小防禦工事，確立東印度公司在當地的駐點。此時，Theodore即與熟悉當地語言的荷蘭人通譯Cornelis de Smith一起穿梭於淡水、雞籠兩地，為公司傳遞訊息。Lamotius為了犒賞他，送了一疋棉布（*cangan*）與2里爾現金，還另支付2里爾請他購買雞隻等物帶去雞籠城寨給Harroussé。[14]

　　不過，Kimaurij出身的Theodore，似乎無法如其前人般，統領Kimaurij和Tappari兩地。之後，Lamotius帶兵南下攻打虎尾壠、瑯嶠，離開臺灣前往巨港（Palembang），加入公司與位東京（Tonkin）灣鄭氏（Trịnh）王國的聯軍出征廣南（Quinam）的阮朝（Nguyễn）後，相關文獻即未提及Theodore為這兩地的頭人，僅提及他是Kimaurij頭人。至於Tappari方面，東印度公司在北臺灣的駐地人員則日益倚靠Lucas Kilas統領當地與淡水河流

13　*DZII*, p. 34；江樹生（譯註），《熱蘭遮城日誌（二）》，頁34。

14　*DZII*, p. 38-39；江樹生（譯註），《熱蘭遮城日誌（二）》，頁38-39。

域沿岸的事務。1644年6月，臺灣議會議長麥爾頒發象徵村社頭人權威的公司藤杖和花緞（*damaste*）給Theodore時，即一併提及將同樣的信物與禮品運給在北臺灣的Thomas Pedel中尉，要後者代表公司交給Lucas Kilas，條件是Lucas保證歸順。[15] 1646年年中，臺灣長官卡隆又下令頒贈象徵村社頭人的公司藤杖給Lucas Kilas本人，Lucas並在同年9月的淡水河與武勝灣河沿岸的歸順村社、頭人、戶數與土著表單，以及淡水地方會議的頭人與其繼任者的人名備忘錄中，一併與Kilas Chereman同列為Tappari的頭人。[16]

另一方面，我們這位由東印度公司指派頭人職的Theodore，也並未從此就在雞籠一帶坐穩其位置。1643年年初，駐淡水城寨（Fort Antonio）的Pedel中尉，在其駐地日誌中有筆耐人尋味的紀錄：日誌中提到雞籠城寨來的信差，因搭乘的船隻（*prauw*）在北海岸遇難，獲救後驚歎於淡水城寨一帶住民與荷蘭人關係之友好，對比於雞籠城寨附近住民的不可靠，因為Kimaurij頭人Theodore與其大部分的同夥逃往三貂社。也就是因為這理由，以士兵Hans Gal為首的信差才冒險走水路前來淡水城寨，船隻也因而觸礁遇難。為了Theodore之事，Pedel中尉還得奉命回覆駐雞籠城寨的少校Harroussé，說明淡水城寨駐地人員與當地住民的關係一向良好。[17] Theodore躲至三貂社的原因，見於同年6月仍駐防於雞籠城寨的Harroussé致臺灣議會議長麥爾的書信；其中，

15　Leonard Blussé et al., eds., *Formosan Encounter*, Vol. II, pp. 438-439.

16　Leonard Blussé et al., eds., *Formosan Encounter*, Vol. III, pp. 109, 111, 124.

17　*DZII*, p. 115；江樹生（譯註），《熱蘭遮城日誌（二）》，頁113。

Harroussé 控訴 Theodore 煽動公司的大港奴隸脫逃並給予庇護。東窗事發後，Theodore 以去噶瑪蘭收購稻米為由，與其同夥於 2 月初逃到三貂社。[18] 躲藏 4 個多月後，Theodore 前來雞籠城寨懇求寬恕；Harroussé 則將他囚禁在城寨，等候大員方面進一步的指示，並看是否要將 Theodore 和有關此案的文件送至大員那。[19]

針對 Theodore 的案子，Harroussé 本人認為可完全確信 Theodore 會藉由傑出的表現來彌補其先前作為；因此，Harroussé 建議把 Theodore 關在城寨幾個月，待雞籠一帶的居民顯現出足夠的敬畏之意，且確信 Theodore 會效忠公司並成為順從的僕人後，然後在其族人的懇求下順勢釋放他，這樣還可贏得居民的民心。[20]

不過，Theodore 這近半年所發生的一切，多少對雞籠城寨駐地人員的工作有所影響。先前荷蘭人與位蘭陽平原噶瑪蘭人間的主要聯繫，Theodore 扮演了一定分量的中介角色。這段期間 Theodore 與公司之間關係的緊張，多少影響了噶瑪蘭人對荷蘭人的態度；至於 Theodore 一行人躲藏於三貂社期間，對荷蘭人所作的描述，以及赴雞籠城寨和談時為 Harroussé 所囚禁，也影響了三貂社人在這之間的立場。因此，Harroussé 可說是為了「消毒」，不得不派出生於京都、已在雞籠待了 35 年、且娶當地 Kimaurij 婦女 Insiel Islena 為妻的日本人喜左衛門（Quesaymondonne 或

---

18 若依前述 Pedel 中尉的紀錄，雞籠城寨人員應在 1 月底即已獲知 Theodore 一行人已避往三貂社了。

19 Leonard Blussé et al., eds., *Formosan Encounter*, Vol. II, pp. 383-384, 392.

20 *Ibid.*, pp. 392-393.

Jasinto），前往三貂社與噶瑪蘭人那替荷蘭人方面緩頰。[21]至於同年4月隊長彭恩率領的東印度公司哆囉滿探金隊，西班牙人Domingo Aguilar的三貂社籍妻子係通譯人選之一[22]；也是因其三貂社背景，Aguilar的妻子亦一併協助荷蘭人力促留在三貂的Kimaurij居民回到雞籠一帶。[23]

　　暫時跌落谷底的Theodore，卻又因東印度公司對產金區哆囉滿的資訊需求，而獲大員方面公司官員的重視，有了鹹魚翻生的機會。首先，隊長彭恩為了運送淡水城寨建築所需的石灰等建材，於1644年4月抵北臺灣一帶。彭恩抵達雞籠城寨後，除了奉命任令掌旗官Jacob Baers為駐地首長，接替因Harroussé離去而暫代首長職的中尉Krieckenbeeck外，也正式將雞籠城寨的首要稜堡與位山上的圓堡以荷蘭名重新命名，並透過上席商務員歐沃瓦特擬的52條問題，向Theodore詢問有關北臺灣、蘭陽平原、立霧溪口的產金地哆囉滿，以及先前西班牙人與當地住民間關係的資訊。[24]之後，在隊長彭恩的陪同下，Theodore前往大員。

三、首次大員之行

　　Theodore於1644年年中的大員之行，與前一年其本人因案

21　*Ibid.*

22　*DZII,* pp. 139-140; Leonard Blussé et al., eds., *Formosan Encounter*, Vol. II, pp. 363-364；江樹生（譯註），《熱蘭遮城日誌（二）》，頁138-139。

23　Leonard Blussé et al., eds., *Formosan Encounter*, Vol. II, pp. 364-365, 380.

24　*DZII,* pp. 255-263; Leonard Blussé et al., eds., *Formosan Encounter*, Vol. II, p. 436；江樹生（譯註），《熱蘭遮城日誌（二）》，頁268、270-276。

囚於雞籠城寨無關，而是大員方面對產金區哆囉滿的資訊需求；
但是，Theodore也不是第一位為此而前往大員的北臺灣住民，
前述的Domingo Aguilar與其三貂社籍妻子於1643年即曾奉命南
下。[25]不過，從文獻中來看Theodore此行應該大有所獲；大員之
行除了讓他本人從當時東印度公司在臺行政最高首長麥爾手中親
獲象徵村社頭人權威的公司藤杖，以及花緞為禮物外，Theodore
本人還與公司談妥一筆生意、並討回其為駐北臺灣荷蘭人取走的
財物。[26]

　　Theodore與麥爾之間的生意協議，係Theodore與其Kimaurij
社族人每年將運送一定量的煤礦至雞籠城寨附近的海灘，提供給
東印度公司。Theodore要求一次運送10大桶（balien）的煤，公
司就得支付2大里爾；麥爾則同意先以400桶為交易量。至於荷
蘭人取走的財物，指的是二年前西荷雞籠之役時，戰勝的荷蘭人
一方所搜括而來的；當時Theodore的唐山赤珠落入掌旗官Jacob
Baers手中。麥爾答應Theodore所請，下令Baers將赤珠歸還
Theodore本人。其他搜括而來的珠子、甚至虜獲的男孩，則暫時
由駐在淡水的Pedel中尉保管，靜候大員方面進一步的指示。[27]

　　回到雞籠的Theodore，有了臺灣議會議長的撐腰，氣勢馬
上有點不一樣。中尉Pedel於6月回覆麥爾的書信中，敘及掌旗
官Baers提到：Theodore非常感謝他對其大員之行的協助，
Theodore一抵達雞籠，就會負責處理赤珠的事。對比二年前

25　Leonard Blussé et al., eds., *Formosan Encounter*, Vol. II, pp. 383, 394.

26　*Ibid.*, pp. 437-439

27　*Ibid.*

Baers取走Theodore的財產，還真的有了轉變。至於Pedel方面，其本人正忙於處理上級交付的貢稅徵收任務；但Theodore告訴Pedel，他本人不需立即繳納貢稅，因為麥爾「沒有下令他這麼做」[28]。

雖然1644年年底甫上任臺灣長官職的卡隆，對Theodore的評價也不錯，認為Theodore的西班牙語流暢，本人曾造訪哆囉滿15次，其與隊長彭恩一起蒞臨大員城堡時所提供的哆囉滿資訊，讓公司對產金地的了解更多，超出其他任何人所能提供的資訊[29]；不過，對公司派駐北臺灣的人員來說，在處理當地事務時，Theodore的地位並非完全不可取代。

四、北臺灣的中間人

1640年代中葉，駐雞籠、淡水城寨的荷蘭人，在處理北臺灣駐地轄境內的當地事務時，若按地理區塊來看，可切分成南崁地區、臺北盆地淡水河流域沿岸、東北角海岸與蘭陽平原，以及因其出產金礦而特別獨立出來的花蓮立霧溪口的哆囉滿等四個區塊。與Theodore本人相關的地區，係後二塊。若論及與Kimaurij、Tappari等屬馬賽人活動的地區，則得再加入臺北盆地淡水河流域沿岸。這些地區，駐北臺荷蘭人係依賴不同的在地中

---

28 *Ibid.*, pp. 448, 450.

29 見卡隆給總督范迪門（Anthonio van Diemen）的書信，1644年10月25日。Leonard Blussé and Natalie Everts, eds., *Formosan Encounter*, Vol. II, pp. 485, 489；甘為霖（William M. Campbell）的譯本則省略此段。見William M. Campbell, *Formosa under the Dutch*, pp. 203-205.

介人，居中斡旋於荷蘭人與當地人之間。

三貂社方面，前述西班牙人Aguilar的三貂社籍妻子，係此一時期文獻中的常客。這名三貂社婦女，係Tapparij頭人Kilas sa Romana的姪女。據載，透過其家族網絡，她與Aguilar擁有硫磺丘和一個峽谷的所有權，該處可發現優質的硫磺泉。[30] Aguilar的三貂社妻子，除了前述協助荷蘭人擔任哆囉滿之行的通譯、協調勸回隨Theodore躲至三貂社的Kimaurij社人外，亦曾協助雞籠城寨駐地人員前去淡水一帶的村社，收購稻米和其他貨物。[31]

Tappari方面，前述的Tappari社人Lucas Kilas因地利之便，成為公司處理臺北盆地淡水河流域沿岸的重要中介人物；如1644年年中，駐淡水的Pedel中尉係透過Lucas，協調聯繫擁有400餘人、在淡水河流域沿岸算大社的毛少翁社首要頭人Gommon，才順利讓淡水所有村社承諾以鹿皮繳納貢稅給公司。[32] 1646年年初，Lucas Kilas替淡水城寨從淡水河沿岸村社那，以40里爾半的價格購得4,020磅稻米；年中，還隨士官卡斯曼與一名南崁社通譯一同巡訪南崁、竹塹、加至閣一帶的未納貢稅村社。之後，公司的淡水河沿岸稻米交易與桃竹苗巡訪，都可見Lucas Kilas參與其中。[33]

至於Kimaurij社，除了我們的主角Theodore外，前述Kimaurij社族人的日本女婿喜左衛門，亦是東印度公司的滿意人

30　Leonard Blussé et al., eds., *Formosan Encounter*, Vol. II, pp. 319, 324.

31　*Ibid.*, pp. 392, 393.

32　*Ibid.*, pp. 448, 449.

33　Leonard Blussé et al., eds., *Formosan Encounter*, Vol. III, pp. 49, 51, 106-107, 117-118, 121-123, 146, 148-149.

選。早在Theodore因煽動公司奴隸脫逃而受牢獄之災之際，喜左衛門已前往大員觀見臺灣議會議長麥爾，並主動要求受雇於東印度公司。麥爾答應所求，並要求當時駐雞籠的Harroussé少校給予其通譯或駐地其他職位。事後，Harroussé也對喜左衛門頗有好評，說當地人——特別是Kimaurij社人——非常喜歡這位已過花甲之年的日本女婿，由他代表公司轉告或下令的事情幾乎都可完成。[34]而Kimaurij社的人選，尚有曾陪同隊長彭恩前往哆囉滿、並經由卑南覓前往大員的Bartholomeus等。不過，上述這些人物，從文獻記載中的各人活動來判斷，係Lucas Kilas與喜左衛門二人，在公司交付的工作中與Theodore的重疊度最高，特別是噶瑪蘭與哆囉滿的任務。

五、出使噶瑪蘭與哆囉滿

　　1645年春天，當時派駐淡水城寨的下席商務員Jan van Keijssel，決議派Theodore與一、二名荷蘭士兵前往蘭陽平原通知噶瑪蘭各社要人，應於25日後前來北臺荷蘭人駐地，繳納當初歸順時所答應的貢稅。喜左衛門自大員返抵雞籠後，也加入此一催繳貢稅的任務；不過，效果不彰，甚至傳出已納貢的居民，直言道：假如那些應納貢而未納的人沒受到處罰，他們下次也將拒繳。[35]

34　Leonard Blussé et al., eds., *Formosan Encounter*, Vol. II, pp. 382, 431-432.

35　*DZII*, pp. 384, 394; Leonard Blussé et al., eds., *Formosan Encounter*, Vol. II, pp. 534, 536, 543-544, 554-555；江樹生（譯註），《熱蘭遮城日誌（二）》，頁408、418。

　　同年夏天，下席商務員Jacob Nolpé接任淡水城寨首長職後，噶瑪蘭人與東印度公司間的關係依然未見大幅改變。到了年底12月，除5名之前參加過淡水地方會議的頭人外，另外只多了2名噶瑪蘭頭人前來領受公司的藤杖。卡隆於翌年春天派商務員Gabriël Happart前往北臺灣視察時，不忘交代應派Theodore與Lucas Kilas在一些幹練士兵的陪同下，得時常訪視噶瑪蘭地區，好讓該地人民習於東印度公司的存在，以贏得其友誼並歸順公司。[36]

　　到了翌年1646年5月，Theodore與喜左衛門等再度奉令前往噶瑪蘭處理貢稅催繳。但結果仍無所進展，帶回來的消息是只有前一年度的7社答應準備運送貢稅前來城寨；不過，淡水城寨首長Nolpé對對方答應納貢此事態度有所保留。[37]

　　我們這些北臺灣中間人雖然一一在噶瑪蘭貢稅催繳之事碰壁；不過，公司對哆囉滿金礦的野心，讓他們仍有發揮的餘地。也是同年5月，商務員Gabriël Happart奉命前往北臺灣，哆囉滿的金礦任務是此行的一項重點。Happart透過詢問Theodore、喜左衛門、Lucas Kilas等人，釐清了哆囉滿一帶的局勢後，派兩名士兵在上述三人陪同下前往當地，並計畫將這兩名士兵——即來自Leeuwarden的Jan Hendricxsen Ootman與但澤（Dantzig）的Daniël Sipter留駐當地，負責荷蘭人與當地的通訊。[38]

36　Leonard Blussé et al., eds., *Formosan Encounter*, Vol. III, pp. 58-60.

37　*Ibid.*, pp. 69-71.

38　*Ibid.*, pp. 71-76, 85-88, 102-104；中村孝志著，吳密察、翁佳音、許賢瑤編，《荷蘭時代臺灣史研究上卷》，頁207-221、234-235。

雖然荷蘭人的哆囉滿淘金夢到頭來終究仍然是南柯一夢，但東印度公司與哆囉滿社的關係穩固後，Theodore等人在哆囉滿的角色即逐漸淡出；另一方面，此時公司與哆囉滿間的往來，也不僅是由位北臺灣的淡水、雞籠駐地負責。位東臺灣卑南覓的駐地人員，加上其位舞鶴臺地前進駐點的掃叭社，亦負責與哆囉滿當地的往來通訊。到了此一階段，噶瑪蘭任務的成功與否，成為決定Theodore等人在東印度公司中的重要性指標了；不過，對Theodore個人來說，他還替公司提供一項重要的服務，即首次大員行時與議長麥爾之間的煤礦生意協議。

六、採煤事業

Theodore與議長麥爾在1644年協議出的採煤事業，同年夏天即開始動工。9月底，隊長彭恩結束蘭陽平原征戰任務返回雞籠城寨後，同行的二艘快艇——Breskens號與「鯡魚」（Harincq）號，即負有運煤到大員城堡的任務。[39]據載，只要駐地荷蘭部隊協助他們入山採煤，Kimaurij社人對入山採煤之事信心滿滿。[40]不過，事隔年餘，到了1646年初，淡水駐地首長Nolpé派員攜帶100里爾前往雞籠向Theodore收購煤礦時，結局有點出入。100里爾理應可購得500桶煤，以協議中每桶364磅計算，

---

39 *DZII*, p. 345；江樹生（譯註），《熱蘭遮城日誌（二）》，頁363-364。

40 見卡隆給總督范迪門的書信，1644年10月25日。Leonard Blussé et al., eds., *Formosan Encounter*, Vol. II, pp. 485, 489；甘為霖的譯本省略此段。見William M. Campbell, *op. cit.*, pp. 203-205.

共約182,000磅；不過，Kimaurij社人開採的是沿岸淺層煤礦，冬季雞籠的東北季風讓開採工作相當不順，沖上懸崖的大浪讓工作人員處於險境，且挖出的煤礦大部分時間為海水沖失。因此，公司駐地人員只好答應延期補滿預定的交易量。為了完成應交付的煤，Theodore向公司要求重錘、楔子與尖鋤等工具，荷蘭人方面也答應照辦。此時，原待在北臺灣的公司鐵匠已去世，這些工具只好交由公司的奴隸打造。至於已交付給公司的煤，係按約定每批5桶，每桶364磅；不過，當公司的雞籠駐地人員再次分別稱這5桶煤的重量時，結果發覺各桶重量有異，最多差到20至30磅。Theodore旗下的人則宣稱他們無法分辨其差異。[41]

到了4月，Theodore與其族人開採的煤礦已達到約定的產量，甚至超過預期。據淡水駐地首長Nolpé的說法：雞籠方面的煤產可在近期達到1,000桶（*balijs*），淡水當局也已備好現款向雞籠方面收購500桶煤；另外，北臺灣公司駐地人員另有庫存180桶煤。[42] 1,000桶煤按約定即200里爾，加上先前購入的庫存180桶，即36里爾，合計共236里爾。

翌年1647年3月紀錄提到：東印度公司委託Kimaurij社人開採150單位（*lasten*）的煤[43]；同年5月，運集的煤約有216桶。依

---

41 Leonard Blussé et al., eds., *Formosan Encounter*, Vol. III, pp. 49, 51.

42 *DZII*, p. 493; Leonard Blussé et al., eds., *Formosan Encounter*, Vol. III, pp. 69, 71；江樹生（譯註），《熱蘭遮城日誌（二）》，頁530。

43 *DZII*, p. 545；江樹生（譯註），《熱蘭遮城日誌（二）》，頁602。*Last(en)*為船隻載貨空間轉換成的重量值，早期Charlie R. Boxer引F.C. Lane於 *Economic History Review* 的說法，視1 *last* 約等於120立方呎或2噸重，1噸約1,976公斤或4,000（荷蘭）磅。見Charlie R. Boxer, *The Dutch Seaborne*

此時的計價已從協議時的每桶364磅降為326磅、每5桶1里爾計算，約值43.2里爾。不過，顯然地表淺層煤礦的開採已達限度，Kimaurij社人對日益困難的採煤工作漸有微辭，宣稱無法在原訂5桶1里爾、單桶重量為326磅的價錢下，持續為公司服務。[44]

　　在這議價過程中，Kimaurij社人暫時占了上風。淡水駐地首長Nolpé給大員方面的書信中，即請求上級長官調高收購價格，理由是當初議長麥爾任上所協議出的價格，係有一但書：若對方之後因利潤不夠而不願意以此價格採煤，公司將會配合其要求調整價格。此時Kimaurij社人已存妥450至500桶的煤礦，待價而沽；Nolpé請求以公司名義收購，這樣一來，加上前一年度北臺灣駐地人員已收購的95桶，可為最近的船運先湊足276單位（*lasten*）。[45]不過，當時任職臺灣長官的歐沃瓦特，對公司駐地人員與Kimaurij社人之間的煤礦交易價格，荷方採購價持續上揚一事，相當不以為然。

Empire, 1600-1800（London: Penguin Books, 1965），pp. 341-342. 近日的研究則有不同的看法，以海牙出版的《東印度公司詞彙》（*VOC-Glossarium*）為例，一般視1 *last* 約為3,000磅，即1,500公斤左右。參考Marc Kooijmans, *VOC-Glossarium* (Den Haag: Instituut voor Nederlandse Geschiedenis, 2000), p. 67; Leonard Blussé et al., eds., *Formosan Encounter*, Vol. III, p. 572；不過，若換成測量米穀的單位時，等同東印度群島當地的重量單位*kojang*，1 *last* 僅約有1,200-1,250公斤。參考Marc Kooijmans, *op. cit.*, p. 67; Tonio Andrade, *How Taiwan Became Chinese*, p. 291；歐陽泰（Tonio Andrade）著、鄭維中譯，《福爾摩沙如何變成臺灣府？》，頁484。

44 *DZII*, p. 572; Leonard Blussé et al., eds., *Formosan Encounter*, Vol. III, pp. 180-182；江樹生（譯註），《熱蘭遮城日誌（二）》，頁637。中譯本將216（*Tweehondert en sesthien*）誤植為260。

45 *Ibid.*

七、會歪哥的工頭？

　　歐沃瓦特原則上同意：當初Theodore與議長麥爾間所協議的價格，僅為短時間而訂，有著調整的空間；但是，他將整個問題焦點轉到Theodore本人身上，認為Theodore對待召來的勞工不公：Theodore原本打算付給工作人員的酬勞並不多，且甚至不是現金，而是破布、小塊布與破片，自己則吞走大部分的錢。歐沃瓦特提到：這是Kimaurij社人為何有時不願替公司採煤的另一理由；但是在荷方向對方承諾其工資，並確實發給他們後，Kimaurij社人即有開採的意願。歐沃瓦特甚至進一步懷疑這其中可能有些暗盤。他舉出Theodore不老實且貪財的前例：1644年9月隊長彭恩出征噶瑪蘭時，隨行的Theodore竟趁此機會設法從當地土著那巧奪大筆錢財。歐沃瓦特以一句當時的流行話形容：「自己剪下羊毛，而將豬毛留給公司（..., latende zoo voor de Compagnie de verckens als men seyt, en hij selfs de schapen scherende）」；代表Theodore所作所為是：「好空个攏予貿去，歹空个才留予咱（hó-khang-ê lóng hō͘ bāu khì, pháiⁿ-khang-ê chiah lâu-hō͘ lán）！」我們這位大員高官，甚至認為Theodore在噶瑪蘭地區不受尊重，並要求每當公司得收取任何東西時，得有1名公司方面認為可靠的荷蘭人在場，以免東西遭受侵占。也唯有如此，公司方面才得以了解噶瑪蘭人，並有辦法在適當的時候與對方締結友好。[46]

---

[46]　見歐沃瓦特給Nolpé的書信，1647年6月4日。Leonard Blussé et al., eds., *Formosan Encounter*, Vol. III, pp. 191-192.

　　歐沃瓦特會將採煤之事與噶瑪蘭議題一併討論，係牽涉當時蘭陽平原的局勢；先前提及的噶瑪蘭人向公司納貢乙事，一直沒有進展。1647年春天，北臺灣駐地人員委託Theodore與2名三貂頭人前往蘭陽平原警告噶瑪蘭各社後，發現許多村社拒絕聽命於Theodore他們；在本來即與公司關係不佳的掃笏（Sagol-Sagol）社，Theodore與通譯除了遭對方污辱、禁止入社外，還為對方放箭多達5次，所幸沒傷到任何人；在武暖（Baboeloan）社那也遭到同樣的狀況。淡水駐地首長Nolpé悲觀地認為：失序與混亂正在噶瑪蘭當地蔓延，預估今年幾乎無法從該區收到任何貢稅。[47]不過，Nolpé在歐沃瓦特指控Theodore的立場上，雖然對Theodore逾權歪哥之事表示同意，也提及隊長彭恩在場期間曾斥責過Theodore；但是對Theodore在當地的地位，則看法不同：認為公司駐地人員從未自旁人接獲對Theodore的投訴，其本人所作所為也無害，因此「無法判定他是否受其人民尊敬」[48]。

　　但是，翌年1648年4月，Theodore與其他Kimaurij社人前去噶瑪蘭交易時，某一晚在海灘附近存放交易物的小屋睡覺時，為噶瑪蘭人所突襲，當場Kimaurij社人2名遇害，9人重傷，所有的物品被奪走。Kimaurij社人無法說出攻擊者來自哪一社，因為附近的噶瑪蘭村社土著不是禁聲不語，就是佯裝對於此事一無所知。新任淡水駐地首長下席商務員Anthonij Plockhoy認為這「恐

47　*DZII*, pp. 572, 585；江樹生（譯註），《熱蘭遮城日誌（二）》，頁637、660。見Nolpé給歐沃瓦特的書信，1647年5月11日。Leonard Blussé et al., eds., *Formosan Encounter*, Vol. III, pp. 181-183.

48　見Nolpé給歐沃瓦特的書信，1647年7月11日。Leonard Blussé et al., eds., *Formosan Encounter*, Vol. III, pp. 194-195, 197.

怕是孰非聖人的Kimaurij社人所帶給自己的瘟疫」（*Doch het is te beduchten dat de Quimauriers bijna de beste niet en sijn en sulcke plagen selffs over den hals halen*），即有可能是Kimaurij社人咎由自取；因為Tappari的Lucas Kilas以及其他馬賽人通譯曾說過：Kimaurij社人從噶瑪蘭人那獲取物品的方式有時相當粗魯（*als vrij wat stoudt sijn*），寧可使用武力而不是友誼。[49]這恐怕也是並非是聖人的Kimaurij人所帶給自己的瘟疫

　　無論對Theodore的評價是什麼，東印度公司在北臺灣的駐地人員還是得依靠他，甚至在大員的東印度公司高層也不得不默認此事。1650年年初，荷蘭人在無法逮獲於前一年殺害抵百葉（Kipatouwaya）社長老的噶瑪蘭凶手下，臺灣長官Nicolaes Verburch告訴淡水駐地首長Plockhoy，可雇用Theodore與Lucas Kilas協助辦案，因為「他們兩人是狡猾的人」（*als wesende twee geslepe ende doortrapte gasten*）。Verburch還特准Plockhoy：若對方一旦達成任務，可獲一筆不錯的獎金。[50]

八、公司在噶瑪蘭的商務代表

　　隔年1651年年初，淡水駐地首長換成下席商務員Simon Keerdekoe，他認為老是不出席地方會議的噶瑪蘭人，是群只想擁有手持公司藤杖的光榮，而不願對公司表示敬意的人，根本是群完全不值得信任的背信之徒。公司若想從這地區獲取鹿

49　Leonard Blussé et al., eds., *Formosan Encounter*, Vol. III, pp. 229-230.

50　*Ibid.*, pp. 272-273.

皮，與其得像先前私人商販一般費心在當地投資，不如乾脆讓
Kimaurij社人替公司收購噶瑪蘭當地的鹿皮。Keerdekoe說到做
到，為了購得水鹿皮，除了先依大員方面指示將150里爾交給頭
人Theodore與Loupo，另外還將147大里爾交給Tappari社的馬賽
人，並計畫再給Kimaurij社人更多的金額好進行類似的事。[51]不
久，Keerdekoe以噶瑪蘭當地的市場需求量將會很大為理由，又
給了Theodore與Loupo 400里爾，及40疋棉布，好用來收購噶瑪
蘭當地的水鹿皮。換言之，公司交給Theodore與Loupo總額550
里爾與40疋棉布，Tappari社人147里爾，光是現金即總值697里
爾。[52]

　　Theodore與Loupo相當懂得趁勝追擊，進一步向Keerdekoe
要求贊助，用的是Kimaurij社一些基督徒及其親屬的苦境為理
由；提到西班牙人在北臺灣時，教會會負責照料所有貧困的教
徒。西班牙人離去後，Kimaurij社人雖失去援助，但仍持續照料
對方。現在他們在荷蘭人的統治下，也已轉至荷蘭人的基督信
仰，希望公司不要離棄他們，因為西班牙人也從未這麼做。掌旗
官Jacob Baers也為之聲援，宣稱：假如其人手與其他一些善人沒
有出於基督之愛，多花時間供應這些人衣食，對方早已死於飢餓
與寒冷。Keerdekoe雖以Kimaurij社人到目前為止沒有人前來向
公司購買穀物，推想他們仍儲有稻米；不過，他認定Kimaurij族
人雖聲稱擁有基督教之名，按理彼此應提供仁愛與基督情誼，但
有些教徒卻背道而馳。因此，Keerdekoe決定從當下起提供20名

51　*Ibid.*, pp. 350-351, 353.

52　*Ibid.*, pp. 356, 359.

窮人500磅的稻米,此一支出約等於12名半的公司士兵配給量,並請求臺灣長官Nicolas Verburch允許此布施計畫能按月持續施行下去。[53]

　　Verburch答應Theodore與Loupo提出的布施要求,但對Keerdekoe在委託Theodore等人至噶瑪蘭當地收購鹿皮時,採預借現金的做法之事,相當不以為然。Verburch以公司並不習於以此方式做生意,相反的,而是收到對方繳交的鹿皮後才把公司的織物與現金交給對方為理由,認為讓對方習於預先獲得金錢,會讓公司產生呆帳,因為提供大量金錢會有破產的風險。[54] Verburch的顧慮並非空穴來風。早在1646年年初,前述的Lucas Kilas即因負債於東印度公司,而得繳出總額為153兩(tael)4錢(maes)8分(condrijn)的純銀,或總額544: 17: 1基爾德(guilders)。[55] Lucas Kilas積欠債務的確實原因不詳,但應不脫為

53　見Keerdekoe給長官Nicolas Verburch的書信,1651年3月15日。Leonard Blussé et al., eds., *Formosan Encounter*, Vol. III, pp. 355, 358.

54　見長官Nicolas Verburch給Keerdekoe的書信,1651年4月7日。Leonard Blussé et al., eds., *Formosan Encounter*, Vol. III, pp. 364-366.

55　Leonard Blussé et al., eds., *Formosan Encounter*, Vol. III, pp. 50, 51. *condrijn*為日本貨幣單位,100分等於10錢或1兩,1里爾為73分;故153兩4錢8分約為210里爾。1基爾德約為20 *stuivers*,1里爾可分別等同48、52、56或60 *stuivers*,其差異取決於係一般的里爾(56 *stuivers*)或西班牙里爾(52 *stuivers*),或1656年前(48 *stuivers*)後(60 *stuivers*)之別,甚至兌換地點等因素。參考Marc Kooijmans, *VOC-Glossarium*, p. 34; *DZII*, p. 620; Leonard Blussé et al., eds., *Formosan Encounter*, Vol. III, pp. 571-572;Tonio Andrade, *How Taiwan Became Chinese*, p. 292;歐陽泰著、鄭維中譯,《福爾摩沙如何變成臺灣府?》,頁485。544: 17: 1基爾德約為10,880 *stuivers*,若亦值210里爾,則此時1里爾約為52 *stuivers*的兌換率。

先前向公司賒債預購物品。

　　碰巧也在1651年年初，Lucas Kilas也因薪資問題與公司關係鬧僵。早在1648年，淡水駐地首長Plockhoy即比照公司付給喜左衛門一樣的待遇，即一個月12基爾德，另加上2里爾的生活津貼，作為Lucas Kilas替公司服務的俸酬。[56]之後，因Lucas Kilas向長官Verburch要求加薪與增加生活津貼被拒，不想再受雇於公司，辭職獲准。公司因而免去他的Tappari頭人職，並取回象徵公司權威的藤杖。其職位改由Gravello接任，Lucas Kilas原本的薪水也轉給Gravello。[57]雖然大體而言，Gravello相當配合北臺灣駐地人員的要求；不過，他本人與喜左衛門一樣，係屬上了年紀的長者，喜左衛門當年應已近古稀之年。因此，能勤跑噶瑪蘭的，就只有正值34、5歲壯年的Theodore了。[58]

　　不過，成為東印度公司在噶瑪蘭地區商務代表的Theodore與其Kimaurij族人，同年夏天即又在噶瑪蘭當地惹出一場命案。

九、Jan Pleumen之死

　　1651年夏，淡水駐地首長Keerdekoe為了處理為時已久的噶瑪蘭地區內部村社間，不服公司者對歸順公司者的挑釁與騷

56　Leonard Blussé et al., eds., *Formosan Encounter*, Vol. III, pp. 228-230.

57　*Ibid.*, pp. 357, 360.

58　喜左衛門依1643年的文獻資料記載為62歲。*DZII*, p. 54；江樹生（譯註），《熱蘭遮城日誌（二）》，頁50。故1651年時已達70。Theodore依1644年文獻記載為27歲。*DZII*, p. 257；江樹生（譯註），《熱蘭遮城日誌（二）》，頁271。故1651年時應正值34、5歲的壯年。

擾，趁北臺灣馬賽人循往例經由海路前往噶瑪蘭交易之時，下令Theodore小心翼翼地去記錄擁有公司藤杖的歸順村社名單，並委派在Kimaurij的通譯Jan Pleumen與該處駐地士兵一名一同前去處理必要的紀錄，要求他們找出哪個頭人是主要的惡棍，並記下其名字，讓公司在需要時可便於行事。[59]

　　Theodore與Jan Pleumen等人的噶瑪蘭之行，結局是擦槍走火，賠上了Jan Pleumen一條命。起因是在辛仔罕（Sinagangh）社時，一名Kimaurij社人在代表公司的馬賽人處酒醉，與2名噶瑪蘭人打架起爭執，造成一陣騷動，圍觀人群愈聚愈多且喧鬧聲不斷。通譯Jan Pleumen聽到爭吵後，馬上與士兵Roelof Claerschieve帶著火槍，連同Theodore走過去，打算平息此事，但是沒什麼效果，局勢反而有點失控。Jan Pleumen只好退回公司的小船處，Roelof Claerschieve則與Theodore前往其臨時住處。但是，二人一抵住處後，即發現三、四百人出現在房子前，舉著斧頭、箭已上弦，在那大聲叫囂。對方其中一人喊說抓住荷蘭人與Theodore並殺死他們。也正在這期間，Jan Pleumen朝著喧鬧之處回來，順手以火槍開火示警，但是看見發生在Theodore房子前的這一切後，因為知道接著會發生什麼事，馬上在易於防禦之處豎好槍枝。對方看到他後，其中數人立即帶著武器走向他，Jan Pleumen以備妥的火槍瞄準對方，正中其中一人，此人倒地死亡，另一人則手臂重傷。接著對方來了一名土著，舉起斧頭把Jan Pleumen砍成數塊，先是其下半身，然後是手臂，之後砍下首級。命案發生後，對方匆忙撤回Theodore的房子處，宣

59　Leonard Blussé et al., eds., *Formosan Encounter*, Vol. III, pp. 373, 377.

稱也要像砍殺Jan Pleumen般砍殺Roelof Claerchieve，Theodore
若不從也將一併對付；但幸虧Theodore與副手Barnabe已將
Roelof Claerschieve藏起來，對方因而無法得逞。肇事者乃決定
掠劫在場所有Kimaurij社人的錢財與貨物，讓他們一絲不掛，無
一例外。結果不僅是在場無關重要的人，甚至Theodore本人的
衣物也遭到洗劫一空，包括長官Verburch於去年送給他的帽子也
難逃此劫。至於公司方面，也因此損失550大里爾與65塊棉布；
這筆錢與貨物係準備用來交易水鹿皮，由頭人Theodore負責照
料。事後，Theodore本人與其族人則到雞籠城寨投訴。事件調查
後，係辛仔罕社的頭人Tarwee（Tarribe）涉嫌重大；Tarwee是繼
Siabamgoricknou後、自1648年起擔任「歸順的」辛仔罕社的頭
人，此人獲頒公司鑲銀藤杖，成為由6個不同聚落所組成的辛仔
罕頭人。[60]

　　東印度公司對此案的處理態度並不太一致。淡水駐地首長
Keerdekoe認為：為了追捕這些辛仔罕社叛徒，公司應該即刻以
篷船載運200名以上的精兵登陸噶瑪蘭，並加以大肆破壞辛仔
罕社來毀滅對方。完成後，部隊指揮官應在他離開之前，在馬
賽人的小島建立城寨，該小島位一條淡水河旁，終年派人駐紮
以持續巡邏（當然已事先提供肉與米等補給）。Keerdekoe還補
充來自Theodore與副手Barnabe的說法：假如公司派出200餘名
的部隊追捕Tarwee與其同夥時，哆囉滿人與其他村社都會阻止

---

60 *DZIII*, p. 229; W. Ph. Coolhaas, *op. cit.*, p. 539; Chen Shaogang, *op. cit.*, p. 288;
　　Leonard Blussé et al., eds., *Formosan Encounter*, Vol. III, pp. 383-385, 389-
　　390；江樹生（譯註），《熱蘭遮城日誌（三）》，頁234；程紹剛（譯註），
　　《荷蘭人在福爾摩莎》，頁337。

對方，不讓他們進入山區。至於因酒醉毆打噶瑪蘭人而造成Jan
Pleumen遇害的Kimaurij社人則先被監禁，等待大員方面進一步
的指示。[61]不過，長官Verburch雖也認同血債血還，但以大員方
面目前沒有能力出兵，以及部隊非常難以接近噶瑪蘭地區為由，
要求Keerdekoe效法公司在南路與東部的做法一樣，即透過盟社
攻擊對方。每獵一顆叛亂者人頭，即可得5疋棉布的賞金。[62]至於
東印度總督Carel Reniersz，亦持一樣的看法，認為眼前只適合鼓
勵盟社對付辛仔罕社，但每顆男性首級僅賞以3疋棉布。[63]

　　不過，Tarwee與辛仔罕社之事並沒有如任何公司官員的預
期進行。荷蘭人的盟社並未發揮任何效用，根據Kerrdekoe事後
的說法：噶瑪蘭人比我方友人更為強大，我方友人無法在缺乏荷
蘭軍隊的協助下對抗如此強大的敵人。他們也害怕若帶著敵意行
動，遲早會被噶瑪蘭人襲擊並化為焦土。看來，Theodore等族人
在說服不了公司派大軍助陣的前提下，與其孤立無援地當荷蘭人
的馬前卒，不如重拾本行當生意人，繼續至噶瑪蘭從事交易；
因此，長官Verburch到了隔年（1652年）10月，在鑑於噶瑪蘭人
已比先前歸順多了的前提下，心中雖對整件事半信半疑，仍不

61　見Keerdekoe給長官Nicolas Verburch的書信，1651年7月19日。Leonard
　　Blussé et al., eds., *Formosan Encounter*, Vol. III, pp. 385-386, 390-391.

62　見長官Nicolas Verburch給Keerdekoe的書信，1651年9月9日，以及長官
　　Nicolaes Verburch給總督Carel Reniersz.的書信，1651年10月25日。Leonard
　　Blussé et al., eds., *Formosan Encounter*, Vol. III, pp. 407-409, 422, 424. 甘為霖的
　　譯本則省略此段。見William M. Campbell, *op. cit.*, pp. 274-276.

63　見總督Carel Reniersz給長官Nicolas Verburch與臺灣議會的書信，1652年5
　　月21日。Leonard Blussé et al., eds., *Formosan Encounter*, Vol. III, pp. 431-434.

得不對通譯Jan Pleumen之死睜一隻眼閉一隻眼，向總督Reniersz
表示：「激恬恬（kek-tiām-tiām）」與「假毋知（ké-m-chai）」將
是維持和平的最佳且權宜之策。[64]新任總督馬索科亦表贊成此策
略。[65]

　　之後，又過了二年，到了1654年夏天，全臺灣面臨異常的
乾旱，北臺灣據說因為熾熱的太陽而變得荒蕪且焦熱，幾乎無
任何引水可用；蘭陽平原亦不例外。此時，當派駐淡水的商務
員Thomas van Iperen在獲知噶瑪蘭地區有些村社已有百人亡故
時，方自我安慰地表示：「我們察覺到神聖上帝的手無所不在
（*In somma, overall hooren wij van de hand des devijnen Gods*）。」[66]
到了1656年夏，長官凱撒在得知有3名噶瑪蘭長老因害怕公司
報復而不敢前往雞籠城寨時，下令在淡水的下席商務員Pieter
van Mildert不要追究此事，以免「事情一開始就像車輪輪輻
有根橫木卡住般麻煩（*in 't begonnen werck wel een spaeck in 't
wiel mochte raacken*）。」[67]看樣子，Jan Pleumen幾乎是白白死於
Theodore的Kimaurij族人與噶瑪蘭人之間把酒言歡後的擦槍走
火。

---

64 Leonard Blussé et al., eds., *Formosan Encounter*, Vol. III, pp. 441, 450. 原文為
　　*stilswijgen*與*simuleeren*，前者為「靜默」之意，後者直譯為「佯裝」，但在
　　牽涉（軍事、武力）衝突的情境時亦有malinger之意（裝病或借故不執行應
　　盡的職責）。故整個情境可譯為「保持沉默」與「假裝不知道」，即「激恬
　　恬（kek-tiām-tiām）」與「假毋知（ké-m-chai）」。

65 Leonard Blussé et al., eds., *Formosan Encounter*, Vol. III, pp. 462, 465.

66 *Ibid.*, pp. 524-525.

67 見長官凱撒給下席商務員Pieter van Mildert的書信，1656年8月29日。
　　Leonard Blussé et al., eds., *Formosan Encounter*, Vol. IV, pp. 201, 204-205.

十、討價還價

　　至於 Theodore 以及其 Kimaurij 族人在 Jan Pleumen 事件中損失的私人與公司財產，一說有取回，一說沒有；總而言之，眾說紛紜，十足的「十嘴九尻川（chap chhùi káu kha-chhng）」。公司的北臺灣駐地人員也是一頭霧水，Keerdekoe 用「比起從搭蓋巴別塔的人那裡去理解事情好不到哪去（*niet anders uyt te comprehenderen als off men eens van de ambachtsluytden van de Toorn Babel wilden lesen*）」來形容。[68] 公司的損失應該是荷蘭人自己認了，至於 Theodore 等人的損失事後如何解決，東印度公司可就不知情了；但是事後 Theodore 等人還是繼續其習以為常的噶瑪蘭貿易，畢竟 Kimaurij 人與噶瑪蘭人交易時產生意外事故，這也不是第一次。

　　至於 Theodore 的其他事業，並未因 Jan Pleumen 事件受到多大影響。1655 年，公司一方面因自蘇格蘭運至荷蘭本國的煤礦減少，東印度方面無法自荷蘭獲得以往需求的量，公司在爪哇、印度半島東南部的科羅曼德爾（Coromandel）等駐地都欠缺足夠的煤，對雞籠的煤產依賴加重[69]；另一方面，大員方面察覺前一年度自雞籠運來的煤品質變差，量少且含砂量增加，除了用來鋪路外對鐵匠幾乎一無事處，乃要求北臺灣駐地人員控管好品質。[70]

68　見 Keerdekoe 給長官 Nicolas Verburch 的書信，1651 年 8 月 25 日。Leonard Blussé et al., eds., *Formosan Encounter*, Vol. III, pp. 396-399.

69　見長官凱撒給商務員 Pieter Elsevier 的書信，1656 年 8 月 29 日。Leonard Blussé et al., eds., *Formosan Encounter*, Vol. IV, pp. 61, 64.

70　Leonard Blussé et al., eds., *Formosan Encounter*, Vol. IV, pp. 18-19, 21, 61, 64.

我們的煤礦工頭 Theodore 與另一 Kimaurij 社長老 Granvello，告訴大員長官沿海煤礦已採盡，在入山開採有困難的前提下，公司原定的 9 桶收購價，只能提供 8 桶。臺灣長官凱撒在缺煤的壓力下，答應了 Theodore 等的要求。公司並答應想辦法在 3 個月後湊足 200 支鐵楔（isere wiggen）、150 支損槌（moocker）與 150 支鐵鎬（isere houwelen）給 Kimaurij 社人，好開挖覆蓋在岩層下的煤礦。[71]

　　作為一名中介的工頭，Theodore 代表其族人涉入的東印度公司產業不止是煤礦開採。1654 年，東印度公司計畫在劍潭山（Marenatsberg）砍伐林木，作為建築木料。翌年 4 月，臺灣長官凱撒與 Theodore 決定 4 至 5 噚（vademen）[72] 上好樟木幹（camphurhoute blacken）的收購價：5 噚為 10 大里爾，4 噚則為 8 大里爾；大員方面並要 Pedel 隊長關照此事。5 月，公司進一步了解淡水河沿岸的林木產地後，Pedel 計畫以每人每日 8 stuivers 的價格，雇用 Kimaurij 與三貂社人從事伐木。[73]

　　8 stuivers 的日薪，在當時應是合理的薪資。東印度公司雇用從事築堡的唐人苦力，日薪為 6 stuivers，但其中的 9.7% 得以人頭稅名義繳給公司。雇用的歐洲士兵，日薪換算後約為 7 stuivers，但在臺期間只能支領一半，另一半則載於帳簿，俟回

71　DZIII, p. 493, 509；江樹生（譯註），《熱蘭遮城日誌（三）》，頁 471、486。Leonard Blussé et al., eds., *Formosan Encounter*, Vol. IV, pp. 18-19, 21, 28, 31-32, 61, 64.《熱蘭遮城日誌》則將鐵鎬記載為撬棍（koevoeten），並省略數量。

72　1 *vadem* 約為 1 fathom（噚），1 fathom 約為 6 feet（呎）。

73　翁佳音，《大臺北古地圖考釋》，頁 43、183、192；康培德，〈十七世紀上半的馬賽人〉，頁 17-18。

國後發給。[74]不過，Theodore卻臨陣反悔。

同年（1655年）6月，淡水駐地商務員Pieter Elsevier發覺Theodore竟然「根生（tè -chhi ）」裝無辜，先說不知道此事，接著說公司若不提供米糧勢必無法進行。待公司篷船運來200袋米後，Theodore又改口說他從未答應此事，也不知道該如何進行，頂多是向公司駐地人員指出樟木林在哪。[75]長官凱撒知道此事後可火大了，痛罵說Theodore竟敢撒謊，信誓旦旦地說這可是Theodore等人在他本人與臺灣議會議員面前的承諾，說只要按先前西班牙人支付的工資即願為公司伐木。[76]

Theodore之所以會反悔並不難理解。當地人既然將劍潭山稱為marnats/marenas山，就是與marnas（禁忌）有關。早在1644年9月隊長彭恩率軍征伐噶瑪蘭時即遇到所謂的marnas，當時彭恩在蘭陽平原所向披靡，各社莫不派人來表示願意與荷蘭人「結盟」；不過，當彭恩要求歸順納貢時，當地人回說此時恰逢農作收穫時節，如播種時節一樣是marnas，人畜不可在各地走動，物品也不許在各地流動，以免帶來霉運。彭恩只好答應對方，待marnas結束後再帶著規定的貢品前往雞籠城寨。[77]其實早在1654

---

74 韓家寶，《荷蘭時代臺灣的經濟、土地與稅務》，頁69-70、143-145。

75 見商務員Pieter Elsevier給長官凱撒的書信，1655年6月30日。Leonard Blussé et al., eds., *Formosan Encounter*, Vol. IV, pp. 72, 79-80.

76 見長官凱撒給商務員Pieter Elsevier的書信，1655年8月28日。Leonard Blussé et al., eds., *Formosan Encounter*, Vol. IV, pp. 91-92, 98.

77 *DZII*, pp. 340, 342-344; Leonard Blussé et al., eds., *Formosan Encounter*, Vol. II, pp. 470-471, 474, 476；江樹生（譯註），《熱蘭遮城日誌（二）》，頁359、361-362。

年初，北臺灣公司駐地人員在探勘林木時，就已察覺當地人是以「迷信般的敬畏」態度面對劍潭山[78]；換句話說，就算 Theodore 本人願意，其族人恐怕願共襄盛舉者也屈指可數。當然，最後所謂的「上好樟木」也因事實上是木質不佳的茄冬樹等因素而作罷。[79]

十一、尾聲

我們的故事主角 Theodore 雖經歷了西班牙人的蒞臨與遠離，但僅眼見荷蘭人的到來而未有機會目睹「紅毛人」離去。據載，Theodore 於 1656 年 11 月 15 日去世，享年 39 歲，正值人生的壯年，據說是遭下毒身亡（*met vergift soude omgebracht sijn*）。[80]

Theodore 臨終前一年的活動，也不改其先前的模式。1655年初，Theodore 夥同 Tappari 的頭人 Toebas Parragou 以及 4 名 Kimaurij 社人，以替淡水駐地商務員 Thomas van Iperen 送書信為由，要求「一同」前往大員觀見長官凱撒。[81] 凱撒當然覺得送封無關緊要的例行書信如此大費周章有點離譜，在與 Theodore 及同行的 Kimaurij 社長老 Granvello 商議好雞籠煤礦與淡水木材的交易後，Theodore 本人除了不忘從大員長官那先領取應得的 40

---

78 *DZIII*, p. 300；江樹生（譯註），《熱蘭遮城日誌（三）》，頁 291。中譯略過此句。

79 翁佳音，《大臺北古地圖考釋》，頁 43。

80 見商務員 Egbert Codde 給議長揆一（Frederick Coyett）的書信，1657 年 3 月 14 日。Leonard Blussé et al., eds., *Formosan Encounter*, Vol. IV, pp. 243, 245.

81 見商務員 Thomas van Iperen 給長官凱撒的書信，1655 年 2 月 9 日。Leonard Blussé et al., eds., *Formosan Encounter*, Vol. IV, pp. 2, 6.

里爾，還以 62 *stuivers* 換 1 里爾的高匯率預支 200 里爾，預支的金額承諾回到雞籠後將還給公司。[82] 不過，到了 10 月，北臺灣駐地下席商務員 Pieter van Mildert 仍只從 Theodore 那收回了 100 里爾。[83]

也在同一年，Theodore 與 Barnebe 二人以 Kimaurij 社頭人兼首長（*cabessa's en opperhoofden*）身分為 Kimaurij 社人向長官凱撒投訴：噶瑪蘭的抵美福（Tomecho）社與珍仔滿力（Pinabarat）社的頭人們奪走 Theodore、Barnebe 以及其他 Kimaurij 社人 600 里爾，因為 Theodore 等人不知如何取回其財產，乃要求公司迫使對方就範。凱撒不得不於 5 月底下令淡水駐地商務員 Pieter Elsevier 進行調查此一荷蘭人根本不知來龍去脈的事，若查明一切屬實的話，凱撒要求 Elsevier 得設法幫 Theodore 等人取回損失的財物。[84]

一直到他去世前，Theodore 還是北臺灣公司駐地人員的好幫手。1655 年 11 月，Theodore 與 Harmen Westhoff 一同擔任淡水河、武勝灣河沿岸民眾控訴通譯 Lucas Kilas、Tijmon Breda 二人敲詐錢財等不當行為起訴案中的翻譯。[85] 隔年 1656 年年初，北臺灣發

82 見長官凱撒給商務員 Thomas van Iperen 的書信，1655 年 4 月 19 日 Leonard Blussé et al., eds., *Formosan Encounter*, Vol. IV, pp. 26, 29-30, 32.

83 見商務員 Thomas van Iperen 給長官凱撒的書信，1655 年 10 月 17 日。Leonard Blussé et al., eds., *Formosan Encounter*, Vol. IV, pp. 123, 132.

84 見商務員 Pieter Elsevier 給長官凱撒的書信，1655 年 5 月 10 日、1655 年 8 月 28 日；商務員 Pieter Elsevier 給長官凱撒的書信，1655 年 6 月 30 日。Leonard Blussé et al., eds., *Formosan Encounter*, Vol. IV, pp. 61-62, 64, 71, 79, 92, 99.

85 Leonard Blussé et al., eds., *Formosan Encounter*, Vol. IV, pp. 104-117.

生八里坌（Parragon）、南崁（Percoutsy）和Mattatas等社民眾襲擊在海邊捕魚、撿蠔的漁民事件，Pillien、北投（Rappan）和林仔社（Chinaer）的人也跟著起鬨，打死了數名唐人。[86]不過，林仔社的頭人於2月底即向Theodore、長老Granvello Loemas以及副手Thobas Bauw哭訴：自己係為部分社眾所脅迫才參與攻擊唐人。[87]

　　不過，Theodore去世後沒多久，公司方面開始有了不同的想法。先是1657年年初，新任的北臺灣駐地首長下席商務員Egbert Codde注意到，淡水河沿岸的各社頭人循例前來見新任公司代表時，噶瑪蘭人也不例外，大多出席，除了抵美福（Tomegoch）、抵美簡（Pattongadiuan），以及珍仔滿力（Pinabarath）等三社未派代表。Codde於是詢問前來的其他噶瑪蘭代表，得到的答覆是：缺席的3社的確是公司的盟友，因害怕遭受傷害而缺席。Codde當然不得其解，不過覺得目前一切無恙；只要公司讓對方雙手載滿禮物、肚子裝滿酒，這些人其實都會按照與公司的約定而行。[88]

　　到了夏天，商務員彭實上任北臺灣駐地首長職後，派助理Jacob Balbiaen去噶瑪蘭、哆囉滿實地走訪一趟。Balbiaen在噶瑪蘭遇見一名叫武歹（Boutay Sataur）的Tagadouang社人，他係數

86　*DZIV*, pp. 8-9；江樹生（譯註），《熱蘭遮城日誌（四）》，頁7；翁佳音，《大臺北古地圖考釋》，頁148。

87　*DZIV*, p. 28；江樹生（譯註），《熱蘭遮城日誌（四）》，頁31; Leonard Blussé et al., eds., *Formosan Encounter*, Vol. IV, pp. 156-157, 166-167, 171.

88　見商務員Egbert Codde給議長揆一的書信，1657年3月14日。Leonard Blussé et al., eds., *Formosan Encounter*, Vol. IV, pp. 242-243, 245.

年前為公司任命為該社的頭人，並授予公司藤杖。但這位武歹想把藤杖交還Balbiaen，說其族人不想再與公司為友，特別是代表公司的Kimaurij通譯Theodore來向他們索取繳交公司的貢稅物後，他即不想再領有公司藤杖擔任所謂的頭人，反正他本人哪也不去，只在自己村社活動，不理會外面的事。Balbiaen當然勸武歹不要衝動，繼續擔任公司頭人，且公司早已廢除貢稅[89]，他此行前來只是走訪當地的公司盟友，且公司在不久將會派兵前來討伐與公司為敵的人。武歹一聽即嘀咕道：其族人至少可抵擋300名荷蘭士兵，一點都不怕。不過，Balbiaen還是款以菸酒後，才讓武歹回去。事後，荷蘭人方面聽說武歹他們只有30名的武力，且據認識他的Kimaurij社馬賽人的說法，武歹是個只要一逮到機會即出去偷搶的傢伙。[90]

　　事到如今，整個圖像似乎有了不同的角度。到了10月，北臺灣駐地首長彭實向大員的臺灣議會議長揆一報告：這麼多年來，Theodore與Loupo等Kimaurij的頭人，根本是假借公司名義在噶瑪蘭地區大飽私囊，他們私下自噶瑪蘭帶回稻米、獸皮、奴僕後，偷偷地藏在村社，然後再去觀見公司駐地首長，誇口說為公司辦了多少事，遭遇多少困難後，再從公司那獲得補償。當噶瑪蘭人一來到雞籠，他們即帶對方前來觀見駐地首長，以榮耀首長之名讓公司盡招待之實。其實，這些Kimaurij人既是公司駐地

---

89 東印度公司自1648年起即廢止向歸順的村社徵收貢稅年，算起來應該是將近9年前的事。

90 Leonard Blussé et al., eds., *Formosan Encounter*, Vol. IV, pp. 281, 296. Tagadouang在1640年代後半噶瑪蘭地區的村社人口、戶數調查中又記為Tedoggedan/Tatoggedaen，當時是個擁有30餘戶、150餘人的村社。

首長的通譯，也是噶瑪蘭人的通譯，對雙方所說的話都有所保留，只讓其中一方知道這些Kimaurij人想讓對方知道的事。對噶瑪蘭人來說，公司只是透過這些Kimaurij人的嘴而存在。彭實進一步從來訪的噶瑪蘭人那察覺，Kimaurij人其實是用公司的名義從噶瑪蘭人那為自己購入大量的稻米與獸皮。換句話說，整個過程有如Kimaurij人請客，東印度公司買單。漸漸地，噶瑪蘭人也發覺拿獸皮直接與駐地荷蘭人交易比與打著公司名號的Kimaurij人買賣划算得多。透過Balbiaen的實地走訪所獲的資訊，彭實建議直接在離海岸半小時路程的哆囉美遠（Talabiawan）社成立由荷蘭人經營的驛站（logie）。至於哆囉滿人，彭實亦持相同的看法，認為其實是Kimaurij人從中作梗。總而言之，所謂「狡猾的Kimaurij馬賽人係藉由抹黑讓我們懷疑對方，認為荷蘭人在那一定會被打死，此一策略係讓我們與噶瑪蘭、哆囉滿間保持距離，Kimaurij人才有機會以公司的名義居中獲利。」[91]

彭實沒多久即得了所謂的「淡水（風土）病（Tamsuyse ziekte）」，於任上去世。事後，大員方面於1658年派商務員Nicolaas Loenius接任其北臺灣的首長職。同一時期，助理Jacob Balbiaan和Harman Broeckman奉命帶兩名士兵前往哆囉滿嘗試直接交易黃金；另外，助理Van der Meulen則獲派前去哆囉美遠（Tallabayawan）從事鹿皮交易。[92] Theodore生前所謂「公司

91　見商務員彭實（Pieter Boons）給議長揆一的書信，1657年10月28日。Leonard Blussé et al., eds., *Formosan Encounter*, Vol. IV, pp. 349-354, 359-364.

92　*DZIV*, p. 311; W. Ph. Coolhaas, *Generale Missiven, deel III*, p. 238; Chen Shaogang, *op. cit.*, p. 458；江樹生（譯註），《熱蘭遮城日誌（四）》，頁372；程紹剛（譯註），《荷蘭人在福爾摩莎》，頁508；中村孝志，《荷蘭時

在噶瑪蘭的商務代表」的時代，正式畫下句點。對公司北臺灣駐地人員而言，Theodore或許就如同其於文獻中偶會出現的全名——Theodore Hermano中的Hermano：如軍中同袍一般的手足兄弟；其中介、通譯、頭人等角色，有如公司在北臺灣不可或缺的夥伴般。但對荷蘭東印度公司來說，Theodore的另一面恍如揮之不去的夢魘：「歪哥（oai-kô）」當然是免不了，本人及其族人與噶瑪蘭人間的私下糾葛，讓公司捲入此一紛爭，還賠上人命，或許還真的「帶衰（tài-soe）」。

十二、歷史的機緣：為什麼是雞籠一帶的Kimaurij人？

Tappari人與Kimaurij人都是位北臺灣海岸一帶的馬賽人，十七世紀初的分布範圍約在淡水河口至基隆港灣一帶。兩者雖習俗相同，但彼此涇渭分明，不過不至於到互不通婚；彼此間存在的勝過對方的企圖，但又不至於到互為仇敵。二者聚落都是散村的形態，並未形成二個集村，一般多以Tappari在西，Kimaurij在東。兩群人的關係，類似同語族但分屬不同的地域，彼此的核心親屬群亦可能有所別。另一方面，1632年西班牙神父Jacinto Esquivel的紀錄，算是最早提及Tappari與Kimaurij二者之別的資料，紀錄提及Tappari與Kimaurij係同宗，且Kimaurij人都是Tappari人。[93] 換句話說，此時Tappari人是包含Kimaurij人的。

代臺灣史研究上卷》，頁242。

93 José Eugenio Borao et al., eds., *Spaniards in Taiwan*, Vol. I, p. 166；翁佳音，《大臺北古地圖考釋》，頁79；陳宗仁，〈1632年傳教士Jacinto Esquivel報告的解析——兼論西班牙占領前期的臺灣知識與其經營困境〉，《臺灣文獻》

　　1642年，待荷蘭東印度公司接手北臺灣時，Sisinjan是Tappari與Kimaurij兩群共通的頭人。荷蘭人扶植通譯Theodore為頭人時，一開始也是計畫讓他成為兩地的頭人，只是事與願違，當時年僅25、6的Theodore只能作為其Kimaurij族人與荷蘭人間的中介，無法代表Kimaurij以外的Tappari人（若此時Tappari人仍包含Kimaurij人的話）。此即Lucas Kilas之所以能出來代表Tappari人（不含Kimaurij）與荷蘭人間的中介之故。

　　之後，荷蘭東印度公司的紀錄中，Kimaurij人與Tappari人更明確係分指兩群人，彼此間的隸屬關係已不復再，但與三貂社人一同稱之為馬賽人。不過，在公司的村社人口、戶數調查資料中，可看出荷蘭人以語言、地緣分類馬賽人時的兩難：1640年代，Tappari係與淡水河流域沿岸的村社一同登錄，Kimaurij與三貂雖載明為馬賽人，卻與噶瑪蘭村社同一欄；1650年的分類則將Tappari、Kimaurij與三貂獨立為馬賽人一欄，與淡水河流域或噶瑪蘭都無關；但1654年以後又將Tappari併回淡水河流域沿岸的村社欄，馬賽人一欄僅剩Kimaurij與三貂。此一分類上的變化，除了有語言、地緣上的思考，當然也反映某一特定年代北臺灣的公司駐地人員如何思考轄境內村社、人群彼此間的關係。但不論如何，Tappari、Kimaurij已是兩群互不隸屬的群體，且從荷蘭時代已知的1640年代中葉至1650年代中葉的村社人口、戶數資料來看，Kimaurij人數、戶數均為所有馬賽人之冠。

61.3（2010），頁12-13。

表6-1　馬賽人的戶口調查資料分類與人口、戶數表

	1646年9月	1647年5月	1648年5月	1650年5月	1654年3-4月	1655年3月
… Tappari	淡水河與武勝灣河沿岸的淡水村社		淡水村社：淡水河沿岸	淡水村社：…	與公司結盟的淡水河沿岸村社	
Kimaurij 三貂		雞籠嶼至整個噶瑪蘭灣的北方村社：馬賽人	Kimaurij、三貂到整個噶瑪蘭灣的村社：馬賽人	Kimaurij 至三貂：馬賽人村社	馬賽人村社	
… … …				噶瑪蘭灣	與公司結盟的噶瑪蘭村社	
Tappari	278 /84	288 /84	280 /84	325 /87	250 /72	157 /48
Kimaurij		408 /117	500 /120	541 /130	506 /134	491 /130
三貂		311 /90	360 /86	375 /86	360 /92	—

說　明：1. 1646年9月的資料由公司士兵與 Lucas Kilas 起草，僅包含淡水河
　　　　　與武勝灣河沿岸的淡水村社。

　　　　2. 欄位中刪節號「…」表示原文尚有其他文字記載，但與本文無關
　　　　　而刪除；如左方第一欄中的刪節號表示原文項下還有其他村社，
　　　　　但因與本文討論無關而刪除。

　　　　3. 人口、戶數值的表示，數值前方有「／」符號者表戶數，如/84表
　　　　　示84戶；前方無符號者表人口數，如278表示278人。

資料出處：Leonard Blussé and Natalie Everts, eds., *Formosan Encounter*, Vol. III,
　　　　　pp. 123-124, 187-188, 235-236, 293-294, 501-502; *Formosan Encounter*,
　　　　　Vol. III, pp. 12-15；中村孝志著，吳密察、翁佳音、許賢瑤編，《荷
　　　　　蘭時代臺灣史研究下卷》，頁22、27。

　　雞籠一帶Kimaurij的崛起，明顯係為西班牙人、荷蘭人曾先
後將雞籠視為北臺灣的行政重心影響所致。西班牙人在北臺灣
的16年間，雞籠為其首要的駐地，在臺歷任最高行政首長皆以

社寮島上的雞籠城寨為駐地。[94]荷蘭人於1642年攻克北臺灣後，
Johannes Lamotius、Hendrick Harroussé等高階軍職人員駐防期
間，雞籠係東印度公司主要的北臺灣駐點，淡水方面僅由中尉職
的Thomas Pedel負責。之後，約在1644年左右，隨著Harroussé
等高階軍職人員離去，大員方面開始派任商務職的公司雇員至淡
水擔任駐地首長，雞籠方面僅由掌旗官Hendrick Jacob Baers負
責，加上之後北臺灣的地方會議係以淡水為主場，淡水的重要性
即逐漸超越雞籠，成為北臺灣的公司駐地重心。

　　當西班牙人與荷蘭人相繼於雞籠設置北臺灣的據點時，雞籠
一帶的Kimaurij人乃為其所依賴的中介者或代理人，負責處理雞
籠以東，以及繞行東北角至蘭陽平原的地方事務，此措施明顯有
助於提升Kimaurij人在（或對比於）Tappari人、甚至在馬賽人中
的重要性。[95]

　　若我們再拉大時間與空間的尺度，北臺灣的崛起，係十六世
紀的事。約略在1570年以後，北臺灣的淡水、雞籠兩地已成為
唐人與日人間的一處重要交易地。[96]而淡水（洋）、雞籠（山）名
稱的由來，則是航行於福建、琉球間海員的庶民用語，前者與取
水、後者與航向指標有關。淡水、雞籠此二稱呼，約略在十六世

94　曹永和，〈荷蘭與西班牙占據時期的臺灣〉，收於氏著，《臺灣早期歷史研
　　究》，頁30；José Eugenio Borao, *The Spanish Experience in Taiwan, 1626-
　　1642*, pp. 103-134；鮑曉鷗（José Eugenio Bora）著，Nakao Eki譯，《西班牙
　　人的臺灣體驗（1626-1644）》，頁171-230。

95　翁佳音，《大臺北古地圖考釋》，頁79。

96　曹永和，〈明鄭時期以前之臺灣〉，收於氏著，《臺灣早期歷史研究續集》，
　　頁46-48；陳宗仁，《雞籠山與淡水洋》，頁130-166。

紀中葉左右，逐漸取代出自文獻用語、但不盡然獨指北臺灣的小琉球一詞，成為代表北臺灣的地名。[97]

　　至於當時在臺灣活動的唐人，約在十七世紀初，亦有「大幫坑」、「沙巴里」等地名來代表北臺灣。大幫坑即八里坌一帶，沙巴里則指淡水一帶。[98]考慮當時在臺活動的唐人多循水路，則可進一步推論二者係以淡水河口為界，前者指河口以西，後者為河口以東。若以讀音接近將沙巴里視為 Tappari，在早期地名用語並無明確邊界、且會隨時代調整地理範圍的前提下，沙巴里所指的範圍，循著 Tappari 人的分布範圍，從淡水河口向東繞過富貴角至基隆港灣，並非不無可能。這也與 1632 年紀錄中的 Kimaurij 人都是 Tappari 人此說法相符，即十七世紀初北海岸一帶係以沙巴里（Tappari）的概念為主。至於 Kimaurij，係西班牙人來到雞籠後，方逐漸從 Tappari 中突顯出來，到了荷蘭時代即與 Tappari 等同。[99]

97　陳宗仁，《雞籠山與淡水洋》，頁63-76。

98　〔清〕陳第，〈東番記〉，《流求與雞籠山》，文叢196（臺北：臺灣銀行經濟研究室，1964），頁89；翁佳音，《大臺北古地圖考釋》，頁79；〈蕃薯圖像的形成：十六、十七世紀臺灣地圖的研究〉，「空間新思維——歷史與圖學國際學術研討會」，國立故宮博物院主辦，2008年11月7－8日。

99　對比於 Tappari 是沙巴里，亦有以讀音接近而將 Kimaurij 視為金包里的說法。見翁佳音，《大臺北古地圖考釋》，頁106-111。反對者則視 Tappari 為十八世紀以來文獻中的金包里社、Kimaurij 為大雞籠社，其主要論點為十七世紀的 Tappari、Kimaurij 所在地對應於十八世紀恰為金包里與大雞籠，屬時間變動但空間連續（不變）的概念。不過，若將 Kimaurij 視為金包里，對歷史過程的解釋，將是雞籠一帶的 Kimaurij 於十七世紀自 Tappari 獨立分出後，於十八世紀時擴張至 Tappari 原有的地域（即金山鄉一帶），而留在雞籠一帶的 Kimaurij 人則成為文獻中的大雞籠社；屬時空間都變動的概念。

　　我們的主角Theodore，即是在此一歷史機緣中趁勢崛起，在他9歲或10歲左右，西班牙人蒞臨北臺灣，於雞籠設立據點。Theodore於成長過程接受基督教，之後又成為歐亞異文化間的中介，荷蘭人來後又因緣際會地由通譯轉為頭人。不過，也因他本人的限制，只能代表Kimaurij，但卻也進一步突顯出Kimaurij的位置與重要性。

十三、小結

　　海洋會隔離外界，也能連接外界，其功能與交通要件、世界潮流等習習相關。臺灣島史的概念之一，即在思考不同的時代隨著周邊國際情勢的變化，讓島（或島的一部分）的位置產生不一樣的價值與意義。歷史的發展與解釋，也因此有了不同的角度與啟示。[100]從大時空尺度鳥瞰，十六世紀中葉以來的東亞國際局勢發展，讓北臺灣在貿易航道中逐漸突顯其地位。我們所熟知的北臺灣馬賽人，即在此脈絡中突顯出不同的歷史圖像。[101]從微觀的角度來看，十七世紀時西班牙人、荷蘭人進駐北臺灣，讓雞籠的地位突出，也造就了Kimaurij人與我們故事主角Theodore的一生。

　　大航海時代是充滿機會、人群流動的時代，十七世紀初的北臺灣即為此縮影。但另一方面，近世初期的殖民地社會雖有其控

---

100 曹永和，〈臺灣史研究的另一個途徑──「臺灣島史」概念〉，頁447。

101 翁佳音，〈近代初期北部臺灣的商業與原住民〉，頁45-80；又收於氏著，《荷蘭時代：臺灣史的連續性問題》，頁43-75；康培德，〈十七世紀上半的馬賽人〉，頁1-32；José Eugenio Borao, *op. cit.*, pp. 53-101；鮑曉鷗，《西班牙人的臺灣體驗》，頁93-169。

制上的局限，但從底層人物的生活史中，仍可看出殖民地的陰影烙印在其身影上。面對外來的勢力，底層人物的生存策略從集體對抗、個別反抗、個別妥協、體制內競爭等方式無所不包[102]；十七世紀初的北美原住民部落領袖Opechancanough，透過族人的集體力量與歐洲人一較長短，即為集體對抗的例證。[103]這也讓我們想到十七世紀時享有中畫王（*Keizer van Middag*）稱呼的大肚王（Quataong）甘仔轄（Camachat Aslamies）與其族人，係如何與節節逼近的東印度公司勢力周旋。[104]不過，底層人物並非全然以族群背景來劃分，流落北美殖民地的荷蘭人Jacob Young，即是在體制內求生存的案例。[105]臺灣方面，曾擔任荷蘭改革宗教會探訪傳道的新港社女子Tagutel荷蘭籍夫婿范勃亨，其個人史也呈現類似的圖像。

另一方面，歷史敘述若過於拘泥於史料記載，有時往往會過度強化殖民者，將土著視為被動的弱者[106]，忽略其遊走於結構中

---

102 Gary B. Nash and David G. Sweet, "General Introduction," in David G. Sweet and Gary B. Nash, eds., *Struggle and Survival in Colonial America* (Berkeley: University of California Press, 1982), pp. 1-13.

103 J. Frederick Fausz, "Opechancanough: Indian Resistance Leader," in David G. Sweet and Gary B. Nash, eds., *op. cit.*, pp. 21-37.

104 翁佳音，〈被遺忘的原住民史——Quata（大肚番王）初考〉，《臺灣風物》42.4（1992）：145-188；又收於氏著，《異論臺灣史》，頁51-95；中村孝志，《荷蘭時代臺灣史研究下卷》，頁71-102。

105 Francis Jennings, "Jacob Young: Indian Trader and Interpreter," in David G. Sweet and Gary B. Nash, eds., *op. cit.*, pp. 347-361.

106 Gary B. Nash and David G. Sweet, *Struggle and Survival in Colonial America*, pp. 19-20.

的可能性，也淡化與對立面連結的社會網絡對歷史發展的影響與解釋。Theodore的故事也許不完美，但他的確善用十七世紀歐洲人為北臺灣帶來的歷史機緣，雖不見得會成為東印度公司統治北臺灣時不可或缺的人物，但其一生卻拼湊出當時北臺灣社會的縮影。

第七章

紅毛先祖？
——新港社、荷蘭人的互動歷史與記憶

一、前言

　　十九世紀末的英國駐大清國領事人員郇和（Robert Swinhoe），在其著作中曾經留下一段耐人尋味的記載。當時，應郇和「找尋通曉羅馬字人群」之請，一名外觀與漢人無異的大清軍官前來與其見面。這名出身新港社的清軍告訴郇和，其族人是當年鄭成功攻克臺灣後，留在臺灣對新主人宣誓效忠的三千名荷蘭人（紅毛）後裔，主要居住在新港社及其南、北各一的大社；與漢人通婚的人，則散布在全島各地。[1]這名新港社清軍的說

1　William M. Campbell, *Formosa under the Dutch*, p. 551. 另一類似的說法來自1909、1910年間臺灣總督府民政部警察本署所主導的熟番調查書彙編，據說當時鹽水港廳轄下即有南島語族稱荷蘭人是自己民族的祖先；如哆囉嘓西堡吉貝耍庄的李見旺還保留了據稱是荷蘭時代用於交易的印章。參見翁佳音、陳怡宏（譯），《平埔蕃調查書》（臺南：國立臺灣歷史博物館，2013），頁133-134。值得注意的是新港社所屬的臺南廳，調查書對荷蘭時代的理番沿

法，當然不是事實。回顧荷蘭東印度公司降鄭時的歷史，島上的歐洲裔軍人多撤離到爪哇；即使有人為了躲避鄭軍來襲而逃到臺灣內陸，人數也寥寥可數。何況事實上，東印度公司派駐臺灣的部隊，從來不曾達到三千人。如果這名新港社軍官所言係其族人相信的歷史，那麼這批「三千人」的「紅毛」部隊，或許是當年荷蘭人從事島內征伐時，收編為公司輔助武力的臺南平原四大社（新港、麻豆、蕭壠、目加溜灣）祖先，經由後代輾轉相傳後而與正式支領公司薪水的雇傭士兵混為一談。[2]

　　類似的情形他處可見。1864年隨英國長老教會來臺的宣教師馬雅各醫師（Dr. James Laidlaw Maxwell），當時也常伴隨柯

　　革敘述多於鹽水港廳，但並未有荷蘭先祖此一說法。不過，若考慮調查時的背景與實施方式，該資料除了反映當時受調查者對過往的詮釋，如苗栗廳警務課直轄的貓閣社是先秦時自中國渡海來臺（頁55），亦有可能在匆忙中有所誤差或遺漏。至於吉貝耍庄李見旺所說的交易印章，可能是大清領臺時的通事、社長印。此例類似後文所提及的屏東縣來義鄉古樓社排灣族將大清國官員馴化番人用的「勸番歌」視為更早的「荷蘭歌」，為將前期的事物連結、詮釋至更早期的時代。熟番調查書彙編中也另有類似的例子，將當時屏東地區天主教普及於族人的現象上推至所理解的荷蘭、西班牙時代，尋求合理的連結；即阿緱廳的族人認為荷蘭人與西班牙人係以臺南為界分治臺灣：荷蘭人在北而西班牙人在南，因此本廳轄下的族人多信奉天主教。港西中里老埤庄的潘乾坤更認為其先人「卡拉歪」曾於赤崁從荷蘭人受教育，數年後則受西班牙人教育。參見翁佳音、陳怡宏（譯），《平埔蕃調查書》，頁81-83。

2　荷蘭東印度公司統治臺灣南島語族時，曾對各社人口、戶口進行調查；前者用於估算各社可提供的武裝力量，後者用於作為向各社徵收年貢的單位數。東印度公司與歸順村社訂定的條約中，亦明載各社歸順後有出兵協助公司與敵對村社作戰的義務。參見康培德，《臺灣原住民史》，頁103-107、167-168。

靈烏（Cuthbert Collingwood）、J. Thomson、必麒麟（William A. Pickering）等學者、官員拜訪「番人」。[3]馬雅各初次拜訪岡仔林（Kongana）時，當地一名耆老前來見他，並以幾近失傳的族語試圖與馬雅各交談；當耆老發現馬雅各完全聽不懂他所說的一切時，顯然非常失望。這些住在岡仔林的平埔番（Pepowhans）[4]，似乎認為祖先留下來的族語應該可以和眼前的「紅毛番」溝通。[5]不僅如此，當時在府城傳教的宣教師甘為霖（William M. Campbell）也注意到：新港社人仍能指出田間某些丘崙是當年荷蘭人搭蓋建築的處所，一名老者甚至描述其年幼時，當族人苦於饑荒或流行病時，會在日落時分前往這些傳說中的土丘，面西向

3　George Williams Carrington, *Foreigners in Formosa, 1841-1874* (San Francisco: Chinese Materials Center, 1977), pp. 118, 120, 125; Harold M. Otness, *One Thousand Westerners in Taiwan, to 1945: a biographical and bibliographical dictionary* (Taipei: Institute of Taiwan History, Preparatory Office, Academia Sinica, 1999), pp. 112-113.

4　至少不晚於十八世紀初，即康熙末年期間，新港社即分化出文獻中所稱的卓猴社。之後，約在乾隆年間以前，新港社人自荷蘭時代位今新市鄉番仔厝、社內一帶的主居地，往東及東南在位今山上鄉的陳仔口，左鎮鄉的頭重溪、摔死猴、岡仔林、二寮，往南在位今龍崎鄉的九芎林、龍船窩、石石曹，田寮鄉的狗氲氳、古亭坑、頭水仔、田草寮、牛草埔、茄苳湖、大崎頭等地，建立新的遷徙地。馬雅各等英國長老教會人士於1870、71年間，在新港社後裔的主要移居地——木柵、柑仔林、岡仔林、拔馬等地設立4所教會，即所謂的山岡四站（four hill stations）。參見蔡承維，〈大崗山地區古文書的出土及其特色〉，陳秋坤、蔡承維（編著），《大崗山地區古契文書匯編》（臺北：中央研究院臺灣史研究所，2004）頁21-22。

5　Joseph Beal Steere, *Formosa and Its Inhabitants* (Taipei: Institute of Taiwan History Preparatory Office, Academia Sinica, 2002), p. 78.

海搥胸嚎啕，希望荷蘭友人儘速回來解救其苦難。[6]這些敘述，讓來臺的西方人印象非常深刻，如時任打狗海關官員、與原住民頗有接觸的必麒麟，即如此推測：他們若不是從當年互動關係的殘存印象去追憶「紅毛友人」，便是在大清帝國統治下，因應一般官民將南島民族、西洋人都化約稱「番」的認知，進一步去連結本身與西洋人的關係[7]，但是，比其他也曾與荷蘭人互動過的部落，新港社後裔為何對歷史上的紅毛關係詮釋得最為深刻且細緻？

審視十七世紀荷蘭東印度公司與臺灣原住民互動的歷史，新港社與荷蘭人複雜深厚的關係，恰與日後新港社後裔的歷史詮釋頗能呼應。因此，本章藉由相關文獻的整理，試圖從新港社正式歸順荷蘭東印度公司前的部落經驗、歸順公司後的基督教改宗歷程、新港社在臺南平原南島民族「社會」中的位階變化，以及與歐洲人通婚的對象、比例等，探討新港社異於其他部落的「紅毛關係」，以了解其荷蘭經驗如何影響其十九世紀末後裔的歷史詮釋。

二、異質的部落歷史經驗

在當代的語群分類中，十七世紀的新港社，係與大目降、目加溜灣、蕭壠、麻豆等社劃屬於西拉雅人。在1636年，臺南地

6　William M. Campbell, *Formosa under the Dutch*, p. 547.

7　William A. Pickering, *Pioneer in Formosa: reflections of adventures among mandarins, wreckers, and head-hunting savages*（London: Hurst and Blackett, 1898）, pp. 115-129.

區與屏東平原的南島民族村社一起歸順荷蘭東印度公司前，個別村社與荷蘭人的互動經驗不盡相同；其中，在1623年荷蘭人初登大員灣時即與其有所接觸的新港社[8]，際遇最為特殊。

　　綜觀1620至1630年代前半這段時間，臺南平原的西拉雅各社正處於微妙的地緣政治氣氛下；透過部落之間的馘首戰爭，部落內婚與男性年齡層級制的運作，各村社自成一社會生活的基礎單位。這些村社依不同的人口規模而形成影響力不一的地方勢力，相互結盟或彼此攻擊。人口介於1,500至2,000人之間的麻豆、蕭壠二社，算是兩股主要的勢力；人數在1,000名上下的新港、目加溜灣，則需依附強者或援引外力以求自保。至於大目降，在1637年10月大嗙（Teopan或Topangh）、知母義（Tibolegan）二社住戶遷入才達到500名的規模前，只是個微不足道的小社。文獻資料與相關研究均指出，1620年代末期的麻豆社勢力已不可忽視，目加溜灣社為其轄下盟友；1629年，麻豆人重挫東印度公司武力後，麻豆社頭人大加弄更企圖將其影響力伸至新港社。然而，北方以諸羅山社為首、南邊來自阿猴社的勢力，則讓西拉雅各社發展出更複雜的關係。1630年，諸羅山社的強大力量，曾讓目加溜灣、蕭壠、麻豆等3社一度結盟，以為對抗。阿猴社的威脅，除了讓新港、蕭壠等2社於1634年聯合出兵外，亦讓新港社折損4名頭人。在這種各社以力相搏、合縱連橫的形勢下，新港社並不具備成為地方重要勢力的條件；因此，1636年以前的新港社，僅能透過結盟以抵禦近逼的麻豆

8　1624年，荷蘭人以棉布與新港社易地搭蓋商館，為東印度公司在當地獲得穩固的據點。

社，荷蘭人的出現恰成為其結盟的對象之一。表7-1以新港、大
目降、目加溜灣、蕭壠、麻豆等西拉雅村社為單位，按時序整理
各社在1636年前與荷蘭人的互動關係。

表7-1　西拉雅各社，以及與荷蘭人之間的互動關係簡表

村社 年份	新港	大目降	目加溜灣	麻豆	蕭壠
1623	（與荷蘭兵交火，四死六傷）				
1624	（公司以棉布與之換地）				
1625			（各社爭取公司派員進駐）		
1626					
1627	干治士進駐 （理加訪日本）				
1628	(4)公司囚禁理加				
1629	(2)公司摧毀理加一行人屋舍		(6)砍殺63名荷蘭士兵 (10-11)攻擊赤崁的屋舍，砍殺士兵 (12)公司派兵攻擊目加溜灣		殺害派至當地的荷蘭人
1630	(4)長官視察 (12)與公司一同征討下淡水社		(2)與公司締和、(4)長官視察 (4)三社結盟對抗北邊的諸羅山社		(4)長官視察
1631					
1632	(2)公司阻止新港攻擊目加溜灣				
1633	（limgout事件） 與公司一同征討小琉球			大加弄揚言赴日 騷擾魍港一帶	與公司一同征討小琉球

1634	(2)麻豆揚言攻擊新港社 (4)支援公司對抗劉香勢力來襲 (10)與蕭壠一同對抗阿猴			(2)麻豆揚言攻擊蕭壠社 (8)麻豆對蕭壠社馘首 (10)與新港一同對抗阿猴
1635	公司支持新港攻擊麻豆社 (11-12)與公司一同攻擊麻豆、阿猴	(pokon事件)麻豆企圖控制Topangh		(11)被公司擊敗
1636				(1)公司逮捕作對的蕭壠人，並交由新港人斬首

說　　明：(4)表示發生於4月。

資料出處：同註9。

如前所言，西拉雅各社原本係在其勢力基礎上，透過合縱連橫，形成強者對弱者馘首（敵對者）或索貢（結盟受保護者），而弱者則尋求外力以抵禦強者的情勢。因此，對當地村社而言，荷蘭人的蒞臨，成為唐人、日人之外的新選擇；而各社也如同對待唐人、日人一般，盡力爭取東印度公司派員進駐。只是，當時公司正著眼於對華貿易的開展，而無意積極涉入大員商館周邊的西拉雅村社事務。

1627年，干治士進駐新港社後，一度強化了彼此的關係。但公司之後處理新港社要人理加訪日的做法（囚禁與搗毀屋舍），以及麻豆社眼見新港社與荷蘭人關係拉近，而於1629年砍殺63名荷蘭士兵一事的衝擊，使各社不得不重新評估與公司的關係，此即麻豆、目加溜灣、蕭壠等社對荷蘭人及公司財產發動

一連串攻擊的原因。

　　新任臺灣長官的普特曼，遂藉由出兵目加溜灣社，以迫使目加溜灣社的結盟村社——麻豆社與公司締和，暫時緩和了荷蘭人與各社的關係。但麻豆社在大加弄的領導下，一方面對西拉雅村社擴張勢力，一方面企圖驅逐荷蘭人的勢力；藉由1629年打敗荷蘭士兵的威勢，大加弄不但揚言赴日，企圖藉由日人的力量來抗衡公司，並率族人騷擾魍港一帶公司保護的唐人，甚至鼓動部分新港社人藉宣教師禁止的limgout祭典儀式，挑戰代表公司權威的宣教師。公司則以邀集新港、蕭壠等社一同出兵征討小琉球，作為因應；此舉除了配合公司原訂的征討計畫外，也滿足各社對馘首的需求，重振彼此的盟約關係。不過，這也讓麻豆社得到攻擊新港、蕭壠二社的藉口；不但對蕭壠社成功的完成獵首行動，也透過祭祀用法器pokon，控制新港社的外圍小社大嗹（Topangh）。然而，荷蘭人有備而來，既支持新港人驅逐入侵的麻豆社，又藉由調自爪哇的公司武力，對麻豆社施予最終一擊，並一併處置蕭壠社內的反荷勢力，結束西拉雅村社向來的武力競爭局面，也管控了社際之間的規範。

　　事實上，新港社族人未必都傾向與公司「結盟」。1620年代末期的理加事件，1633年的limgout事件，甚至1635年9月公司與新港社共同對付麻豆社前夕傳出的驅荷密謀，都說明了新港社內部存在著不同的政治立場與實際行動。不過，大體而言，若非荷蘭人勢力的介入，新港社在麻豆社勢力的擴張下，結局將大不相同。何況，藉由與公司「共同」出兵——如1630年攻擊下淡水社、1633年征討小琉球、1634年對抗來襲的劉香勢力、甚至1635年的進攻麻豆社等，都使新港社著實體驗到與荷蘭人「結

盟」出征、無往不利的好處。尤其是1634年10月新港社、蕭壠社共同對抗阿猴社的戰役，若非公司緊急調派70名兵力前去支援，新港社陣亡的頭人恐怕不只4名。換句話說，新港社這10餘年的經驗，多少拉近其與東印度公司之間的關係；而新港社人異於其他部落的改宗經歷，則更為特別。[9]

三、族人的改宗

　　1627年中，東印度公司始派牧師——干治士來臺傳教。[10]當時派遣牧師的原意，僅在服侍大員商館的基督徒公司職員；但干治士趁臺灣長官納茨為打通對華貿易而前往中國的空檔，進入新港社傳教。之後，1629年來臺的牧師尤紐斯，亦在新港社積極宣教。相較於其他需到1636年以後才有常駐宣教師的村社，新港社的情形可謂特殊。難怪儘管新港社在1629年的理加事件後

9　有關1636年前西拉雅各社與荷蘭東印度公司的互動，以及麻豆社的勢力擴張等討論，請參考Peter Kang, "Encounter, Suspicion and Submission," pp. 195-216; Tonio Andrade, "The Mightiest Village: Geopolitics and Diplomacy in the Formosan Plains Austronesians, 1623-1636," in Chan Su-chuan and Pan Ing-hai (eds.) *Symposium on the Plains Aborigines and Taiwan History* (Taipei: Institute of Taiwan History, Academia Sinican, 2001), pp. 287-317.

10　干治士抵臺時間眾說紛紜；甘為霖認為係1627年5月4日。興瑟（W.A. Ginsel）則認為是該年6月。Kuepers認為是該年8月抵臺，並在與土著相處16個月後於翌年12月寫下新港人民族誌。參考William M. Campbell, *Formosa under the Dutch*, p. 78; W.A. Ginsel, *De Gereformeerde Kerk op Formosa*, p. 12; J.J.A.M. Kuepers, *The Dutch Reformed Church in Formosa*, p. 12.

曾與公司發生摩擦，仍在1631年有50名具皈依資格的新港人受洗，有些人甚至捐棄神祇偶像，斷絕與傳統信仰的關係。而長官普特曼在1633年初寫給總督Specx的信中，則以對新港社改宗抱持冷眼態度的麻豆、蕭壠等社，與放棄偶像、一心向主的新港社作對比，以說明當時的形勢。

　　新港以外的西拉雅村社，大多在公司以武力臣服臺南平原村社後的1636年才改宗。在此之前，新港人可以藉由聽道或接受基督教的程度決定是否改宗，具有較高的自主性，甚至可以公開挑戰宣教師的說詞。然而，1636年後，改宗成為義務，各社的差別僅在於何時完成。以棄偶像、受洗這兩樣改宗指標為例，在新港社係宣教師進駐數年後才發生，且棄偶像與受洗幾乎是同時進行；但在其他西拉雅村社，則多在歸順公司不久即舉辦全社棄偶像的儀式，受洗則需經歷一、兩年的學校教育始能施行。[11]換句話說，新港人的改宗歷程，除了早於其他村社5至10年左右，也是在享有較高自主性的前提下所做的選擇。

　　表7-2即以族人棄偶像、受洗、設置學校的時間點為指標，標示西拉雅各社改宗基督教的時序差異。

11　以目加溜灣社為例，東印度公司於1636年6月即要求族人棄偶像、接受基督教的教誨時，目加溜灣人雖以農事為由，暫延至稻作收成後進行，但學校則立即開辦。William M. Campbell, *Formosa under the Dutch*, p. 139.

表7-2　西拉雅各社改宗基督教進程簡表

新港	宣教師					棄偶像/受洗					學校			
大目降											棄偶像 學校			
目加溜灣										學校/棄偶像			受洗	
蕭壠											棄偶像 學校 受洗			
麻豆											棄偶像/學校		受洗	
年份	1626	1627	1628	1629	1630	1631	1632	1633	1634	1635	1636	1637	1638	1639
大事紀										公司正式將各社納入轄下				

資料出處：*DZI*, pp. 292-293, 297, 380; William M. Campbell, *Formosa under the Dutch*, pp. 138-139, 154, 160-163, 165, 177-178; W.A. Ginsel, *De Gereformeerde Kerk op Formosa*, p. 87.

　　新港社異於其他村社的改宗歷程與結果，在1639年10月長官范德勃格與特使Nicolaas Couckebacker的教會視察報告有所顯示。[12]在該紀錄中，新港人受洗率已達百分之百，其他村社則未達三成；荷蘭人先前的首要敵對村社——麻豆社，其受洗率最低，連一成都不到。表7-3即為1639年10月西拉雅各社的受洗人數與受洗率。

12　*DZI*, p. 482.

表7-3　1639年各社受洗人數

村社	住民人數	受洗人數	受洗率
新港	1,047	1,047	100 %
大目降	1,000	209	21 %
目加溜灣	1,000	261	26 %
蕭壟	2,600	282	11 %
麻豆	3,000	215	7 %

資料出處：William M. Campbell, *Formosa under the Dutch*, pp.
179, 183；村上直次郎，〈荷蘭人的番社教化〉，
頁31。

四、竄升的部落位階

　　東印度公司的駐足及其早期與新港社的「結盟」關係，使新
港社從位處地緣政治邊緣的村社，逐漸獲得新的政治地位。1635
年底，麻豆社向公司俯首稱臣之際，新港人已懂得持續利用荷蘭
人的威勢「恐嚇」宿敵麻豆、目加溜灣兩社。對目加溜灣社人來
說，新港人與荷蘭人的親近關係，讓他們憶起1629年的焚社事
件；荷蘭人為消弭疑慮與恐懼，不得不努力安撫目加溜灣社，以
防他們棄社而去。與新港社過節較少的蕭壟社，甚至猜疑1635
年底荷新聯軍對阿猴社的軍事行動只是幌子，自己才是下一波攻
擊的主要目標。為此，在征討阿猴社之役後，一些蕭壟人特地到
臺灣長官普特曼的住處餽贈17頭豬，希望公司不要對他們有所
不利。然而公司仍對蕭壟社進行秋後算帳，1636年2月10日，
荷蘭人將7名與公司為敵的蕭壟人押至新港社，臺灣長官普特曼
刻意讓新港人執行斬首處決。此舉，旨在拉攏新港社，並進一步

疏離其與蕭壠社的關係；而從其他西拉雅村社的眼中看來，新港社與荷蘭人的關係也真的與眾不同。[13]

　　事實上，新港社不僅是公司在本島的第一個、也是關係最為密切的盟友，雙方的社會交流亦相當緊密。早在1620年代，干治士即力主派駐新港社的神職人員至少應待上10年，且最好能娶新港社女人為妻，以建立接近當地文化的基督教模範家庭。干治士如此認為：若有篤信基督、品性良好的荷蘭人來當地定居、通婚，加上公司對村民的善待，假以時日，所有的人都會改宗基督教。[14]當時的荷蘭改革宗教會探訪傳道范勃亨，其妻即為新港社的Tagutel。[15]神職人員的著眼點也許過於目的取向，但對長期離鄉背井的公司雇員而言，在可靠的部落中找尋女性伴侶可一點都不突兀。早在1620年代，公司在臺的最高行政首長納茨，已是新港女子阿蝦的入幕之賓。[16]

　　上述之外，我們還可以藉由其他指標觀察新港社如何借力使力，以提升自己在眾村社之間的地位，如新港社的權勢空間脈絡、要人理加，以及新港語等。

　　1635年底，在麻豆社歸順公司的過程中，新港「社」已扮

13　康培德，"Encounter, Suspicion and Submission," pp. 210-213.

14　William M. Campbell, *Formosa under the Dutch*, pp. 89-93; J.J.A.M. Kuepers, *The Dutch Reformed Church in Formosa*, pp. 12-13.

15　Natalie Everts, "Indigenous Concepts of Marriage in 17th Century Sincan (Hsinkang)," pp. 99-100.

16　Leonard Blussé, "Dutch Protestant Missionaries as Protagonists of the Territorial Expansion of the VOC on Formosa," in Dick Kooiman, Otto van den Muizenberg and Peter van der Beer (eds.), *Conversion, Competition and Conflict, essays on the role of religion in Asia* (Amsterdam: Free University Press, 1984), pp. 167-168.

演重要的位置。麻豆社不論是派員向公司表示歸順意向或參加締和儀式,都先透過新港社,或派代表先到新港社,再於翌日前往長官官邸。此一模式,也成為日後 Tarokei、他里霧(Dalivo)、阿里山(Jarissang)、猴悶(Tossavang)、打貓(Dovoha)等社歸順時的參考流程;即歸順代表若不直接前往官邸,即先來新港社表明締和意願。此一關鍵位置,使新港社從一個濱海的小聚落,提升為僅次於大員公司的重要村社,在象徵權勢的空間脈絡中獲致不同於以往的地位。

理加,這位在1620年代因私下赴日而惹出所謂「濱田彌兵衛事件」的麻煩人物,自1636年起成為公司擴張殖民地的得力助手。當年3月,透過理加的居間斡旋,讓他里霧(今雲林縣一帶)及阿里山、猴悶、打貓(今嘉義縣一帶)等社願意歸順公司。同年4月,公司派隊長林哈征伐小琉球,理加亦夥同族人出兵助陣,還自一女子口中探得殺害公司水手的凶手Tamosey(Tapanga)行蹤。事後,熱蘭遮城高層為了犒賞他對公司殖民地事業的貢獻,決議從售給唐人獵戶的執照收入中,按月撥給理加一定的金額。[17]公司開辦地方會議後,理加更從1641年起奉派為新港社首長之一[18],直到1650年,因理加辭世,才改派 Taparetamavaca 繼承這位先前曾赴日、差點受封為「臺灣王」(Coninck van Formosa)的理加留下的職位。[19]

---

17 康培德,〈理加與大加臘:十七世紀初西拉雅社會的危機〉,葉春榮(主編),《建構西拉雅研討會論文集》(新營:臺南縣政府,2006),頁84-85。

18 康培德,〈附錄三:歷屆南、北路地方會議村社首長派任名單〉,《臺灣原住民史》,頁299。

19 翁佳音,〈新港有個臺灣王〉,頁1-36。

　　代表新港社的理加，在地方會議中的表現頗耐人尋味。對公司而言，召開地方會議的目的，有藉由儀式安排、向歸順村社代表展示公司至高無上統治權的意味。[20]以1644年的會議為例，該會議是為了讓公司轄下的村社長老了解：他們的「王」——即臺灣長官——換人了，並要求長老們服從新人。當時，會議分成南北兩路進行，由新長官麥爾主持。新港社所屬的北路地方會議，先於3月21日舉辦；大家就座完畢後，麥爾與隨行的臺灣議會議員們走進可以俯視眾人的石庭，庭子外圍由60幾名士兵嚴密護衛。一切就緒後，麥爾先致詞歡迎代表的蒞臨，此時已升為代理政務官員的范勃亨先生，則用新港語（*Sincanse tale*）大聲翻譯給聽得懂的代表們聽，再由幾名部落長老用北方的虎尾壠語（*Tarrokayse spraecke*）翻譯一次，最後再譯為應該是鄒語或布農語的山地語（*berghspraecke*）。麥爾接著告訴大家，因前任長官陶德已離開臺灣，目前由他本人接掌職位；為此，他和議員們決定邀請大家與會，讓眾人認識他本人，並表示會與陶德一樣為眾人服務。麥爾接著發布：公司將在各社任命首長，並依荷蘭方式每年更換人選，以將權責公平地分給更多的人。時值關鍵，理加即在公司的安排下，站起來向與會代表大肆讚揚新做法的優點，並對在座每位代表褒獎了一番。[21]

　　不僅如此，地方會議對新港社與公司關係的展示，還有其他巧妙之處。4月19日舉辦的南路地方會議，儀式多與北路類似；不過，麥爾致詞後，儘管會中並無新港社或其他西拉雅村

20　Tonio Andrade, "Political Spectacle and Colonial Rule," pp. 57-93.

21　*DZII*, p. 238.

社代表，范勃亨仍用新港語翻譯一次，再依序由麻里麻崙社長老Ovey譯為大木連語（*Tapoulianghse*），大某贌（Davolach）用Tarrokeyse語、Kaylouangh用排灣語（*Tacabulse*）、卑南覓代表Poulus（又稱Parmonij）用卑南語（*Pimabasche*）等轉述給與會代表。[22]

在南北路地方會議中用以宣告政令、演講的語言，荷蘭語當然是主語，新港語則為緊接在後的口語，也是會場中唯一由公司雇員宣讀的部落用語。由歐洲人口中說出新港語，對聽不懂荷蘭語、新港語的與會代表來說，自然是別有一番滋味，新港語的地位已不言可喻。對其他西拉雅村社而言，雖然新港語是他們的通用語，但早期的荷蘭人係從新港人處習得（難怪以新港為名）；此後，不論是神職人員學習的口語，或轉成拼音文字的書面聖經，新港一詞都拔得頭籌。更有甚者，派駐南路的神職人員，居然一度以新港語向不甚通行新港語的南路村社傳教。[23] 職是之故，新港語作為一文化象徵，亦隨其與荷蘭人的關係，在眾村社中水漲船高。

五、牧養教堂劃分

新港人除與荷蘭人「結盟」，導致部落政治、文化位階均有所提升外，新港人與荷蘭人在日常生活領域的接觸，亦多於其他

---

22 *DZII*, p. 249.

23 李國銘，〈屏東平原族群分類再議〉，頁368-371；收於李國銘，《族群、歷史與祭儀》，頁74-78。

村社。當時，因神職人員人數不夠，一名神職人員必須分配好幾個教堂；牧養教堂（區）（'t opzicht ende gebiet van domineer）劃分，即為一例。

荷蘭人對牧養區劃分，係以在臺宣教師人數、村社距離、語言互通性等為原則；因此，牧養區總數與每一宣教師的牧養村社數，並不固定。1630年代初期，干治士、尤紐斯等宣教師在臺灣時，因人手不足，並未明確區劃牧養區。1636年起，雖然陸續有Assuerus Hoogestyn、Joannes Lindenborn等人抵臺，卻因在臺時間短暫，未有特別的規畫。真正接掌全盤傳教工作、並有所建樹者，則是1640年秋天抵臺、1646年12月去世的巴維斯（Johannes Bavius），1643年抵臺、1647年離臺的范布鍊，以及1644年抵臺、1647年8月去世的哈約翰（Johannes Happart）等。[24]因此，牧養區的劃分需到1640年代始真正落實，且新港、目加溜灣、大目降等社即與大員商館的荷蘭人社區劃屬同一宣教師管轄；如1643年10月7日，臺灣教會致阿姆斯特丹的信，署名落款即為負責大員及新港等社的范布鍊，以及負責蕭壠等社的巴維斯。[25]

1644年，哈約翰抵臺，牧養區同時調整，新人接手大員及新港、目加溜灣、大目降等社，范布鍊則調至北路他里霧一帶。[26] 1645年，儘管政務官員因人手不足，而由宣教師逐漸接手村社政務工作，但新港、目加溜灣、大目降等社仍統歸哈約翰負

24　J.J.A.M. Kuepers, *The Dutch Reformed Church in Formosa*, pp. 24-25.

25　William M. Campbell, *Formosa under the Dutch*, p. 195.

26　*DZII*, p. 311; William M. Campbell, *Formosa under the Dutch*, p. 199.

責[27]；直至1647年哈約翰辭世，才有所變動。當年9月起，因范布鍊、花德烈（Jacobus Vertrecht）派往虎尾壠教區3、4週，遂改由駐蕭壠的新人倪但理（Daniel Gravius）暫時負責大員的牧養工作，直到范布鍊歸返，再交由他負責[28]；自此之後，大員荷蘭人社區的佈道工作，遂與新港等社正式切離，由不同的宣教師負責。而由1648年11月的紀錄可知，蕭壠與新港、目加溜灣、大目降等社併為同一教區，並繼續由倪但理負責牧養。[29]

在1647到1648年發生變動之前，新港社有長達10餘年的時間，與大員荷蘭人社區歸屬同一宣教師負責，新港人因此與荷蘭人有長期的社區交流經驗。1648年，當公司意圖將荷蘭語置入學校課程，採取荷蘭內地習慣——由早晨上課到中午、下午由2點到4點，並強調荷蘭式時間紀律和訓練時[30]，最為勤學荷蘭語、改用荷蘭姓名、換穿荷蘭式衣著者，仍是新港社人。[31]由此觀之，如果新港社與荷蘭人的通婚比例亦維持較高狀態，也就不足為奇了。

27　*DZII*, p. 428.

28　William M. Campbell, *Formosa under the Dutch*, p. 224.

29　William M. Campbell, *Formosa under the Dutch*, p. 242.

30　Kees Groeneboer, *Weg tot het Westen*, p. 69；賀安娟，〈荷蘭統治之下的臺灣教會語言學——荷蘭語言政策與原住民識字能力的引進（1624-1662）〉，《臺北文獻》125（1998）：95-96。

31　William M. Campbell, *Formosa under the Dutch*, p. 232.

六、與異族通婚的差異

已出版的洗禮婚姻登記簿，保留了 1650 至 1661 年間大員市鎮基督徒、公司員工、奴隸的婚姻紀錄。由其中，可看出臺灣各村社住民與歐洲人之間的通婚狀況。[32]

在 11 年間，登記的婚姻有 190 件，可判定當事人之一為原住民者有 62 件，其中僅 1 筆為新港婦女與小琉球人（1661.01.09），雙方都是原住民，其餘只有一方為原住民。就村社件數而言，被打散在大員、新港等地十餘年的小琉球人最多，達 30 件；新港社人次之，占 10 件；然後依序為塔樓（5 件）、蕭壠（4 件）、大武郡（3 件），大武壠、打貓、麻豆則各占 2 件，其餘都是每社 1 件。登記結婚的人，僅 3 件為男性，全為小琉球人，扣除前述男女同為南島民族的 1 件，女性總共有 60 件。表 7-4 列出這 60 件女性婚出對象的職業統計。

---

32 洗禮婚姻登記簿原本是記載大員市鎮基督徒、公司員工、奴隸的洗禮婚姻紀錄，故村社住民的洗禮婚姻紀錄不會出現在大員市鎮的洗禮婚姻登記簿中。參見韓家寶、鄭維中，《荷蘭時代臺灣告令集、婚姻與洗禮登記簿》，頁 33、64。但社民若與大員市鎮居民結婚，當事人資料即會出現在內。至於已滅社的小琉球人，因已無實體的村社，且大多遷至大員一帶生活，即歸類為登記簿負責登錄的人口。

表7-4　各社女性婚出對象職業別　　　　　　　（單位：件數）

村社＼職業	教師	傳道、司事	士兵	士官	官員	雇員	市民	無資料	小計
小琉球	3	1	5	2	2	10	2	2	27
新港*	3		1	1		3	1	1	10
塔樓	4					1			5
蕭壠*	3	1							4
大武郡	1			1			1		3
大武壠	2								2
打猫	2								2
麻豆*			2						2
大目降*			1						1
麻里麻崙			1						1
半線						1			1
牛罵			1						1
Kimaurij			1						1
小計	18	2	11	5	2	15	4	3	60

說明：1.職業欄中，士兵、士官指東印度公司雇用的陸上軍職人員；官員指掌
　　　有政策決策權的公司職員，如政務官（*politiek hoofd*）、軍紀官
　　　（*geweldige*）、少尉（*vaendrigh*）等；雇員指受雇於公司、不具備政策
　　　決策權的雇用人員，如裝訂匠（*boekbinder*）、製鞍匠（*sadelmaker*）、
　　　製舵匠（*roermaker*）、馬廄管理（*stalmeester*）、肉市場管理
　　　（*keurmeester van de vleeschhal*）、軍械庫管理（*baes over companies*
　　　wapenkamer）、前桅貨物及帆纜管理（*schieman*）、助理（*assistent*）、
　　　領航員（*loots*）、園丁（*hovenier*）、砲手（*bosschieter*）等。官員、雇
　　　員多待在大員一帶。
　　　2.*表示西拉雅人。

　　　由表7-4可以看出在荷蘭時代的最後11年間，小琉球人與新
港社兩者合計的女性婚出件數，超過總數的六成（37/60）。小琉

球人本來即散居大員、新港等地，並大多寄人籬下多年；新港社則因距大員市鎮最近，加上密切互動形成的社會網絡，故與荷蘭人關係匪淺。若扣除小琉球人不計，僅統計實體存在的各村社，新港人即占了所有12社中的三成（10/33），若在涵括新港、蕭壠、麻豆、大目降的西拉雅村社中則占有近六成的比例（10/17）。

　　女性婚出對象的職業類型中，以學校教師最多，約占三成（18/60），之後依序為公司雇員、士兵、士官、市民等。若扣除小琉球人，剩下的33件紀錄仍以學校教師為多，且有幾近一半（15/33）的占有率，之後依序為士兵、公司雇員、士官。若同時扣除小琉球人與新港社，剩下的23件紀錄中，學校教師即過半（12/23），之後為士兵，公司雇員數則與士官數一樣。其實，若考慮學校教師係駐紮在村社內，而士兵、士官亦偶會派駐村社，且學校教師多由士兵轉任的情形，就不難理解小琉球人以外的女性婚出對象會有高達七成二（24/33）、小琉球人及新港社以外的女性婚出對象則高達八成二（19/23），是這些離開大員一帶生活的男性。

　　若再扣除11年間登記婚姻超過乙次者（即配偶亡故再婚），則計有48名不同的原住民登記婚姻；其中，除了2名小琉球人為男性外，其餘46名都是女性。扣除男性後的45人中，小琉球人最多，達16人；新港社人次之，9人；之後，依序為塔樓（5人）、蕭壠（4人），大武郡、大武壠、打貓則各占2人，剩餘都是每社1人。這46名女性中，有16名女性曾於1650年前登記過婚姻；因此，11年間的初婚女性僅有30名。表7-5為這30名初

婚女性的婚出對象職業統計。[33]

表7-5　各社女性初次婚出對象職業別　　　　　　　（單位：件數）

職業 村社	教師	傳道	士兵	士官	官員	雇員	市民	無資料	小計
小琉球			1			2	1	2	6(16)
新港*	3					3	1	1	8(9)
塔樓	3					1			4(5)
蕭壠*	2	1							3(4)
大武郡	1			1					2(2)
大武壠	2								2(2)
打猫	2								2(2)
麻豆*			1						1(1)
大目降*			1						1(1)
半線						1			1(1)
麻里麻崙									0(1)
牛罵									0(1)
Kimaurij									0(1)
小計	13	1	3	1	0	7	2	3	30(46)

說明：（）內數字表示該社登記婚姻的總人數，含初婚及再婚。其餘同表一的說明。

　　由表7-5可看出初婚登記人數的排序，新港社超過了小琉球人。若扣除小琉球人不計，僅統計實體存在的各村社，則新港人占三成三（8/24），或在西拉雅村社中占六成一的比例（8/13）。與圖表一（第五章）的女性婚出件數相比，在荷蘭時代最後11年間，新港社不但在初婚人數排序上高居第一，其女性初婚人數

33　另參考第五章圖表一的女性婚出件數、人數、初婚數各社比較。

的比例，在所有南島民族、所有村社（不含小琉球人）或西拉雅村社等項目中，都高過其女性婚出件數在這3個項目中的比例（參見圖表二）。

圖表二　新港社女性婚出比例

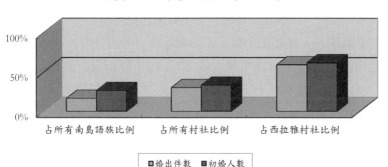

原住民女性初婚對象的職業類型中，以學校教師最多，占四成三（13/30）。即使扣除小琉球人，剩下的24件紀錄，仍由學校教師拔得頭籌，比例超過一半（13/24）。若同時扣除小琉球人與新港社，剩下的16件紀錄，學校教師更高達六成二（10/16）。與表四的女性婚出件數相比，初婚對象為學校教師的比例，不論基數是否包含小琉球人或新港社，都遠高於女性婚出件數的比例。

　　若將學校教師、士兵、士官等一併計算，小琉球人以外女性初婚對象的五成四（13/24），或小琉球人及新港社以外女性初婚對象的八成一（13/16），是這些離開大員一帶生活的男性。但比例雖高，比值卻是略低於女性婚出件數（即含非初婚者），代表著大員、新港社以外的南島民族村社女性初婚對象，更傾向於為

這些常駐在村社、朝夕相處的學校教師。

　　若將新港社女性的婚出模式與其他村社比較，女性婚出對象的職業件數中，所有村社（不含小琉球人）的婚出對象，扣除職業不詳外有32件，不屬於學校教師、士兵、士官類有二成一（8/32），但新港社卻高達四成四（4/9），小琉球人則有六成（15/25）。初婚女性婚出對象的職業人數方面，所有村社（不含小琉球人）的婚出對象，扣除職業不詳外有23人，不屬於學校教師、士兵、士官類有三成（7/23），但新港社高達五成七（4/7），而小琉球人為八成（4/5）。在這兩筆統計資料中，新港社都是比值僅次於小琉球人、卻是所有村社中的最高者，且高於村社平均值一倍左右。換句話說，荷蘭時代的最後11年間，新港社女性的婚出對象職業異於其他村社甚多，以常出沒於村社的教師、士兵為婚出對象的比例大大下降，而傾向於朝長期與公司市鎮居民混居的小琉球人模式發展，擁有較高比例的婚出對象職業為公司雇員、市民等。圖表三為南島民族女性婚出對象職業不屬於學校教師、士兵、士官類比例的比較。

圖表三　女性婚出對象職業屬非軍教類比例

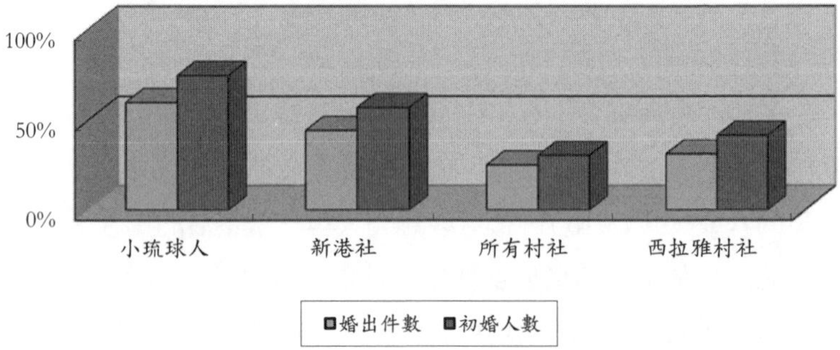

七、小結

從十七世紀新港人的部落歷史經驗、改宗歷程、政治與文化位階變化，以及與歐洲人通婚的對象、比例等面向，我們逐漸理解在十九世紀末的社會脈絡下，新港社後裔對荷蘭人與荷蘭關係的詮釋，為何比其他村社深刻。

新港社異於其他部落的歷史經驗，多少取決於1620年代臺南一帶西拉雅村社之間微妙的地緣政治（geopolitics），以及荷蘭人為何捲入、如何捲入此地緣政治。[34] 新港社的初期經驗，影響其改宗進程；作為臺南一帶唯一於荷蘭人征討前即開始改宗的子民，其受洗率也領先他人。又由於新港社與荷蘭人的相對緊密關係，使新港社的地理位置，成為荷蘭東印度公司殖民地統治架構下，西南平原一帶地位僅次於大員商館的權勢空間重心。新港社頭人理加，不論在實際的殖民地擴張行動中，或象徵性的儀式展演上，地位與重要性亦大增。至於社民日常生活使用的新港語，則因荷蘭人大量使用於儀式展演與宣教溝通，讓新港人與荷蘭人的語言文化邊界不若其他村社那般涇渭分明。另一方面，日常生活的接觸，亦因為與大員荷蘭人社區共屬同一牧養教區，而拉近不少距離。這也難怪殖民地最後10年的紀錄，新港社女性與荷蘭人的通婚情況，不論在質（婚出對象）與量上，都比島上其他

---

34 有關1620年代臺南一帶各社與荷蘭宣教師、商館官員間的互動，以及研究者如何詮釋、再現此段歷史的討論，請參考Leonard Blussé, "Dutch Protestant Missionaries as Protagonists of the Territorial Expansion of the VOC on Formosa;" 康培德, "Encounter, Suspicion and Submission;" Tonio Andrade, "The Mightiest Village."

村社突顯。

　　屏東縣來義鄉的古樓社排灣族，曾在二十世紀末的歷史記憶中，將百餘年前大清國官員馴化番人用的「勸番歌」，視為三百多年前的「荷蘭歌」。[35]雖然記憶本身在時間層上的位移，多少反映了當代的社會、文化、政治意涵[36]；但記憶本身並非空穴來風，亦有先人的歷史經驗為基礎。相較之下，十九世紀的新港社後裔，因其先祖深刻特殊的歷史境遇，而使其荷蘭記憶更顯多元豐富。如曾為荷蘭人建物落腳處的土丘，新港社後裔即透過傳說與詮釋，將外人眼中神祕的捶胸嚎啕儀式與土丘連結，並藉由面西向海的空間意涵（spatiality），將景觀、記憶、行動與詮釋結為一體，建立當下先人荷蘭經驗的意義。[37]住在岡仔林的新港社後裔，則透過其祖先用語與白人（荷蘭人）連結，想像其「紅

35　翁佳音，〈歷史記憶與歷史經驗〉，頁5-30。

36　此類說法大多源於Maurice Halbwachs，並視記憶的建構源於滿足當下的需求勝於對過去的重現，本質上即強調記憶本身帶著強烈的「重組工具」（instrument of reconfiguration）屬性，而不是視記憶為比擬過去的作為（an act of mimesis）。從Halbwachs借用涂爾幹（Émile Durkheim）的社會理論，把人們對過去的記憶，視為具有將社會各部整合出內聚力的功能屬性，即可略窺一二。參考Maurice Halbwachs, *Collective Memory*. Trans. Francis J. Ditter Jr. and Vida Yazdi Ditter（New York: Harper Colophon, 1980）; *On Collective Memory*. Ed. and trans. Lewis A. Coser（Chicago: The University of Chicago Press, 1992）.

37　有關景觀、歷史、記憶間的關係，請參考Pamela J. Stewart and Andrew Strathern, "Introduction," in Pamela J. Stewart and Andrew Strathern（eds.）, *Landscape, Memory and History: anthropological perspectives*（Sterling, Va.: Pluto Press, 2003）, p. 3.也請參考郭佩宜對所羅門群島Langalanga土著的討論。Guo Pei-yi, "'Island Builders:' landscape and historicity among the Langalanga, Solomon Islands," *Landscape, Memory and History*, pp. 189-209.

毛先祖」。甚至大清軍官的新港社後裔，也可應用軍事歷史的串連，創造紅毛先祖。

臺灣原住民的社會從部落到族群化，在舊稱高山族的部分，一般多視為近代國家體制藉由學術分類、政策推展的結果[38]；但在俗稱平埔族群的部分，部落社會的瓦解與重整，則大多不是起於近代國家的介入。以新港社隸屬的西拉雅「族」為例，以村社為基礎的部落社會，已在十七世紀荷蘭人勢力的介入後，透過村社祭祀性戰爭的規範、村社頭人制的建立與宣教事業的推展等開始瓦解，村社之間的敵意亦大為降低。[39]至少在十八世紀中葉，由於漢人入墾造成人口遷徙，使新港、目加溜灣、麻豆、蕭壠等社在新落腳的聚落（頭社），有機會透過祭儀表現出跨部落的集體認同；此一新認同的組成與邊界，恰與日後學者訂定的西拉雅族邊界若合符節。[40]

不過，南島民族社會從部落到族群，也不全然係兩階段式直線發展。臺灣歷史發展上，人群、政治勢力頻繁更替帶來的不連續性[41]，以及歷史經驗的地域差異[42]，讓部落社會的重整不必然全

---

38 Akitoshi Shimizu, "Colonialism and the Development of Modern Anthropology in Japan," in Jan van Bremen and Akitoshi Shimizu (eds.), *Anthropology and Colonialism in Asia and Oceania* (Surrey: Curzon, 1999), pp. 134-136.

39 康培德，〈荷蘭東印度公司的統治對西拉雅人村社概念變遷的影響〉。

40 潘英海，〈聚落、歷史，與意義——頭社村的聚落發展與族群關係〉，《中央研究院民族學研究所集刊》77（1994）：110-117。

41 John E. Jr. Wills, "The Seventeenth-Century Transformation: Taiwan under the Dutch and the Cheng Regime," in Murray A. Rubinstein (ed.), *Taiwan: a New History* (Armonk: M.E. Sharpe, 1999), p. 85.

42 Murray A. Rubinstein, "Introduction," in Murray A. Rubinstein (ed.), *Taiwan*, p. vii-xi.

都朝向以語言差異為邊界的族群化。十七世紀新港社的荷蘭關係
與經驗，在同一語族中即呈現出微妙的差異；只是歷史發展的弔
詭，使荷蘭人隨後為建立東寧王國的鄭氏家族逐出臺灣，讓此一
差異僅流於二百年後的記憶與詮釋。[43]

---

43 另一有趣的類似案例為麻六甲郊外的葡萄牙村（Kampung Portugis），不同
的歷史發展除了讓當地住民透過記憶、詮釋去連結十六、十七世紀的葡萄牙
「先祖」外，並在當代全球化、後殖民、國際異文化觀光等脈絡下，積極地
維持、創造此一歐洲身分。參見 Margaret Sarkissian, *D'Albuquerque's
Childern: performing tradition in Malaysia's Portuguese settlement* (Chicago:
University of Chicago Press, 2000).

結論

　　十七世紀渡海而來的荷蘭東印度公司，為了在東亞大陸周遭尋得一有利的貿易據點，先後嘗試了澳門、澎湖等地，最後落腳於臺灣西南海岸的岸外沙洲。這塊在當時為唐人海商、漁民稱作臺灣（大員）之處，主體係由內海（潟湖）、鯤身（沙洲）所構成，因而成為荷蘭人在東亞海域運籌帷幄30餘年的商館所在地。商館對岸的臺灣本島，原本在不同時期有著不同的稱謂，如福爾摩沙、小琉球、北港等名稱，曾分別用於指稱島上不同地區或遙指全島；不過，隨著東印度公司的經營統治，全島旋即在荷蘭人筆下統稱為福爾摩沙。文獻紀錄裡的福爾摩沙住民，即我們今日所稱的南島語族。

　　東印度公司對臺灣南島語族的統治，其實是一連串的意外，讓公司在臺灣從一座岸外沙洲上的商館，轉成轄有領地與屬民的殖民地管理者。作為公司轄下第一個領地型殖民地，臺灣的治理成了荷蘭人海外擴張下急於創造的典範。為了滿足此一目的，東印度公司乃對頓時成為其屬民的島上住民，發展出不同的治理方針。當中，隨著接觸、互動、統治的進行，公司官員對殖民地屬民的認知，逐漸形成其獨特的想法；殖民地管理的方式，亦有其經驗累積下的見解。因此，舉凡殖民地人群的「文明化」劃分、

住民的聚落遷移、部落彼此間的整併、統治信物的規範、異族婚姻的控管等，東印度公司自有其事業的規畫藍圖，成了其**殖民**的**想像**。

近世初期的殖民地控管，終究有其物質條件上的局限。面對外來者，島上的住民自有其因應之道。面對公司要求的聚落遷移，離島與山區住民的結局即不同；部落整併工作的結局，也因地區、人群別而有所異，有些是公司虎頭蛇尾，有些則是住民虛與委蛇；公司賦予的統治信物，功能與意義也隨人而異；最具戲劇性的，莫過於東印度公司一手提拔的北臺灣村社頭人Theodore，大大地扭轉了殖民地制度下村社頭人的意義。換句話說，臺灣各地南島語族回應東印度公司殖民想像的方式，有如**地方**的**流變**，不盡然存在於公司的規畫藍圖上。

想像與**流變**的戲劇性匯流，發生在荷蘭人離去後的新港社人身上。此時，「紅毛人」已是親戚，是祖先的一部分。也就是這**殖民想像**與**地方流變**，編織出我們所熟悉的荷蘭東印度公司與臺灣原住民的歷史。

後記

林仔社人與西班牙人

一、前言

　　林仔社，西、荷文獻一般拼為Sinack、Sena(e)r、China(a)r等，清人文獻又記為林子、圭柔或雞柔社。[1]十七世紀的西班牙文獻，描述林仔社人散居於8、9個小村落[2]；透過荷蘭文獻，可以更明確掌握林仔社人為淡水河口北岸的林仔社和其分社——Kipas（Arrito、Kaggilach）、大屯社（Toetona）——的住民。[3]對應林仔社人的考古遺址，屬於埤島橋文化類型；同樣位於北臺灣的Kimaurij社、Tapparij社及其分社淡水社等，通稱馬賽

1　翁佳音，《大臺北古地圖考釋》，頁87。詹素娟、劉益昌，《大臺北都會區原住民歷史專輯：凱達格蘭調查報告》（臺北：臺北市文獻委員會，1999），頁62、218。

2　José Eugenio Borao et al., eds., *Spaniards in Taiwan*, Vol. I, pp. 166, 181-182, 184.

3　康培德，〈十七世紀基隆河流域、淡水地區原住民社群分類再議〉（中央研究院民族學研究所主辦，「族群意識與文化認同」，9月30日－10月2日，2003年）。

人，對應的考古遺址則為舊社文化類型，與林仔社人互不相屬。[4]林仔社人因地理位置鄰近淡水河口，如同馬賽人，也在十七世紀時與蒞臨北臺灣的西班牙、荷蘭人，首當其衝的接觸。

西班牙人在北臺灣與原住民互動的歷史，已是我們耳熟能詳的故事了[5]；因此，淡水河口北岸的林仔社人，在西班牙文獻或一般歷史敘述中也會有所交代，重點多在林仔社人的天主教改宗行為與殺害神父的戲劇性過程。此處則討論林仔社人與西班牙人互動的歷史。首先從西班牙文獻的敘述立場，重現林仔社人與西班牙人間的關係；採用的文獻，為對林仔社人著墨最多、Diego de Aduarte所寫的 *Historia de la Provincia del Santo Rosario* 一書。接著藉由西班牙人與林仔社人的實質互動過程，詮釋此段時期林仔社人的歷史。最後，拉長關照林仔社人的時間軸，討論西班牙人的蒞臨，對林仔社人，及其與其他原住民村社社會關係的衝擊，並嘗試詮釋此一衝擊帶來的變化，對林仔社人社會文化價值可能的意義。

---

4 劉益昌，《臺北縣北海岸地區考古遺址調查報告》（臺北：臺北縣立文化中心，1997），頁123-250；〈再談臺灣北、東部地區的族群分布〉，劉益昌、潘英海（主編），《平埔族群的區域研究論文集》（臺中：臺灣省文獻會，1998），頁16-17。

5 廖漢臣，〈西班牙人據臺考：北部臺灣歷史的發軔〉，《臺北文物》，1.1（1952）：41-46。José Eugenio Borao, "Spanish Presence in Taiwan, 1626-1642," 《國立臺灣大學歷史學系學報》17（1992）：1-16; "The Aborigines of Northern Taiwan According to Seventeenth-century Spanish Sources,"《中央研究院臺灣史田野研究通訊》27（1993）：98-120。John R. Shepherd, *Statecraft and Political Economy on the Taiwan Frontier*, pp. 57-58. Tonio Andrade, *Commerce, Culture, and Conflict*, pp. 88-137.

二、Diego de Aduarte筆下的林仔社人

　　1626年，西班牙人甫占領雞籠，上尉Antonio de Vera與20名隨從至淡水（Tanchuy）河一帶買米，待在當地月餘未歸；最後，遭當地人與其宿敵埋伏，de Vera及7名隨從遇害。不久，上尉Lázaro de Torres率領援軍進入淡水河；一行人從已棄社逃走的原住民村社穀倉搬走的米，可以裝滿1艘大帆船（galleons）與4艘大舢舨船。如果舢舨船數量夠的話，據說可以裝載50艘。[6] 文獻雖未提及de Vera或de Torres在淡水河接觸的村社名稱，但可以確定的是：淡水河沿岸盛產米穀、數量足夠與他人交易的村社，係林仔、北投等二社。[7]西班牙時期的林仔社，與八里坌（Pantao）社互為宿敵，先後有Francisco Váez、Luis Muro等二位神父慘死於二社相關的紛爭。[8]以此推斷，1626年時的林仔社，與

6　José Eugenio Borao et al., eds., *Spaniards in Taiwan*, Vol. I, pp. 115-116, 131-132.

7　*DZI*, p. 238; *DZII*, p. 132; Leonard Blussé et al., eds., *Formosan Encounter II*, p. 343；江樹生（譯註），《熱蘭遮城日誌（一）》，頁226；《熱蘭遮城日誌（二）》，頁131。

8　John R. Shepherd, *Statecraft and Political Economy on the Taiwan Frontier*, pp. 57-58; José Eugenio Borao et al., eds., *Spaniards in Taiwan*, Vol. I, pp. 239-244. 早期研究者多將西班牙文獻中的Pantao譯為北投社，進而將西班牙時期林仔社、北投社視為敵對。近來研究者已逐漸認為Pantao應位淡水河南岸，不是位北岸的北投社。見Borao, "The Aborigines of Northern Taiwan According to Seventeenth-century Spanish Sources," p. 104；翁佳音，《大臺北古地圖考釋》，頁138；詹素娟、劉益昌，《大臺北都會區原住民歷史專輯》，頁122註22。事實上，西班牙文獻將Pantao（Pantas）與北投社（Quipatao）分得很清楚；Jacinto Esquivel神父的北臺灣原住民民族誌，即從地理位置明確區分二社。見José Eugenio Borao et al., eds., *Spaniards in Taiwan*, Vol. I, pp. 167-169.

西班牙人已有正面接觸。

Diego de Aduarte寫於1640年，有關道明會教士（Dominicans）早期在Quimaurri、Taparri等二社佈道事蹟的 *Historia de la Provincia del Santo Rosario* 一書，曾提及：西班牙人初在淡水蓋教堂，淡水人則棄社躲到林仔社；之後，Bartolomé Martínez神父訪問林仔社，並在當地蓋玫瑰聖母堂（*de la Virgen del Rosario*），進行天主教的傳播。Martínez神父1629年去世後，由Francisco Váez神父接手林仔社的佈道工作，Andrés Jiménez弟兄為助手。在Jacinto Esquivel神父與上尉Luis de Guzmán幫忙下，玫瑰聖母堂進行聖像安座，還包括煙火、劍舞、鳴槍等儀式，西班牙人、林仔社人並互請宴食。之後，西班牙人原計畫將聖母像移出林仔社，但因林仔社人擔心當時正在佈道的Jiménez也同時離去，只好將聖母像送回林仔社。據載：聖母像安座時，造成當地的狂熱；聖母堂落成後，林仔社人，特別是年輕小孩，喜歡聚在教堂外觀看神職人員進行彌撒儀式，聆聽Jiménez唱讚美曲

Pantao指哪？Esquivel曾提到出航的西班牙舟船曾在噶瑪蘭（Cabalan）、Taparri el Viejo與Pantao意外擱淺。見José Eugenio Borao et al., eds., *Spaniards in Taiwan*, Vol. I, p. 174；那麼Pantao應在離海岸不遠處。荷蘭時代Thomas Pedel中尉1643年1月23日淡水要塞駐地日誌提到：淡水河對岸的八里坌社（Kipandan）首長攜子來見。見 *DZII*, p. 114；江樹生（譯註），《熱蘭遮城日誌（二）》，頁111；1644年5月Theodore提供給東印度公司的資料，提到八里坌社〔Prarihoon或Sipandang〕頭目是Kamaco，可出動30名戰士。見 *DZII*, p. 259；江樹生（譯註），《熱蘭遮城日誌（二）》，頁273。荷蘭文獻裡的Kipandan、Sipandang應就是西班牙文獻中的Pantao；換句話說，Pantao即八里坌社。

（*la Salve*）。[9]

　　從 Diego de Aduarte 的立場來看，西班牙人對林仔社人的佈道工作，不能不算順利；不過，1633 年 1 月卻發生了林仔社人殺害 Francisco Váez 神父的慘案。該事件的起因係：Váez 計畫在八里坌社蓋教堂，由於林仔社人與八里坌人互為宿敵；蓋教堂事，導致眾人決定埋伏擊殺 Váez。[10] 據載：領頭埋伏的人，是一名叫 Pila 的頭目（*capitán*），他是西班牙當局應 Váez 要求才自要塞釋放的人。林仔社人殺害 Váez 後，取其首級、右手，入山慶祝。[11] 事件發生後，林仔社人毀社避居他處；淡水地區的佈道工作，改由 Luis Muro 神父接手，部分避居他處的林仔社人才漸回故居。同年，因馬尼拉來船未到，駐臺西班牙人鬧糧荒，轉而向原住民村社徵購所需糧食。3 月，Muro 隨淡水要塞駐軍交易米糧時，順道拜訪避居他處的林仔社人未果；反而因人員勢力單薄，引起對方覬覦，於返回淡水要塞途中，遇伏被殺，Muro 的首級、手、

9　José Eugenio Borao et al., eds., *Spaniards in Taiwan*, Vol. I, pp. 221-223.

10　John R. Shepherd, *Statecraft and Political Economy on the Taiwan Frontier*, pp. 57-58。一般研究者多引 E.H. Blair 與 J.A. Roberson 編的 *The Philippine Islands, 1493-1803.* 55 vols（Cleveland: A.H. Clark, 1903-9）的記載，將林仔社人弒 Váez 神父的日期定為 1633 年 1 月；但鮑曉鷗（José Eugenio Borao）根據相關事件推測，認為原文日期有誤，Váez 遇難時間應是 1636 年 1 月。見 José Eugenio Borao et al., eds., *Spaniards in Taiwan*, Vol. I, pp. xxxv, 241 註 2。不過，李毓中整理、譯註的檔案中，指出 1635 年 8 月 14 日於雞籠有關留守當地的城主 Alonso García Romeo 的司法判決副本中，Marcos de Silva 的證詞中即提及 Váez 遇害乙事。參見檔案編號 A.G.I., Filipinas 41, N. 35 BLQ 3, fol. 38v. 故 Váez 遇害日期不應晚於 1635 年 8 月。

11　José Eugenio Borao et al., eds., *Spaniards in Taiwan*, Vol. I, pp. 239-241.

腳都被斬。[12]同年，又因西班牙人鬧糧荒，開始向每對原住民夫妻，每年徵三 gangtang（gantingh）米、二隻雞。此舉，引起淡水住民的不滿，起而攻擊淡水的西班牙要塞，逐出駐紮的60名西班牙人；其中30名陣亡，其餘脫逃。[13]此後，由於馬尼拉方面對臺灣進行的撤軍行動，及淡水地區原住民攻擊西班牙要塞的影響，西班牙人在經費考量下，終於1638年放棄淡水要塞，撤回雞籠，結束與林仔社人的互動。[14]

　　曾駐臺六年的 Juan de los Ángeles 神父，曾在回馬尼拉後的報告中提到：西班牙人在臺設有六所教堂，林仔社的玫瑰聖母堂，即為其一。[15]而對 Diego de Aduarte 來說，西班牙人與林仔社人關係的變化，則起因於天主教的傳入。他在 *Historia de la Provincia del Santo Rosario* 書中如此描述：只是為了計畫在林仔社人宿敵八里坌社蓋個教堂，卻賠上 Váez 一命，且還是命喪曾經受恩於 Váez 的頭目 Pila 所領導的埋伏下。透過「當林仔社人

12　José Eugenio Borao et al., eds., *Spaniards in Taiwan*, Vol. I, pp. 242-244.

13　*DZI*, p. 253; José Eugenio Borao et al., eds., *Spaniards in Taiwan*, Vol. I, p. 249；郭輝（翻譯），《巴達維亞城日記》，頁247；江樹生（譯註），《熱蘭遮城日誌（一）》，頁240。gangtang為米的計量單位，1 gantang 約為8.5公升。見 *DZIV*, p. 706；Leonard Blussé et al., eds., *Formosan Encounter II*, p. 586；江樹生（譯註），《熱蘭遮城日誌（一）》，頁240註25。

14　José Eugenio Borao et al., eds., *Spaniards in Taiwan*, Vol. I, pp. xxxi, 276.

15　José Eugenio Borao, Pol Heyns, Carlos Gómez and Anna Maria Zandueta Nisce, eds., *Spaniards in Taiwan Vol. II: 1642-1682*（Taipei: SMC, 2002）, pp. 573. 六所教堂有二個在淡水地區：一為當地原住民，一為留駐當地的西班牙人；另外四個教堂，為原住民者分別在三貂社、Kimaurij 社和 Tapparij 社；為西班牙人者在基隆社寮島。

攜 Váez 首級入山慶祝時，恰逢地震，Váez 首級發出呼號，林仔
社人在驚慌中將首級擲入河中，而 Váez 屍體則肉身不朽」的敘
述，Diego de Aduarte 以 Váez 在宗教脈絡的封聖昇華，對照林仔
社人反覆無常的「野蠻」性格，賦予一種對比的詮釋。[16]

三、十七世紀世界史下「無歷史人群」的歷史

換成十七世紀世界史的角度，我們是否可以看出林仔社人在
此時代變局中的自處之道？

透過淡水要塞的設置，歐洲人可以掌控淡水河流域的硫磺、
藤與獸皮交易，此又以荷蘭人為甚。[17] Jacinto Esquivel 的民族誌告
訴我們：硫磺，主要生產在北投社和 Tapparij 社；藤（bejuco、
liana）和鹿皮的產出，則普遍存在於各村社；至於林仔社，特產
是可以用來染魚網等物的根莖植物薯榔，林仔社人用來與唐人交
易石珠、銅環等飾物。[18] 不僅如此，宗教的入傳、改宗的要求，
亦伴隨歐洲人的經濟利益而來。關於此點，當時的原住民不可能
茫然無知；只不過，原住民另有適時的考量，以判斷歐洲人所代
表的一切。林仔社人也不例外。

西班牙人勢力進入淡水地區前，林仔社人不但與淡水河
口南岸的八里坌社，也與今新店、大漢溪會流處的武朥灣社
（Pulauan），甚至蘭陽平原的噶瑪蘭人，處於敵對的狀態。儘管

16　José Eugenio Borao et al., eds., *Spaniards in Taiwan*, Vol. I, pp. 239-242.

17　José Eugenio Borao et al., eds., *Spaniards in Taiwan*, Vol. II, pp. 417.

18　José Eugenio Borao et al., eds., *Spaniards in Taiwan*, Vol. I, pp. 168.

唐人、日人很早就來淡水河口一帶貿易，當地住民與外界早有互動；但直到西班牙人在淡水建立要塞據點時，村社之間的獵首行為仍屬常態。[19]對當地原住民而言，西班牙人的出現，與攜貨前來交易的唐人、日人類似；其與西班牙人的互動模式，多吸取之前和唐人、日人的互動經驗。

　　西班牙教士留下的民族誌資料，往往提供許多有趣的蛛絲馬跡。Jacinto Esquivel提到：某一村社頭目，打算將社眾移至淡水西班牙人要塞附近，目的是因此能有教堂與專屬的神父。對在地原住民而言，教堂、神父的意義是什麼？如果對照里族社的例子，我們發現原住民要的顯然不是天主教信仰，或與宗教信仰息息相關的儀式、制度等背後的意義。位於今基隆河內湖一帶的里族社（Lichoco）頭目，在淡水Taparri分社目睹Esquivel神父促使西班牙當局釋放被捕原住民與歸還沒收穀物後，也希望自己的村社擁有神父。[20]正如當時臺南一帶的西拉雅村社，並不是為了基督新教的信仰而接納、要求荷蘭宣教師留駐村社，而是出於村社勢力平衡，並與荷蘭東印度公司維持均勢的考量。[21]

　　對原住民而言，天主教信仰是可疑的；若非考慮實際的理

---

19 José Eugenio Borao et al., eds., *Spaniards in Taiwan*, Vol. I, pp. 169；康培德，〈十七世紀基隆河流域、淡水地區原住民社群分類再議〉，頁10-11。

20 José Eugenio Borao et al., eds., *Spaniards in Taiwan*, Vol. I, pp. 182.

21 康培德，《殖民接觸與帝國邊陲》，頁198；康培德（著）、蔡明庭（譯），〈遭逢、忌疑與臣服〉，頁111; Tonio Andrade, "The Mightiest Village," pp. 288-289；Leonard Blussé, "De Formossanse Proefluyn der gereformeerde Zending," in G.J. Schutte（ed.）, *Het Indische Sion de gereformeerde kerk onder de Verenigde Oost-Indische Compagnie*（Hilversum: Uitgeverij Verloren, 2003），p. 193.

由，及原有價值體系係可接納，放棄原有信仰與價值、接納外來宗教，不見得是理性的抉擇。駐臺將近十年的Teodoro Quirós神父，即曾在報告中提到：原住民改宗和傳染病盛行有關。在天花最盛行時，Quirós曾在八天內，於淡水河一帶親自施洗320人；五日內，於St. James節日施洗141人；Juan García神父也在蘭陽平原流行天花時，多次為當地住民施洗。當時在Quirós名下受洗的六歲以下兒童，則有186名。[22]

　　雖然Diego de Aduarte的書中用語，充滿對教士佈道熱情的讚譽，描繪受洗原住民對天主教的虔誠和狂喜，我們仍可在字裡行間看出原住民對天主教仍存有疑慮；故其接納受洗的時機，多為生死關頭、舊有醫術無效之際。書中提到：Andrés Jiméne留在林仔社一帶時，一名病危的頭目曾向Jiméne表明受洗為教徒的意願；病好後，則要求臨終前才接受施洗。Jiméne為了替一位九十歲的林仔社臨終老人施洗，不但家訪數次，還透過當事人女兒居中溝通，始達成目的。Jiméne離開淡水、返回雞籠要塞後，曾應Kimaurij社一對非教徒父母的要求，為瀕臨死亡的女嬰受洗，命名Catalina。[23]換句話說，受洗的原住民，事實上並未以天主教信仰或洗禮的儀式意義，取代原有的價值信仰；二者係巧妙並存，教士頂多只是掌控未知的來世。

　　對原住民來說，天主教的意義到底是什麼？針對這個問題，甚至也有認知、經驗不同，所造成的世代差異。站在成年人的立場，村社勢力的平衡、與西班牙當局友好均勢的維持，應是最

22　José Eugenio Borao et al., eds., *Spaniards in Taiwan*, Vol. II, pp. 456-457.

23　José Eugenio Borao et al., eds., *Spaniards in Taiwan*, Vol. I, pp. 224-226.

初的考量。所以，當西班牙人為玫瑰聖母堂聖像安座儀式慶祝時，林仔社人是如此狂熱；Luis de Guzmán 上尉一行帶來煙火、劍舞、鳴槍等活動，林仔社人則依舊俗歌舞狂飲長達6小時多。實際上，林仔社人是透過類似舊有的尚武祭儀意義，了解西班牙人的聖像安座儀式；這也難怪活動進行時，林仔社頭目們會步出場地，向其他村社大肆咆哮——林仔社人現已擁有西班牙人、教堂和教士，可以不懼敵社的挑戰。而當西班牙人計畫將聖像移出林仔社時，林仔社人表面上是擔心正在林仔社佈道的 Jiménez 也將離去，但實際是擔心不再擁有政治優勢。但從年輕小孩的立場來看，玫瑰聖母堂神職人員的彌撒儀式，前所未有的新鮮；彌撒儀式裡的聖歌，更是值得模仿的新事物。如此，我們就可以了解：為什麼 Diego de Aduarte 的書，會提到年輕小孩喜歡聚在教堂外，觀看儀式，聆聽 Jiménez 唱讚美曲。[24]

經過上述的思維，1636年1月發生的林仔社人殺害 Francisco Váez 神父事件，其意義就清楚多了。對林仔社人來說，埋伏擊殺 Váez，只是基於村社勢力平衡的考量；深怕林仔社人具有的優勢，落到敵對的八里坌人手上。所以，林仔社頭目在獲悉 Váez 的計畫時，雖然起初也表同意，但在經過眾人交換意見、發覺不妥後，終於籌謀擊殺神父。

接下來的故事，就耳熟能詳了。殺害 Váez、毀社避居他處的林仔社人，顯然已視西班牙人為敵；加上西班牙人因缺糧，進行徵食物稅政策，導致同年3月 Luis Muro 神父與外出徵糧的駐軍，一同遇難。翌年，西班牙人撤離淡水要塞，結束與林仔

24　José Eugenio Borao et al., eds., *Spaniards in Taiwan*, Vol. I, pp. 221-223.

社人十多年來的互動。至於林仔社人，四年後又面臨另一群歐洲人——即1641年來自南臺灣的荷蘭人。[25]

四、越過「無歷史人群」的門檻

如果Francisco Váez神父之死，牽引出我們對林仔社人與西班牙人互動過程不同的歷史詮釋，則西班牙人的到臨，到底對林仔社人帶來哪些實質的衝擊？下面將藉由荷蘭時代，拉長觀察時間，探討林仔社人本身，及林仔社人與大臺北地區其他原住民村社間社會關係的變化；並嘗試詮釋此一衝擊帶來的變化，在林仔社人社會文化價值裡可能的意義。

以林仔社為首的原住民社群，依荷蘭文獻記載，為林仔社、Kipas（Arrito）、大屯（Toetona）等3社。在荷蘭時代的村社人口、戶口資料裡，此3社呈現分分合合的現象；現整理如表A。

表A　荷蘭時代林仔社及其分社人口、戶口表

社名	1646年		1647年		1648年		1650年		1654年		1655年	
	人數	戶數	人數	戶數	人數	戶數	人數	戶數	人數	戶數	人數	戶數
林仔社 Senaer	131	37	294	80	280	84	160	40	130	30	81	22
Arrito / Kipas / Cackerlack	108	32					193	50	153	31	95	25
大屯 Toetona									82	24	77	23

資料來源：VOC 1164: 347, 361；詹素娟、劉益昌，《大臺北都會區原住民歷史專輯》，頁120；中村孝志，《荷蘭時代臺灣史研究下卷》，頁22。

25　José Eugenio Borao et al., eds., *Spaniards in Taiwan*, Vol. I, pp. 328-329, 331-332; *Spaniards in Taiwan*, Vol. II, p. 367.

　　1642年，東印度公司入主北臺灣時，代表林仔社（Senaer）
至淡水要塞會見Pedel中尉的，係名為Kaelielach的首長。Pedel
中尉的淡水駐地日誌提到：1643年1月，Pedel率員訪問林仔、
Arrito等2社，受首長Merou、Kalilach（即Kaelielach）歡迎；次
月，Merou（Marau）再邀Pedel中尉前往做客。值得注意的是，
無論是1644年5月至淡水要塞會見彭恩中尉的村社首長名單，或
同年同月Theodore提供的淡水河流域村社長老名單，都顯示林
仔社（Caenar、Senaer）的首長、長老，都是Merou（Mannon、
Mouron），而不見Kalilach名列其中。1646年9月，淡水地方會
議村社首長代表的出席紀錄，或同年同月Lucas Kilas提供的淡
水河流域村社資料也都顯示：林仔社（Jenaer、Senaer）首長代
表係Tenayan，Kalilach（Kaki(j)lach）反而是Kipas社的代表。到
了1655年，Kipas社在村社戶口表中闕如，反而多了前所未聞的
Cackerlack社，此或許是社名採頭目名Kalilach的結果。換句話
說，1643年曇花一現的Arrito社、1646年的Kipas社、1655年的
Cackerlack社，應直指同一社，只是不同時期的稱號。[26]

　　Jacinto Esquivel神父提到：林仔社人原係散居的8、9個小
村落，1630年代左右，為了佈道而仿效Kimaurij、Tapparij，集
中為一村社。[27]換句話說，1640年代起，林仔社群逐步分為數小
社，只是回復西班牙人蒞臨佈教前眾小社林立的狀態。[28]

26　康培德，〈十七世紀基隆河流域、淡水地區原住民社群分類再議〉。

27　José Eugenio Borao et al., eds., *Spaniards in Taiwan*, Vol. I, pp. 166, 181-182,
　　184.

28　林仔社人為何此時逐步分為數小社，應與Peter Bellwood針對南島語族提出
　　的「開基主意識」（founder-focused ideology）一說中，強調一部落裡某一強

荷蘭東印度公司於1642年攻克雞籠要塞前，曾於1641年到西班牙人先行棄守的淡水地區，並與當地原住民交好。[29]東印度公司攻克雞籠要塞後，林仔社人除了擔任淡水、雞籠要塞二地信差護送的工作，也扮演荷蘭人與臺北盆地原住民村社的通譯角色；淡水河流域沿岸的主要村社，像武勝灣、毛少翁等村社，均依賴林仔社人Balou（Ballau、Ballauw）、Wadij（Waddau）等協助穿針引線。[30]

有趣的是，西班牙人勢力進入淡水地區前，林仔社人曾與八里坌社、武勝灣社和蘭陽平原的噶瑪蘭人處於敵對狀態；尤其林仔社人與八里坌的緊張關係，更賠上不少西班牙人命。但是，1640年代以來的東印度公司紀錄，卻未見林仔社人與八里坌、武勝灣等社的衝突；反而在1656年2月，發生淡水河南岸的八里坌（Parragon）、南崁（Percoutsy）、Mattatas等社騷擾沿海地區漁民、蚵商，及淡水河流域林仔（Chinaen）、外北投（Rappan）、Pillien等社射殺牛馬、攻擊淡水地區唐人街，林仔社人等並阻撓馬賽人運送鹿肉、水、薪柴等補給物資

人為了建立社會地位，及背後所帶來的資源，率其支持隨眾自創名號〔一般多為開基主、即此一強人之名〕、另立分社的founder rank enhancement現象有關。見James J. Fox and Clifford Sather（eds.），*Origins, Ancestry and Alliance: explorations in Austronesian Ethnography*（Canberra: Department of Anthropology, The Australian National University, 1996），p. 9. 至於林仔社人為何在1640-50年代此一時間點發生founder rank enhancement現象，應與這段時期前後林仔社人認知的整體外在局勢發展有關。

29　José Eugenio Borao et al., eds., *Spaniards in Taiwan*, Vol. I, pp. 328-329, 331-332; *Spaniards in Taiwan*, Vol. II, pp. 367.

30　康培德，〈十七世紀基隆河流域、淡水地區原住民社群分類再議〉。

至淡水要塞的事件。1657年7月,大員方面通過對北臺灣竹塹
(Pokaal)、南崁(Perkoutsi)、Mattattas、八里坌(Pergon)、毛
少翁(Kimassau)、林仔(Chinaar)、林仔社分社Kakkerlak(即
Cackerlack)等社的征討決議。同年9月,赤崁城主Schedel率軍
征討北臺灣,毀竹塹、林仔、八里坌等社的田園,主事者被斬;
其中,林仔社主事者被懸首於雞籠要塞示眾。事後,四散流離的
林仔社人前往東印度公司派駐北臺灣的彭恩處輸誠,盼能與荷蘭
人停止敵對狀態,定居下來。[31]

　　至於林仔社人與大臺北地區其他原住民村社的社會關係,
從1620、1630年代與八里坌、武勝灣社的敵對,1640年代的相
安無事,到1650年代的林仔、八里坌等社抗荷事件,該如何解
釋此一轉變?是Teodoro Quirós神父1630年代在淡水地區透過佈
道活動建立的村社橫向關係:包含武勝灣(Pulauan)、八里坌
(Camaco)、Maupe、林仔(Senar)及南崁(Parakucho)等社[32],
促使北臺灣原住民村社,從相互敵對,蛻變成一致抗外嗎?

　　答案應當不是如此單純。如前所言,1630年代以前,林仔
社人與其他村社習於互相獵首;當地人准予、接受天主教的傳
播與神職人員的進駐,係有地緣政治上的考量。因此,林仔社

31　*DZIV*, pp. 9, 28, 57, 182, 239-240, 262; W. Ph. Coolhaas, *Generale Missiven, deel III*, p. 119; Chen Shaogang, *De VOC en Formosa 1624-1662*, pp. 393、413、444-445;江樹生(譯註),《熱蘭遮城日誌(四)》,頁7、31、67、215-216、286-287、313。翁佳音,《大臺北古地圖考釋》,頁148;程紹剛(譯註),《荷蘭人在福爾摩莎》,頁440、461-462、494。

32　José Eugenio Borao et al., eds., *Spaniards in Taiwan*, Vol. II, pp. 457;翁佳音,《大臺北古地圖考釋》,頁135-138。

人在某一時期安於接受西班牙人、荷蘭人，只是對有權勢的新近外來者暫時遷就，並嘗試爭取此一力量。[33] 這也解釋了林仔社首長 Merou，既在 1643 年 1 月對東印度公司淡水要塞守將 Pedel 中尉的率員訪問表示歡迎，並再度邀約 Pedel 中尉等前往做客；卻又在 1645 年彭恩率軍進行北臺灣征伐任務時，因態度惡劣、頑抗，而被遞解送往大員、看似反覆無常的現象。[34] 換句話說，林仔社人與北臺灣其他相關的原住民村社，從 1620 年代到 1650 年代相互敵對或反抗東印度公司的行為，都只是為了滿足、實踐其社會文化價值的外顯行動。猶如林仔社社群於東印度公司勢力進入北臺灣時的逐步分立，林仔社人與大臺北地區其他原住民村社社會關係的變化，其實只是其社會文化價值實踐過程中的表

---

[33] 1643 年發生位新店溪流域的秀朗社要人 Goumiou（w）與里族社頭目冰冷（Penap）不和，Goumiou 透過贈予駐淡水要塞的 Pedel 中尉小豬、雞和新鮮食物，最後甚至本人親自前來與 Pedel 互換手鐲乙事，即為嘗試在此一村社要人紛爭間爭取外來力量之例。見 *DZII*, pp. 130-133；江樹生（譯註），《熱蘭遮城日誌（二）》，頁 129-132。

[34] *DZII*, pp. 111, 118, 346；江樹生（譯註），《熱蘭遮城日誌（二）》，頁 108、116、365；郭輝（翻譯），《巴達維亞城日記》，頁 419；村上直次郎（譯注）、中村孝志（校注），《バタヴィア城日誌（二）》，頁 286-287。類似的例子亦發生在基隆河流域的里族社強人冰冷身上：1645 年，冰冷拒絕運送竹材給東印度公司被捕，最後以值 600 里爾左右的珠飾擔保才獲釋。冰冷的不合作態度，係當時東印度公司派淡水原住民南下至彰化縣鹿港鎮一帶的馬芝遴社（Dorenap）探察彭恩領軍的征伐隊行蹤，但淡水住民南下至南崁（Lamcan）河一帶被阻，當地人造謠稱荷蘭人一行在那被痛宰，因而影響北臺灣原住民如何看待、對待留駐淡水的荷蘭人。見下席商務員 Jan van Keijssel 給長官卡隆的書信。1645 年 4 月 26 日，淡水。Leonard Blussé et al., eds., *Formosan Encounter II*, pp. 533, 534-535.

象。[35]

歷史詮釋果真如此弔詭、不可捉摸嗎？其實也並不盡然。以西班牙人對北臺灣原住民的影響來觀察：1642年，Pedel中尉沿淡水河流域訪視原住民村社時，發現初見荷蘭人的里族社住民，係以天主教手勢迎接Pedel。[36] 1653年，武勝灣社因反抗荷蘭人，公司出兵征伐、逮捕二名武勝灣凶手，處死後將頭顱割下掛在砲臺上示眾；同時，對武勝灣社施以鹽、鐵禁運政策，最後因嚴重缺乏鹽、鐵，部分武勝灣人合手跪著發誓永不再犯，重新歸順公司。[37]這二個北臺灣案例，告訴我們原住民係如何藉由外來的文化象徵，透過其認知體系，挪用到也是外來者的荷蘭人身上。在此一情境中，外顯形式的意義，係依循原有的社會文化價值認知。如同十七世紀臺南的新港人，在接納荷蘭宣教師帶來的基督新教時，雖在形式上大致符合宣教師的要求，卻在細節上——如出獵時仍採改宗前集體祭祀的方式向上帝祈求好運，要是不獲得

---

35 譬如說，西班牙神職人員基於佈道所需，將原本聚落林立的林仔社人集中為一村社，林仔社人也適當地接受此一安排，因為此一改變並未徹底推翻林仔社人原有的社會文化價值，且可能還有利於其價值的實踐（如藉由外力確保獵首戰爭的勝利、或自身村社的安全）；但是，當集中村社此一外在強制力量去除後，林仔社人再度依其社會文化價值，選擇其另一可接受的表現方式——村社分立（即founder rank enhancement現象）。

36 *DZII*, p. 104；翁佳音，《大臺北古地圖考釋》，頁36；江樹生（譯註），《熱蘭遮城日誌（二）》，頁101註122。

37 W. Ph. Coolhaas, *Generale Missiven, deel II*, p. 705; Chen Shaogang, *De VOC en Formosa 1624-1662*, p. 346; John R. Shepherd, *Statecraft and Political Economy on the Taiwan Frontier*, p. 59；程紹剛（譯註），《荷蘭人在福爾摩莎》，頁392。

保障則不出獵，顯示新港人係以原有的泛靈論禁忌、咒術觀念，接受此一外來宗教。[38]

　　林仔社人與西班牙人的互動，究竟帶給林仔社人什麼衝擊？林仔社人又如何超越「無歷史人群」的門檻？在外顯形式／集體行動與社會文化價值的辯證過程裡，或許已提供了一個窗口。

五、後記

　　Francisco Váez神父之死，引發我們對十七世紀林仔社人與西班牙人互動過程的不同歷史詮釋。Diego de Aduarte站在天主教神職人員的立場，視佈道過程中的許多現象為「教化」、「野蠻」的對比；林仔社人殺害Váez神父的行為，或許是基於村社勢力平衡的考量，深怕林仔社人的優勢，落到敵對的八里坌人手上。

　　西班牙人來到北臺灣後，曾為了佈道，將林仔社人集為一個村社；荷蘭人勢力進來後，林仔社人又逐步分為數個小社。1620、1630年代，林仔社人係與八里坌、武勝灣社敵對；1640年代，荷蘭人來臨後，則相安無事；直到1650年代，發生林仔、八里坌等社的抗荷事件。這些看似由西班牙、荷蘭人帶來、

38　鄭維中，《荷蘭時代的臺灣社會》，頁324-325。有關荷蘭人對臺灣原住民社會文化的影響，及如何針對此一影響所作的歷史詮釋，也請參考針對十七世紀西拉雅人社會、宗教變遷的討論。見翁佳音，〈西拉雅族的沉默男性「祭司」：十七世紀臺灣社會、宗教的文獻與文脈試論〉（中央研究院民族學研究所主辦，「族群意識與文化認同：平埔族群與臺灣社會大型研討會」，9月30日－10月2日，2003年）。

引發的劇烈變化，若以林仔社人社會文化價值進行詮釋，則僅是林仔社人——甚至十七世紀北臺灣的原住民，以自身的價值體系為主體，與歐洲人在異文化遭逢的過程中留下的歷史現象。

引用文獻

中村孝志（著），吳密察、翁佳音、許賢瑤（編）

1997 《荷蘭時代臺灣史研究》，上卷：概說・產業。臺北：稻鄉出版社。

2002 《荷蘭時代臺灣史研究》，下卷：社會・文化。臺北：稻鄉出版社。

石文誠

2009 〈荷蘭公主上了岸？一段傳說、歷史與記憶的交錯歷程〉，《臺灣文獻》60.2：181-201。

江樹生（譯註）

2000 《熱蘭遮城日誌》，第1冊。臺南：臺南市政府。

2002 《熱蘭遮城日誌》，第2冊。臺南：臺南市政府。

2003 《熱蘭遮城日誌》，第3冊。臺南：臺南市政府。

2011 《熱蘭遮城日誌》，第4冊。臺南：臺南市政府。

江樹生（主譯／註）、國史館臺灣文獻館（主編）

2007 《荷蘭臺灣長官致巴達維亞總督書信集(1)1622-1626》。臺北：南天。

村上直次郎（譯注）、中村孝志（校注）

1970 《バタヴィア城日誌（一）》。東京：平凡社。

1972 《バタヴィア城日誌（二）》。東京：平凡社。

1975 《バタヴィア城日誌（三）》。東京：平凡社。

村上直次郎、岩生成一、中村孝志、永積洋子

2001 《荷蘭時代臺灣史論文集》。宜蘭：佛光人文社會學院。

李毓中

2007 〈地圖不迷路──打開東亞市界地圖的捲軸，臺灣的嶄露頭
角〉，國立臺灣博物館（主編），《地圖臺灣：四百年來相關
臺灣地圖》。臺北：南天，頁70-81。

李國銘

1995 〈屏東平原族群分類再議〉，潘英海、詹素娟（主編），《平埔
研究論文集》。臺北：中研究院臺灣史研究所籌備處，頁
365-378。

2000 〈屏東平原東港溪南岸山腳下的Ma-olau祭典──Ma-olau祭
典記錄一百週年〉，「第一屆屏東研究研討會論文集
（一）」，頁80-103。

岩生成一

2001 〈在臺灣的日本人〉，村上直次郎、岩生成一、中村孝志、永
積洋子（著），許賢瑤（譯），《荷蘭時代臺灣史論文集》。
宜蘭：佛光人文社會學院，頁155-185。

周　璽

1962（1830）《彰化縣志》，臺灣文獻叢刊第156種。臺北：臺灣銀行經濟
研究室。

吳國聖、翁佳音

2006 〈新港文書研究：典契的解讀與格式〉，葉春榮主編，《建構
西拉雅研討會論文集》。新營：臺南縣政府，頁97-144。

郁永河

1959（1697）《裨海紀遊》，臺灣文獻叢刊第44種。臺北：臺灣銀行經濟研
究室。

查　忻

2011 〈荷蘭改革宗教會在十七世紀臺灣的發展〉，國立臺灣大學歷
史學系博士論文。

郭　輝（翻譯）

1970 《巴達維亞城日記》第一、二冊。臺中：臺灣省文獻委員會。

翁佳音

1992　〈被遺忘的原住民史——Quata（大肚番王）初考〉，《臺灣風物》42.4：145-188。

1996　〈歷史記憶與歷史經驗：原住民史研究的一個嘗試〉，《臺灣史研究》3.1：5-30。

1998　《大臺北古地圖考釋》。臺北：臺北縣立文化中心。

1999　〈近代初期北部臺灣的商業與原住民〉，黃富三、翁佳音（主編），《臺灣商業傳統論文集》。臺北：中央研究院臺灣史研究所籌備處，頁45-80。

2000　〈地方會議、贌社與王田——臺灣近代史研究筆記（一）〉，《臺灣文獻》51卷3期：263-282。

2001　《異論臺灣史》。臺北：稻鄉。

2003　〈西拉雅族的沉默男性「祭司」：十七世紀臺灣社會、宗教的文獻與文脈試論〉，中央研究院民族學研究所主辦，「族群意識與文化認同：平埔族群與臺灣社會大型研討會」，9月30日－10月2日。

2005　〈十七世紀東亞大海商亨萬（Hambuan）事蹟初考〉，《故宮學術季刊》22.4：83-102。

2008a　〈新港有個臺灣王——十七世紀東亞國家主權紛爭小插曲〉，《臺灣史研究》15.2：1-36。

2008b　《荷蘭時代：臺灣史的連續性問題》。臺北：稻鄉出版社。

2008c　〈蕃薯圖像的形成：十六、十七世紀臺灣地圖的研究〉，「空間新思維——歷史與圖學國際學術研討會」，國立故宮博物院主辦，11月7日－11月8日。

2008d　〈臺灣姑娘娶荷蘭臺灣長官〉，《歷史月刊》245：55-59。

2013　〈水沙連的早期史論：從荷蘭文獻中的水沙連談起〉，《臺灣風物》63.1：29-59。

2015　〈初次噍吧哖事件——文獻再解析的必要〉，《原住民族文獻》22：38-44。

翁佳音、陳怡宏（譯）

2013　　　《平埔蕃調查書》。臺南：國立臺灣歷史博物館。

黃叔璥

1957（1736）《臺海使槎錄》，臺灣文獻叢刊第4種。臺北：臺灣銀行經濟
　　　　　　研究室。

許雪姬、薛化元、張淑雅等

2003　　　《臺灣歷史辭典》。臺北：遠流。

移川子之藏、馬淵東一

1935　　　《臺灣高砂族系統所屬の研究》。臺北：臺北帝國大學土俗、
　　　　　　人種研究室。

曹永和

1979　　　《臺灣早期歷史研究》。臺北：聯經出版事業有限公司。

2000　　　《臺灣早期歷史研究續集》。臺北：聯經出版事業有限公司。

曹永和、包樂史（Leonard Blussé）

1995　　　〈小琉球原住民的消失〉，潘英海、詹素娟（主編），《平埔研
　　　　　　究論文集》。臺北：中央研究院臺灣史研究所籌備處，頁
　　　　　　413-444。

康培德

1998　　　"Encounter, Suspicion and Submission: the experiences of the
　　　　　　Siraya with the Dutch from 1623 to 1636," *Taiwan Historical
　　　　　　Research* 3.2: 195-216.

1999　　　《殖民接觸與帝國邊陲——花蓮地區原住民十七至十九世紀
　　　　　　的歷史變遷》。臺北：稻鄉出版社。

2000　　　〈荷蘭時代村落頭人制的設立與西拉雅社會權力結構的轉
　　　　　　變〉，《臺灣史蹟》36：118-135。

2000　　　〈荷蘭東印度公司的統治對西拉雅人村社概念變遷的影響〉，
　　　　　　中央研究院民族學研究所、臺灣史研究所籌備處主辦，
　　　　　　「2000年平埔研究國際學術研討會」，10月23－25日。

2003a　　　〈十七世紀上半的馬賽人〉，《臺灣史研究》10.1：1-32。

2003b　　　〈十七世紀基隆河流域、淡水地區原住民社群分類再議〉，中

　　　央研究院民族學研究所主辦,「族群意識與文化認同」,9月
　　　30日-10月2日。

2003c　〈環境、空間與區域——地理學觀點下十七世紀中葉大肚王
　　　統治的興衰〉,《臺大文史哲學報》59:97-116。

2003d　〈荷蘭時代大肚王的統治與拍瀑拉族群關係再思考〉,臺中
　　　縣文化局(編),《臺中縣開發史學術研討會論文集》。臺
　　　中:臺中縣文化局,頁85-103。

2003e　"A brief note on the possible factors contributing to the large
　　　village size of the Siraya in the early seventeenth century," in
　　　Leonard Blussé (ed.), *Around and About Formosa: essays in
　　　honor of Professor Ts'ao Yung-ho*. Taipei: Ts'ao Yung-ho
　　　Foundation for Culture and Education, pp. 111-127.

2005a　"Inherited Geography: post-national history and the emerging
　　　dominance of Pimaba in East Taiwan," *Taiwan Historical
　　　Research* 12.2: 1-33.

2005b　《臺灣原住民史——政策篇(荷西明鄭時期)》。南投:國史
　　　館臺灣文獻館。

2006a　〈理加與大加弄:十七世紀初西拉雅社會的危機〉,葉春榮
　　　(主編),《建構西拉雅研討會論文集》。新營:臺南縣政府,
　　　頁81-96。

2006b　〈親王旗與藤杖——殖民統治與土著挪用〉,《臺灣史研究》
　　　13.2:33-55。

2008　〈紅毛先祖?新港社、荷蘭人的互動歷史與記憶〉,《臺灣史
　　　研究》15.3:1-25。

2009　〈離島淨空與平原移住:荷蘭東印度公司的臺灣原住民聚落
　　　遷移政策〉,《新史學》20.3:99-126。

2010a　〈荷蘭東印度公司治下的歐亞跨族群婚姻:臺南一帶的南島
　　　語族案例〉,戴文鋒(主編),《南瀛歷史、社會與文化II》。
　　　臺南:臺南縣政府,頁55-75。

2010b　〈荷蘭東印度公司治下的臺灣原住民部落整併〉,《臺灣史研

究》17.1：1-25。

2011 〈荷蘭東印度公司筆下——歪哥兼帶衰的雞籠Kimaurij人
Theodore〉，《臺灣文獻》62.3：149-190。

2012 〈荷蘭東印度公司治下的噶瑪蘭地區特質〉，李素月、許美智
（編輯），《探索淇武蘭：「宜蘭研究」第九屆學術研討會論文
集》，宜蘭文獻叢刊35。宜蘭：宜蘭縣史館，頁291-317。

2014a 〈「文明」與「野蠻」：荷蘭東印度公司對臺灣原住民的認知
與地理印象〉，《新史學》25.1：97-144。

2014b 〈二林地區：十七世紀荷蘭東印度公司對彰化平原與濁水溪
沖積扇北半部人群的地域區劃〉，《白沙歷史地理學報》15：
21-46。

2015 〈北臺雙東（東寧與東印度公司）對峙下的臺灣原住民〉，
《季風亞洲研究》創刊號：33-67。

康培德（著）、蔡明庭（譯）

2000 〈遭逢、忌疑與臣服——西拉雅族與荷蘭人的關係（1624-
1636）〉，《臺灣風物》50(1)：107-128。

張隆志

1997 〈追尋失落的福爾摩莎部落——臺灣平埔族群史研究的反
思〉，收於黃富三、古偉瀛、蔡采秀主編之《臺灣史研究一
百年——回顧與研究》。臺北：中央研究院臺灣史研究所籌
備處，頁257-272。

陳　第

1964（1617）〈東番記〉，《流求與雞籠山》，文叢196。臺北：臺灣銀行經
濟研究室，頁89-92。

陳文達

1961（1720）《鳳山縣志》，臺灣文獻叢刊第124種。臺北：臺灣銀行經濟
研究室。

陳宗仁

2005 《雞籠山與淡水洋：東亞海域與臺灣早期史研究
1400——1700》。臺北：聯經出版事業有限公司。

2010 〈1632年傳教士Jacinto Esquivel報告的解析──兼論西班牙占領前期的臺灣知識與其經營困境〉,《臺灣文獻》61.3:1-34。

賀安娟(Ann Heylen)

1998 〈荷蘭統治之下的臺灣教會語言學──荷蘭語言政策與原住民識字能力的引進(1624-1662)〉,《臺北文獻》125:81-119。

程大學(翻譯)

1990 《巴達維亞城日記》第三冊。臺中:臺灣省文獻委員會。

程紹剛(譯註)

2000 《荷蘭人在福爾摩莎》。臺北:聯經出版事業有限公司。

劉良璧

1961 《重修福建臺灣府志》,1740,臺灣文獻叢刊第74種。臺北:臺灣銀行經濟研究室。

詹素娟、劉益昌

1999 《大臺北都會區原住民歷史專輯:凱達格蘭調查報告》。臺北:臺北市文獻委員會。

劉益昌

1997 《臺北縣北海岸地區考古遺址調查報告》。臺北:臺北縣立文化中心。

1998 〈再談臺灣北、東部地區的族群分布〉,劉益昌、潘英海(主編),《平埔族群的區域研究論文集》。臺中:臺灣省文獻會,頁1-28。

鄭維中

2004 《荷蘭時代的臺灣社會:自然法的難題與文明化的歷程》。臺北:前衛。

歐陽泰(Tonio Andrade)(著)、鄭維中(譯)

2007 《福爾摩沙如何變成臺灣府?》。臺北:遠流。

賴永祥

1966 〈明末荷蘭駐臺傳教人員之陣容〉,《臺灣風物》16.3:3-22。

潘英海

1994　　　〈聚落、歷史，與意義——頭社村的聚落發展與族群關係〉，
　　　　　《中央研究院民族學研究所集刊》77：89-123。

鮑曉鷗（José Eugenio Bora）（著），Nakao Eki（譯）

2008　　　《西班牙人的臺灣體驗（1626-1644）：一項文藝復興時代的志
　　　　　業及其巴洛克的結局》。臺北：南天。

蔡承維

2004　　　〈大崗山地區古文書的出土及其特色〉，陳秋坤、蔡承維（編
　　　　　著），《大崗山地區古契文書匯編》。臺北：中央研究院臺灣
　　　　　史研究所，頁17-27。

韓家寶（Heyns Pol）（著）、鄭維中（譯）

2002　　　《荷蘭時代臺灣的經濟、土地與稅務》。臺北：播種者文化。

韓家寶、鄭維中（譯著）

2005　　　《荷蘭時代臺灣告令集、婚姻與洗禮登記簿》。臺北：曹永和
　　　　　文教基金會。

蔣毓英

1993（1685）《臺灣府志》。南投：臺灣省文獻委員會。

Aa, A.J. van der

1858　　　*Biographisch woordenboek der Nederlanden, Deel 3.* Haarlem:
　　　　　J.J. van Brederode.

Akitoshi Shimizu

1999　　　"Colonialism and the Development of Modern Anthropology in
　　　　　Japan," in Jan van Bremen and Akitoshi Shimizu（eds.），
　　　　　Anthropology and Colonialism in Asia and Oceania. Surrey:
　　　　　Curzon, pp. 115-171.

Andrade, Tonio

1997　　　"A Political Spectacle and Colonial Rule: the Landdag on Dutch
　　　　　Taiwan, 1629-1648," *Itinerario* 21.3: 57-93.

2000　　　*Commerce, Culture, and Conflict: Taiwan under European Rule,*
　　　　　1624-1662. Ph.D. Dissertation, Yale University.

2001　　　 "The Mightiest Village: Geopolitics and Diplomacy in the Formosan Plains Austronesians, 1623-1636," in Chan Su-chuan and Pan Ing-hai（eds.）*Symposium on the Plains Aborigines and Taiwan History*. Taipei: Institute of Taiwan History, Academia Sinican, pp. 287-317.

2008　　　 *How Taiwan Became Chinese: Dutch, Spanish, and Han Colonization in the Seventeenth Century*. New York: Columbia University Press.

2010　　　 "A Chinese Farmer, Two African Boys, and a Warlord: Toward a Global Microhistory," *Journal of World History* 21.4: 573-591.

Arruda, José Jobson de Andrade

1991　　　 "Colonies as Mercantile Investments: The Luso-Brazilian Empire, 1500-1808," in James D. Tracy（ed.）, *The Political Economy of Merchant Empires*. Cambridge: Cambridge University Press, pp. 360-420.

Axtell, James

1998　　　 *After Columbus: essays in the ethnohistory of colonial North America*. Oxford: Oxford University Press.

2001　　　 *Natives and Newcomers: The Cultural Origins of North America*. Oxford: Oxford University Press.

Biggar, Henry P.

1993　　　 *The Voyages of Jacques Cartier*. Toronto: University of Toronto Press.

Blussé, Leonard

1984　　　 "Dutch Protestant Missionaries as Protagonists of the Territorial Expansion of the VOC on Formosa," in Dick Kooiman, Otto van den Muizenberg and Peter van der Beer（eds.）, *Conversion, Competition and Conflict, essays on the role of religion in Asia*. Amsterdam: Free University Press, pp. 155-184.

1986　　　 *Strange Company: Chinese settlers, Mestizo women and the*

Dutch in VOC Batavia. Dordrecht: Foris.

1989　　"The Run to the Coast: comparative notes on early Dutch and English expansion and state formation in Asia," in *India and Indonesia during the Ancient Regime*. Comparative History of India and Indonesia vol. 3. Leiden: E.J. Brill, pp. 195-214.

1990　　"Minnan-jen or Cosmopolitan? the rise of Cheng Chihlung alias Nicolas Iquan," in E.B. Vermeer, ed., *Development and Decline of Fukien Province in the seventeenth and eighteenth centuries*. Leiden: Brill, pp. 245-269.

1993　　"Pieter Nuyts（1598-1655）: een Husterse burgermeester uit het Verre Oosten," *Zeeuws Tijdschrift* 43.6: 234-241.

1995　　"Retribution and Remorse: the interaction between the administration and the Protestant mission in early colonial Formosa," in Gyan Prakash（ed.）, *After Colonialism: imperial histories and postcolonial displacements*. Princeton: Princeton University Press, pp. 153-182.

1998　　"De Grot van de zwarte geesten: op zoek naar een verdwenen volk," *Tijdschrift voor Geschiedenis* 111: 617-628.

2001　　"The Cave of the Black Spirits: searching for a vanished people," in David Blundell（ed.）, *Austronesian Taiwan: linguistics, history, ethnology, and prehistory*. Taipei: SMC, pp. 131-150.

2003　　"De Formossanse Proefluyn der gereformeerde Zending," in G.J. Schutte（ed.）, *Het Indische Sion de gereformeerde kerk onder de Verenigde Oost-Indische Compagnie*. Hilversum: Uitgeverij Verloren, pp. 189-200.

Blussé, Leonard and Natalie Everts

2010　　"The Kavalan people of the Lan Yang plain four hundred years ago," in *Ki Wu Lan International Symposium*. Yilan: The institute of Yilan County History, pp. 265-280.

Blussé, Leonard and Femme Gaastra

1998　　　"Introduction," in *On the Eighteenth Century as a Category of Asian History: Van Leur in retrospect*. Aldershot: Ashgate.

Blussé, Leonard and Jaap de Moor

1983　　　*Nederlanders Overzee: De eerste vijftig jaar 1600-1650*. Franeker: Uitgeverij T. Wever, B.V.

Blussé, Leonard and Marius P.H. Roessingh

1984　　　"A Visit to the Past: Soulang, a Formosan Village Anno 1623." *Archipel* 27: 63-80.

Blussé, Leonard, W.E. van Opstall and Ts'ao Yung-ho（eds.）

1986　　　*De Dagregisters van het Kasteel Zeelandia, Taiwan, deel I, 1629-1641*. Gravenhage: M. Nijhoff.

Blussé, Leonard, W.E. Milde and Ts'ao Yung-ho（eds.）

1995　　　*De Dagregisters van het Kasteel Zeelandia, Taiwan, deel II, 1641-1648*. Gravenhage: M. Nijhoff.

1996　　　*De Dagregisters van het Kasteel Zeelandia, Taiwan, deel III, 1648-1655*. Gravenhage: M. Nijhoff.

Blussé, Leonard, N.C. Everts, W.E. Milde and Ts'ao Yung-ho（eds.）

2000　　　*De Dagregisters van het Kasteel Zeelandia, Taiwan, deel IV, 1655-1662*. Gravenhage: M. Nijhoff.

Blussé, Leonard, Natalie Everts and Evelien Frech（eds.）

1999　　　*Formosan Encounter — Notes on Formosa's Aboriginal Society: a selection of documents from Dutch archival sources, volume I: 1623-1635*. Taipei: Sung Ye Museum of Formosan Aborigines.

Blussé, Leonard and Natalie Everts（eds.）

2000　　　*Formosan Encounter — Notes on Formosa's Aboriginal Society: a selection of documents from Dutch archival sources, volume II: 1636-1645*. Taipei: Sung Ye Museum of Formosan Aborigines.

2006　　　*Formosan Encounter — Notes on Formosa's Aboriginal Society: a selection of documents from Dutch archival sources, volume III:*

1646-1654. Taipei: Sung Ye Museum of Formosan Aborigines.

2010   *Formosan Encounter — Notes on Formosa's Aboriginal Society: a selection of documents from Dutch archival sources, volume IV: 1655-1668*. Taipei: Sung Ye Museum of Formosan Aborigines.

Borao, José Eugenio

1992   "Spanish Presence in Taiwan, 1626-1642,"《國立臺灣大學歷史學系學報》17: 1-16.

1993   "The Aborigines of Northern Taiwan According to Seventeenth-century Spanish Sources,"《中央研究院臺灣史田野研究通訊》27: 98-120.

2009   *The Spanish Experience in Taiwan, 1626-1642: The Baroque of a Renaissance Endeavor*. Hong Kong: Hong Kong University Press.

Borao, José Eugenio, Pol Heyns, Carlos Gómez and Anna Maria Zandueta Nisce (eds.)

2001   *Spaniards in Taiwan Vol. I: 1582-1641*. Taipei: SMC.

2002   *Spaniards in Taiwan Vol. II: 1642-1682*. Taipei: SMC.

Bosma, Ulbe and Remco Raben

2008   *Being "Dutch" in the Indies: A History of Creolisation and Empire, 1500-1920*. Translated by Wendie Shaffer. Singapore: National University of Singapore Press.

Boterbloem, Kees

2008   *The Fiction and Reality of Jan Struys: A Seventeenth-Century Dutch Globetrotter* (London: Palgrave Macmillan.

Boxer, Charlie R.

1965   *The Dutch Seaborne Empire, 1600-1800*. London: Penguin Books.

Bultin, Robin A.

1993   *Historical Geography: through the gates of space and time*. London: Arnold.

Campbell, William M.

1903 *Formosa under the Dutch: descriptions from contemporary records*. London: Kegan Paul, Trench, Trübner & Co.

Carrington, George Williams

1977 *Foreigners in Formosa, 1841-1874*. San Francisco: Chinese Materials Center.

Chatterjee, Partha

1993 *The Nation and Its Fragments: colonial and postcolonial histories*. Princeton: Princeton University Press.

Chen Shaogang

1995 *De VOC en Formosa 1624-1662: een vergeten geschiedenis*. Ph.D. Dissertation, Universiteit Leiden.

Cheng Wei-chung

2013 *War, Trade and Piracy in the China Sea (1622-1683)*. Leiden: Brill.

Chijs, J.A. van der（ed.）

1887 *Dagh-register gehouden int Casteel Batavia, vant passerende daer ter plaetse als over geheel Nederlandts-india, anno 1640-1641*. 's-Gravenhage: Martinus Nijhoff.

1888 *Dagh-register gehouden int Casteel Batavia, vant passerende daer ter plaetse als over geheel Nederlandts-india, anno 1653*. 's-Gravenhage: Martinus Nijhoff.

1889a *Dagh-register gehouden int Casteel Batavia, vant passerende daer ter plaetse als over geheel Nederlandts-india, anno 1659*. 's-Gravenhage: Martinus Nijhoff.

1889b *Dagh-register gehouden int Casteel Batavia, vant passerende daer ter plaetse als over geheel Nederlandts-india, anno 1661*. 's-Gravenhage: Martinus Nijhoff.

Chiu Hsin-hui

2008 *The colonial civilizing process in the Dutch Formosa, 1624-1662*. Leiden: Brill.

Colenbrander, H.T.（ed.）

1898 *Dagh-register gehouden int Casteel Batavia, vant passerende daer ter plaetse als over geheel Nederlandts-india, anno 1631-1634*. 's-Gravenhage: Martinus Nijhoff.

1899a *Dagh-register gehouden int Casteel Batavia, vant passerende daer ter plaetse als over geheel Nederlandts-india, anno 1636*. 's-Gravenhage: Martinus Nijhoff.

1899b *Dagh-register gehouden int Casteel Batavia, vant passerende daer ter plaetse als over geheel Nederlandts-india, anno 1637*. 's-Gravenhage: Martinus Nijhoff.

1900 *Dagh-register gehouden int Casteel Batavia, vant passerende daer ter plaetse als over geheel Nederlandts-india, anno 1641-1642*. 's-Gravenhage: Martinus Nijhoff.

1902 *Dagh-register gehouden int Casteel Batavia, vant passerende daer ter plaetse als over geheel Nederlandts-india, anno 1643-1644*. 's-Gravenhage: Martinus Nijhoff.

Colpitts, George

2014 *North America's Indian Trade in European Commerce and Imagination, 1580-1850*. Leiden: Brill.

Comaroff, Jean and John Comaroff

1991 *Of Revelation and Revolution: Christianity, colonialism and consciousness in South Africa*. Vol. I. Chicago: University of Chicago Press.

Coolhaas, W. Ph.

1960 *Generale Missiven van Gouverneurs-Generaal en Raden aan Heren XVII der Verenigde Oostindische Compagnie, deel I, 1610-1638*. 's-Gravenhage: Martinus Nijhoff.

1964 *Generale Missiven van Gouverneurs-Generaal en Raden aan Heren XVII der Verenigde Oostindische Compagnie, deel II, 1639-1655*. 's-Gravenhage: Martinus Nijhoff.

1968   *Generale Missiven van Gouverneurs-Generaal en Raden aan Heren XVII der Verenigde Oostindische Compagnie, deel III, 1655-1674*. 's-Gravenhage: Martinus Nijhoff.

Crone, Patricia

1989   *Pre-industrial Societies*. Cambridge: Basil Blackwell.

Day, David

2008   *Conquest: how societies overwhelm others*. Oxford: Oxford University Press.

Everts, Natalie

2001   "Jacob Lamey van Taywan: an indigenous Formosan who became an Amsterdam citizen," in David Blundell (ed.), *Austronesian Taiwan: linguistics, history, ethnology, and prehistory*. Taipei: SMC, pp. 151-156.

2006   "Indigenous Concepts of Marriage in 17th Century Sincan(Hsin-kang): impressions gathered from the letters of the Dutch Ministers Georgius Candidius and Robertus Junius," in Yeh Chuen-rong (ed.), *History, Culture and Ethnicity: selected papers from the international conference on the Formosan Indigenous Peoples*. Taipei: Shung Ye Museum of Formosan Aborigines, pp. 89-104.

Everts, Natalie and Wouter Milde

2003   "'We Thanked God for Submitting Us to Such Sore But Supportable Trials,' Hendrick Noorden and His Long Road to Freedom," in Leonard Blussé (ed.), *Around and About Formosa: Essays in honor of Ts'ao Yung-ho*. Taipei: Ts'ao Yung-ho Foundation for Culture and Education, pp. 243-272.

Fausz, J. Frederick

1982   "Opechancanough: Indian Resistance Leader," in David G. Sweet and Gary B. Nash, eds., *Struggle and Survival in Colonial America*. Berkeley: University of California Press, pp. 21-37.

Ferrell, Raleigh

　1969　　　*Taiwan Aboriginal Groups: problems in cultural and linguistic classification*. Nankang: Institute of Ethnology, Academia Sinica.

Fox, James J. and Clifford Sather（eds.）

　1996　　　*Origins, Ancestry and Alliance: explorations in Austronesian Ethnography*. Canberra: Department of Anthropology, The Australian National University.

Furber, Holden

　1976　　　*Rival Empires of Trade in the Orient, 1600-1800*. Minneapolis: University of Minnesota Press.

Furnivall , John Sydenham

　2010（1967）*Netherlands India: a study of plural economy*. Cambridge: Cambridge University Press.

Galizia, Michele

　1997　　　"From Imagined Power to Colonial Power in Sumatra," in Michael Hitchcock and Victor T. King（eds.）, *Images of Malay-Indonesian Identity*. Kuala Lumpur: Oxford University Press, pp. 111-125.

Gaastra, Femme S.

　2003　　　*The Dutch East India Company: Expansion and Decline*. Zutphen: Walburg Pers.

Ginsel, Willy Abraham

　1931　　　*De Gereformeerde Kerk op Formosa of de lotgevallen eener handelskerk onder de Oost-Indische-Compagnie, 1627-1662*. Leiden: P.J. Mulder.

Goor, Jur van

　1997　　　*De Nederlandse koloniën: geschiedenis van de Nederlandse expansie 1699-1975*. 2e herziene druk. Den Haag: Sdu.

　2002　　　"De Verenigde Oost-Ondische Compagnie in de historiographie: imperialist en multinational," in Gerrit Knaap en Ger Teitler （eds.）, *De Verenigde Oost-Indische Compagnie tussen Oorlog en Diplomatie*. Leiden: KITLV, pp. 9-33.

Groeneboer, Kees

1993　*Weg tot het Westen, het Nederlands voor Indië 1600-1950, een taalpolitiek geschiedenis*. Leiden: KITLV Uitgeverij.

Groeneveldt, Willen Pieter

1898　*De Nederlanders in China, Eerste Deel: de eerste bemoeingen om den handel in China en de vestiging in de Pescadores 1602-1624*. The Hague: Martinus Nijhoff.

Guo Pei-yi

2003　"Island Builders': landscape and historicity among the Langalanga, Solomon Islands," in Pamela J. Stewart and Andrew Strathern（eds.）, *Landscape, Memory and History: anthropological perspectives*. Sterling, Va.: Pluto Press., pp. 189-209.

Halbwachs, Maurice

1980　*Collective Memory*. Trans. Francis J. Ditter Jr. and Vida Yazdi Ditter. New York: Harper Colophon.

1992　*On Collective Memory*. Ed. and trans. Lewis A. Coser. Chicago: The University of Chicago Press.

Harrison, Henrietta

2003　"Clothing and Power on the Periphery of Empire: The Costumes of the Indigenous People of Taiwan," *Positions* 11.2: 331-360.

Jennings, Francis

1982　"Jacob Young: Indian Trader and Interpreter," in David G. Sweet and Gary B. Nash, eds., *Struggle and Survival in Colonial America*. Berkeley: University of California Press, pp. 347-361.

Jones, Eric

2010　*Wives, Slaves and Concubines: A History of the Female Underclass in Dutch Asia*. Dekalb: North Illinois University Press.

Kellogg, Louise P.（ed.）

1917   *Early Narratives of the Northwest, 1634-1699*. New York: Charles Scribner's Sons.

Knaap, Gerrit J.

1995   "Slavery and the Dutch in Southeast Asia," in Gert Oostindie （ed.）, *Fifty Years Later: Antislavery, Capitalism and Modernity in the Dutch Orbit*. Leiden: Koninklijk Instituut voor Taal-, Land- en Volkenkunde, pp. 193-206.

Kooijmans, Marc

2000   *VOC-Glossarium*. Den Haag: Instituut voor Nederlandse Geschiedenis.

Kuepers, Jacobus Joannes Antonius Mathias

1978   *The Dutch Reformed Church in Formosa 1627-1662: mission in a colonial context*. Nouvelle Revue de science missionnaire CH-6450 Immensee.

Lester, Alan

2000   "Historical Geographies of Imperialism," in Brian Graham and Catherine Nash （eds.）, *Modern Historical Geographies*. Essex: Pearson, pp. 100-120.

McHale, Shawn Frederick

2004   *Print and Power: Confucianism, Communism, and Buddhism in the Making of modern Vietnam*. Honolulu: University of Hawai'i Press.

Mels, Tom

2006   "The Low Countries' Connection: landscape and the struggle over representation around 1600," *Journal of Historical Geography* 32.4: 712-730.

Merklein, Johann Jacob

1930   *Reise nach Java, vorder-und hinter-Indien, China und Japan, 1644-1653*. 1663. Vol. 3 of Reisebeschreibungen von Deutschen Beamte und Kriegsleuten im Dienst der Niederländischen West-

und Ost-Indischen Kompagnien, 1602-1797, edited by S.P. L'Honoré Naber. 13 vols. The Hague: Martinus Nijhoff.

Molewijk, G.C. (ed.)

1991　　't Verwaerloosde Formosa: ofwaerachtig verhael, hoedanigh door verwaerloosinge der Nederlanders in Oost-Indien, het Eylant Formosa, van den Chinesen Mandorijn, ende Zeeroover Coxinja, overrompelt, vermeestert ende ontweldight is geworden. Zutphen: Walburg Pres. [Oorspronkelijk verschenen 1675 door C.E.S.]

Molhuysen, P.C. and P.J. Blok (eds.)

1930　　Nieuw Nederlandsch Biografisch Woordenboek, Deel 8. Leiden: A.W. Sijthoff.

Morris-Suzuki, Tessa

2005　　The Past within Us: media, memory, history. London: Verso.

Murray A. Rubinstein (ed.)

1999　　Taiwan: a New History. Armonk: M.E. Sharpe.

Nash, Gary B. and Sweet, David G.

1982　　"General Introduction," in David G. Sweet and Gary B. Nash, eds., Struggle and Survival in Colonial America. Berkeley: University of California Press, pp. 1-13.

Osterhammel, Jürgen

1997　　Colonialism: a theoretical overview. Princeton: Markus Wiener Publishers.

Otness, Harold M.

1999　　One Thousand Westerners in Taiwan, to 1945: a biographical and bibliographical dictionary. Taipei: Institute of Taiwan History, Preparatory Office, Academia Sinica.

Pagden, Anthony

1990　　Spanish Imperialism and the Political Imagination: studies in European and Spanish-American social and political theory 1513-1830. New Haven: Yale University.

Palemeq, Yedda

　　2012　　　　"After All Ambivalence: the situation of North Formosa and its
　　　　　　　　inhabitants in the seventeenth century," unpublished MA thesis,
　　　　　　　　Universiteit Leiden.

Pearson, Michael N.

　　1991　　　　"Merchant and States," in James D. Tracy（ed.）, *The Political
　　　　　　　　Economy of Merchant Empires*. Cambridge: Cambridge
　　　　　　　　University Press, pp. 41-116.

Pickering, William A.

　　1898　　　　*Pioneer in Formosa: reflections of adventures among mandarins,
　　　　　　　　wreckers, and head-hunting savages*. London: Hurst and Blackett.

Pomeranz, Kenneth and Steven Topik

　　2006　　　　*The World that Trade Created: society, culture, and the world
　　　　　　　　economy, 1400 to the present*. 2nd edition. Armonk, NY: M.E.
　　　　　　　　Sharpe.

Reid, Anthony

　　1993　　　　*Southeast Asia in the Age of Commerce, 1450-1680: volume two
　　　　　　　　expansion and crisis*. New Heaven: Yale University Press.

　　1999　　　　*Charting the Shape of Early Modern Southeast Asia*. Chiang Mai:
　　　　　　　　Silkworm.

Reynolds, Henry

　　1995　　　　*Fate of a Free People*. Melbourne: Penguin.

Ricoeur, Paul

　　2004　　　　*Memory, History, Forgetting*. Trans. Kathleen Blamey and David
　　　　　　　　Pellauer. Chicago: University of Chicago Press.

Ruiter, Tine G.

　　1997　　　　"Dutch and Indigenous Images in Colonial North Sumatra," in
　　　　　　　　Michael Hitchcock and Victor T. King（eds.）, *Images of Malay-
　　　　　　　　Indonesian Identity*. Kuala Lumpur: Oxford University Press, pp.
　　　　　　　　126-137.

Sarkissian, Margaret

　　2000　　*D'Albuquerque's Childern: performing tradition in Malaysia's Portuguese settlement*. Chicago: University of Chicago Press.

Schneider, Jane and Rayna Rapp（eds.）

　　1995　　*Articulating Hidden Histories: exploring the influence of Eric R. Wolf*. Berkeley: University of California Press.

Shepherd, John Robert

　　1993　　*Statecraft and Political Economy on the Taiwan Frontier, 1600-1800*. Stanford: Stanford University Press.

Steere, Joseph Beal（author）, Paul Jen-kuei Li（ed.）

　　2002（1878）*Formosa and Its Inhabitants*. Taipei: Institute of Taiwan History Preparatory Office, Academia Sinica.

Sterkenburg, P.G.J. van

　　1981　　*Een Glossarium van Zeventiende-eeuws Nederlands*. Groningen: Wolters-Noordhoff.

Stewart, Pamela J. and Andrew Strathern

　　2003　　"Introduction," in Pamela J. Stewart and Andrew Strathern （eds.）, *Landscape, Memory and History: anthropological perspectives*. Sterling, Va.: Pluto Press., pp. 1-15.

Struys, Jan Janszoon

　　1684　　*The voiages and travels of John Struys through Italy, Greece, Muscovy, Tartary, Media, Persia, East-India, Japan, and other countries in Europe, Africa and Asia*. London: A. Swalle.

Tarling, Nicholas

　　2001　　*Imperialism in Southeast Asia: a fleeting, passing phrase*. London: Routledge.

Taylor, Jean Gelman

　　2009　　*The Social World of Batavia: Europeans and Eurasians in Colonial Indonesia*, 2nd edition. Madison: University of Wisconsin Press.

Thomas, Keith

    1991   *Man and the Natural World: changing attitudes in England, 1500-1800*. London: Penguin.

Tracy, James D.

    1991   "Introduction," in James D. Tracy（ed.）, *The Political Economy of Merchant Empires*. Cambridge: Cambridge University Press, pp. 1-21.

Tsuchida Shigeru

    1982   *A Comparative Vocabulary of Austronesian Language of Sinicized Ethnic Groups in Taiwan Part I: West Taiwan*. Memoirs of the Faculty of Letters, University of Tokyo No. 7.

Van Veen, Ernst

    1996   "How the Dutch Ran a Seventeenth-Century Colony: the occupation and loss of Formosa 1624-1662," *Itinerario* 20.1: 59-77.

Vlekke, Bernard Hubertus Maria

    1943   *Nusantara: A History of the East Indian Archipelago*. Cambridge: Harvard University Press.

    1947   *Geschiedenis van den Indischen Archipel: van het begin der beschaving tot het doorbreken der nationale revolutie*. Roermond-Maaseik: J.J. Romen En Zonen Uitgevers.

Wang I-shou

    1980   "Cultural Contact and the Migration of Taiwan's Aborigines: a historical perspective," in Ronald G. Knapp（ed.）, *China's Island Frontier: studies in the historical geography of Taiwan*. Honolulu: University Press of Hawaii, pp. 31-54.

Wills, John E. Jr.

    1999   "The Seventeenth-Century Transformation: Taiwan under the Dutch and the Cheng Regime," in Murray A. Rubinstein（ed.）, *Taiwan: a New History*. Armonk: M.E. Sharpe, pp. 84-106.

Winius, George

2002   "Luso-Nederalndse rivaliteit in Azië," in Gerrit Knaap en Ger
        Teitler (eds.), *De Verenigde Oost-Indische Compagnie tussen
        Oorlog en Diplomatie*. Leiden: KITLV, pp. 105-130.

Wolf, R. Eric

1982   *Europe and the People without History*. Berkeley: University of
        California Press.

Wroth, Lawrence C.

1970   *The Voyages of Giovanni da Verrazzano, 1524-1528*. New Haven:
        Yale University Press.

Zandvliet, Kees

2002   "Vestingbouw in de Oost," in Gerrit Knaap en Ger Teitler (eds.),
        *De Verenigde Oost-Indische Compagnie tussen Oorlog en
        Diplomatie*. Leiden: KITLV, pp. 151-180.

索引

村社名

主題

臺灣研究叢刊

殖民想像與地方流變：荷蘭東印度公司與臺灣原住民

2016年9月初版　　　　　　　　　　　　　　　定價：新臺幣550元
2021年11月初版第四刷
有著作權・翻印必究
Printed in Taiwan.

著　　　者	康	培	德
叢書主編	沙	淑	芬
校　　　對	吳	美	滿
封面設計	萬	勝	安

出　版　者	聯經出版事業股份有限公司	副總編輯	陳	逸	華
地　　　址	新北市汐止區大同路一段369號1樓	總 編 輯	涂	豐	恩
叢書主編電話	(02)86925588轉5310	總 經 理	陳	芝	宇
台北聯經書房	台北市新生南路三段94號	社　　長	羅	國	俊
電　　　話	(02)23620308	發 行 人	林	載	爵
台中分公司	台中市北區崇德路一段198號
暨門市電話	(04)22312023
郵政劃撥帳戶	第0100559-3號
郵撥電話	(02)23620308
印　刷　者	世和印製企業有限公司
總　經　銷	聯合發行股份有限公司
發　行　所	新北市新店區寶橋路235巷6弄6號2F
電　　　話	(02)29178022

行政院新聞局出版事業登記證局版臺業字第0130號

國家圖書館出版品預行編目資料

殖民想像與地方流變：荷蘭東印度公司與
臺灣原住民/康培德著 . 初版 . 新北市 . 聯經 . 2016年
9月（民105年）. 336面 . 14.8×21公分（臺灣研究叢刊）
ISBN 978-957-08-4813-7（精裝）
[2021年11月初版第四刷]

1.荷據時期 2.臺灣史 3.殖民政策

733.25 105017893